조선시대 언간을 통해 본 사대부가 여성의 삶

이 저서는 2016년 대한민국 교육부와 한국학중앙연구원(한국학진흥사업단)의
한국학총서 사업의 지원을 받아 수행된 연구임(AKS-2016-KSS-123001)

조선시대 언간을 통해 본
사대부가 여성의 삶

신성철 지음

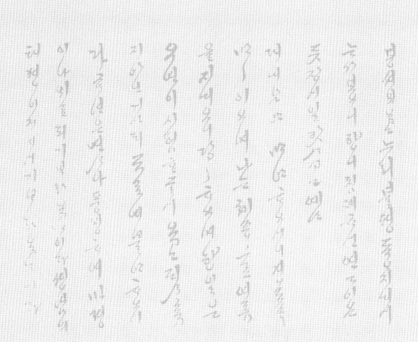

역락

나는 국어를 연구하는 학자이다. 조선시대 한글 편지를 본격적으로 접한 것은 2008년부터이다. 「조선시대 한글편지의 수집·정리와 어휘·서체 사전의 편찬 연구」(연구책임자: 황문환)에 전임인력으로 2011년 6월까지 참여하였다. 이 사업의 결과물로 '황문환·김주필·배영환·신성철·이래호·조정아·조항범(2016), 『조선시대 한글편지 어휘사전』 1~6, 역락'이 편찬되기도 하였으며, 개인적으로는 '신성철(2010), 옛말 사전의 의의와 과제-언간 어휘 사전의 체재를 중심으로, 『국어문학』 48, 국어문학회'와 '신성철(2010), 언간 자료와 사전의 표제어, 『언어학연구』 18, 한국중원언어학회' 등의 논문을 발표하기도 하였다.

2011년도 7월부터 2014년 6월까지 「발신자의 사회적 성격에 따른 19세기 한글 편지의 언어 사용 양상 연구」로 한국연구재단의 학문후속세대양성 학술연구교수(인문사회)로 선정되었는데, 이 기간에도 조선시대 한글 편지는 찰떡같이 붙어 있었다. '신성철(2012), '먹다'류 어휘적 대우의 통시적 연구, 『국어학』 63, 국어학회'와 '신성철(2014), 발신자의 사회적 성격에 따른 19세기 한글 편지의 표기와 음운, 『어문론총』 57, 중앙어문학회', '신성철(2016), 조선시대 한글 편지에 나타난 '싶-' 구문의 사적 변화 일고찰, 『한국언어문학』 97, 한국언어문학회' 등의 결과물을 만들어 내었다.

조선시대 한글 편지에 대한 연구는 주로 국어학적 논의를 진행하였다.

그리고 한국학중앙연구원 한국학진흥사업단의 2016년도 한국학총서 사업에 신청할 때까지도 나는 조선시대 한글 편지에 나타난 표기와 음운, 문법 등만을 다룰 것이라고 생각하였다. 이 사업에 선정되어 진행하면서도 이 분야에 대한 연구에서 조선시대 한글 편지는 빠지지 않았다. '신성철(2017), 조선시대 언간 자료의 음운론적 특징, 『영주어문』 35, 영주어문학회'와 '신성철(2020), 조선시대 한글 편지에 나타난 장모와 사위의 높임법 연구, 『탐라문학』 64, 제주대학교 탐라문화연구소' 등을 발표하였다.

2016년도 한국학총서에 선정된 '조선시대 언간을 통해 본 남성과 여성의 삶'은 조선시대 한글 편지에 나타난 국어학, 국어사적 접근이 아니라, 조선시대 한글 편지에 들어있는 내용을 중심으로 작성하는 것이다. 연구 성과물의 기대 효과로 국어학, 국문학뿐만 아니라 역사학, 생활사, 여성사 등의 학문적 기여도와 새로운 문화콘텐츠 발굴, 즉 스토리텔링의 기초 자료로서의 활용 등 다양한 용도를 제시한다.

나는 이 사업에서 '조선시대 언간(한글 편지)을 통해 본 사대부가 여성의 삶'을 맡았다. 국어학적, 국어사적 논의를 위하여 조선시대 한글 편지에 나타난 형태소, 단어, 구문, 문장 등을 다루던 내가 한글 편지에 펼쳐진 발신자를 중심으로 하는 가족 구성원들의 이야기를, 그리고 '일상적 사연을 통해 당시 삶의 모습에 대한 현장감과 생생함이 투사되고, 조선시대의 남성과 여성의 삶과 역할을 계층별로 대비, 분석하며, 언간 자료에 응축된 그 시대의 모습과 역사적 사실, 문화적 배경 등을 분석'하여 한 편씩 글을 엮어야 했다.

사대부가 여성들이 작성한 조선시대 한글 편지는 '조선시대 여성의 일상 생활을 잘 드러내었고, 일가족 생활의 주체인 주부로서의 소통 문화, 생활 문화 등을' 두루 표출되어 생활사, 여성사 연구 등에서 양적, 질적으로 매우 좋은 자료임은 분명하다. 그러나 사전을 만들기 위하여, 논문을 작성하기 위하여 국어학적 분석과 현대국어와의 대응 관계를 살피면서, 그리고 현대어 역 등을 수행하면서 조선시대 한글 편지의 내용을 살펴본 경험이 다수 있지만, 그 안에 들어 있는 삶의 무게를 담당하기에는 턱없이 부족한 역량을 느꼈던 내가 글을 쓴다고?!?

조선시대 한글 편지와 관련된 인물의 삶을 조명한 글을 열심히 읽었다. 그러나 그 부족함을 채우기는 쉽지 않았다. 채워도 채워도 부족하였다. 그러나 사업을 수행할 기간이 명시되었고, 연구 결과물은 그 안에서 만들어야 했다. 이 책에 들어있는 글 중에서 어느 것은 당당하게 내세워도 부끄러움을 느끼지 못할 정도라고 자부하지만, 어떤 것은 그렇지 못하여 스스로 읽다가도 갑갑한 글과 내용에 얼굴이 상기될 정도인 것도 존재한다. 아직 역량이 충분히 달구어지지 못한 채 만들어진 원고이지만, 일정 기간 내에 만들어야 했다는 변명을 앞세우며 마무리를 짓는다.

2016년도 한국학총서 사업에 함께 참여한 연구진에게 한편으로는 매우 감사하고, 한편으로는 매우 죄송한 마음을 표한다. 평균에 도달하지도 못하는 글로 채워진 이 원고를 동일한 주제로 묶어서 출간하는 것이, 연구진들에게 유형, 무형의 피해를 끼치는 것이 아닐까 걱정, 근심이 가득하다. 마지막으로 도움을 주신 여러분들에게 감사를 드린다. 열심히 채워도 부족한 역량이지만 그 역량을 채워준 여러 논문과 저서의 집필진과 나를 조선시대 한글 편지와 친밀성을 만들어준 2008년 사업의 연구진 등에게 감사를 표한다.

● 차례

1장

조선시대 사대부가 여성의 한글 편지

여성이 스스로 내는 목소리, 한글 편지에 대하여

(논의 방향과 사대부가 여성이 작성한 한글 편지의 현황)

1. 들어가기

　조선시대 남성과 여성의 삶을 살펴보려는 연구는 여러 자료를 대상으로 많이들 논의되었다. 그 대부분은 조선시대 지배 계층이나 남성의 시각에서 바라본 그들의 삶이나 일상생활의 모습이 소개된다. 반면에 여성의 시각에서 여성의 삶과 일상생활, 그리고 여성의 의식과 심리 등을 탐구한 연구는 그리 많지 않다. 그 이유는 명확하다. 우리의 연구 대상인 조선시대의 문헌 자료와 관계된 편저자들이 대부분이 남성이기 때문이다. 즉, 여성 스스로 여성에 대해서 쓴 문헌 자료가 매우 적다.

　조선시대 한글 편지는 왕실뿐만 아니라 사대부가, 서민 등에 이르기까지 널리 작성되었다. 또한 여성이 작성한 한글 편지가 수치 면에서 좀 더 많이 발견된 자료이기도 하다. 조선시대 연구를 위한 문헌 자료의 저자들이 남자에 치우친 것과 달리, 여성이 자기의 이야기를 직접 썼다는 점에서 그들의 삶이 스며든 생생한 자료라 할 것이다. 그러므로 조선시대의 한글 편지에는 여성의 생생한 삶과 일상생활의 모습이 표현된 1차적 자료로 평가된다. 조선시대 한글 편지의 내용 연구를 통해 조선시대 남성과 여성의 삶을 재구해 보려는 시도는 이미 널리 진행되었다. 단지, 가문별, 또는 작성자별로 연구 대상으로 삼아 개별적, 산발적으로 수행되고 있을 뿐이며, 조선시대 한글 편지 전체를 대상으로 한글 편지에 표현된 조선시대 남성과 여성의 삶을 체계적이고 종합적으로 아우르는 논의는 보이지 않는다.

주지하듯이, 조선시대의 여성에 대한 기록 대부분은 남성의 시각에 의해 묘사되며, 남편과 자식을 위한 순종과 인내, 희생 등으로 수렴되곤 한다. 남성이 재단하고 바라보는 이상적 여성상을 묘사하는 수사가 그 기록에 가득 담긴다. 즉 여성의 목소리, 여성이 스스로 표출하는 생생한 목소리를 찾기가 쉽지 않다. 그럼, 여성이 편저자인 문헌 자료에는 그러한 목소리가 있지 않을까? 여성이 저자인 문헌 자료에는 여성의 생생한 삶과 일상생활, 그녀의 내면세계 등을 표현하지 않았을까? 여성이 편저자로 알려진 문헌 자료는 그 숫자가 그리 많지 않은 편이다.

조선시대 한글 편지가 그 대안으로 널리 이용된다. 주로, 발신자가 여성인 편지를 중심으로 여성 스스로 적어 내려간, 그리고 여성 자신의 생생한 목소리를 살펴보는 논의가 수행된다. 여성이 직접 작성하고, 가족 사이에 주고받아서, 가족과의 일상생활 등에 대한 사연과 가족 사이의 친밀한 이야기가 펼쳐지는 과정에 그들의 삶과 내면세계가 포함된 것으로 간주되기 때문이다.

조선시대 사대부가의 여성이 작성한 한글 편지에 포함된 사대부가 여성의 삶과 내면세계를 단편적이지만 하나씩 들춰보고자 한다. 그 안에서 조선시대를 살아간 사대부가 여성의 구체적인 삶이 그려지기를 기대한다.

2. 연구 동향

　조선시대 한글 편지와 관련된 연구는 대체로 국어국문학 분야에 한정되었다고 볼 수 있다. 이러한 흐름은 조선시대 한글 편지를 작성한 글씨가 주로 흘림체 등으로 쓰여서 훈련되지 않은 독자는 읽기 쉽지 않고, 또한 옛말을 사용하고 있어서 뜻을 이해하기도 쉽지 않았기 때문이다. 다른 분야의 전공자가 한글 편지에 접근하기가 그리 만만하지 않았던 것이다. 그러나 조선시대 한글 편지에 대한 주해서와 판독집 등과 같은 기초 토대 작업이 최근에 활발히 이루어지면서 국어국문학뿐만 아니라 인접 학문에서도 조선시대 한글 편지에 대한 논의가 다수 진행되었다.

　조선시대 한글 편지는 비교적 이른 시기부터 학계에 소개되었으나, 본격적인 연구 대상으로 삼은 것은 그리 오래지 않다. 조선시대 한글 편지를 최초로 소개한 자료는 이병기(1948)로 알려져 있다. 이병기(1948)에서는 전통 문체를 '내간체', '담화체', '역어체'로 분류하고 내간체는 일상생활에서 늘 쓰였던 만큼 가장 먼저 발달한 문체라고 보았다. 이병기(1961)에서는 산문 문학의 하나로 설화와 소설 다음으로 '내간'을 소개하면서, '여류 문학'으로 규정하였는데, 조선시대 한글 편지가 학계의 관심 대상으로 부각된 것은 이 논의 이후부터이다. 이수봉(1971)에서는 한글 편지의 내용과 관련하여 '규방 문학'으로, 성병희(1986)에서는 '내간 문학'으로 지칭하면서, 조선시대 한글 편지는 여성과 관련된 문학 연구에서 빠트리면 안 되는 존재감을 지니게 된다.

　김일근(1986)에서는 조선시대 한글 편지는 '발신인, 수신인, 용건'의 세 가지를 갖춰야 한다는 구성 조건을 내세우면서 "조선시대 한글 편지"의 분류법을 제시하였다. 그리고 근대 문학의 기점을 언문일치로 볼 때 한글 편지의 위치는 매우 중요한 가치를 지닌다고 강조하였다. 이러한 성과에 불과하고 문학적 관점에서 조선시대 한글 편지를 살펴본 연구는 계속해서 매우 산발적으로 진행되었다.

연구 내용을 간략히 살펴보면, 양인실(1985)에서는 '삼종(三從)'에 근거한 철저한 실천과 인종으로 점철되는 조선시대 여인상의 실상을 분석하고, 김기현(1988)에서는 추사의 한글 편지를 대상으로 추사의 아내에 대한 호칭, 아내를 존경하고 사랑하는 마음, 의식주 문제, 효도와 봉제사 등을 통하여 추사 부부상을 살펴보며, 최윤희(2002)에서는 〈순천김씨묘출토간찰〉의 신천 강씨 한글 편지를 대상으로 딸, 며느리, 아내, 어머니의 입장에서 자신의 정체성에 대한 문제를 어떻게 인식하는지에 대해 살펴본다. 그리고 윤효진(2009)에서는 서사성과 서술 담론의 측면에서 〈현풍곽씨 언간〉은 감정을 진솔하게 표현하며 수신자에게 순수한 감동을 주는 서정성이 뛰어난 '작품'이며, 서간문학적 가치를 지닌다고 주장한다.

이처럼 조선시대의 한글 편지에 대한 문학적 접근은 한정된 한글 편지에서만 이루어졌고, 심도 있는 연구가 이루어졌다고 보기 어렵다.

조선시대 한글 편지에 대한 본격적인 연구가 나타나기 시작하는 시기는 주해서 등의 판독 자료집이 연이어 학계에 제공된 이후부터이다. 예를 들어, 조항범(1998)과 백두현(2003) 등에서 각각 16세기 『순천김씨묘 출토 언간』과 17세기의 『진주하씨묘 출토 언간/현풍 곽주 언간』처럼 자료적 밀집도가 높은 한글 편지를 바탕으로 주해 작업이 이루어지는데, 조선시대 한글 편지에 대한 관심이 고조되는 계기가 되었다. 그리고 한국학중앙연구원(2005, 2009) 등의 판독문과 역주 작업, 그리고 현대어 역 등이 결합된 연구 결과물이 학계에 제공되면서 국어국문학뿐만 아니라 인접 학문에까지 한글 편지 자료가 연구 대상으로 쓰일 수 있었다. 나아가 한국학중앙연구원 어문생활사 편

(2013)에서 신뢰할 수 있는 판독문이 제공되기에 이르러 한글 편지 자료는 명실공히 한국학 연구의 토대 자료로 부상된다.

그럼에도 불구하고 조선시대 한글 편지에 대한 연구는 아직까지 국어국문학적 연구에 많이 치우쳐 있으며, 그 밖의 인접 분야에서는 한정된 자료만을 대상으로 하는 산발적, 개별적 연구로 진행되는 모습을 보여 준다. 최근에 연구에 보이는 뚜렷한 경향은 조선시대 한글 편지를 생활사 측면에서 접근하려는 시도가 다양하게 이루어졌다는 점이다. 다만, 조선시대 사대부가의 남성이나, 부부간의 이야기 등으로 한정된다. 조선시대 한글 편지 자료가 역사, 민속자료 등으로 활용될 수 있는 가치가 있는 자료임을 주장한 김일근(1986)의 논의 이래로, 백두현(1998)에서 백두현(2011)에 이르는 연이은 연구에서는 조선시대의 사대부가 선비와 그 가족의 삶을 조선시대 한글 편지를 통하여 살펴보거나 사대부가 부부들이 누린 삶의 희로애락에서 보이는 사랑과 미움의 교차, 배려와 보살핌의 모습을 기술하였다(백두현 2015). 문희순(2011, 2012)에서는 송준길, 송규렴가의 한글 편지를 중심으로 하여 대전의 생활 문화를 고찰하였고, 전경목(2011)에서는 『진성이씨 이동표가 언간』에서 과거 제도와 관련된 10여 건의 한글 편지를 활용하여 조선 후기의 과거 제도의 운영의 실제 모습을 살펴보았다.

이렇듯 기존의 연구는 주로 국어국문학에 바탕을 둔 연구나, 특정 한글 편지에 나타난 조선시대의 모습을 단편적으로 그려내는 연구가 대부분이라고 할 수 있다. 즉 조선시대 한글 편지를 망라하여 당시 사람들의 모습을 총체적으로 접근한 논의는 없었다.

3. 논의 방향

조선시대 한글 편지를 관통하고 있는 내용은 수신자나 그 가족과 관련된 것으로 안부, 그리움, 또는 질병에 대한 걱정과 치료, 음식 문제, 자녀들에 대한 교육과 독서, 생활용품, 전염병, 경제적 문제, 자신의 신세 한탄, 또는 나라에 대한 걱정 등이 주를 이룬다. 그러나 한글 편지에 나타난 구체적인 사연을 분석하면 발신자의 계층, 또는 남녀에 따라 내용상에서 차이를 보인다.

예를 들면 왕실 남성의 경우에는 수신자가 거의 여성이고, 거기에 담긴 사연도 정치적 담론보다는 자식의 건강 걱정, 자식에 대한 그리움, 또는 부모님의 건강 걱정 등을 그린다. 왕실 여성이 쓴 편지에서 수신자가 여성의 경우, 왕실 남성의 편지와 성격이 크게 다르지 않지만, 수신자가 남성일 경우에는 거의 정치에 대한 이야기로 구성되어 있다(예: 정순왕후, 순원왕후, 명성황후 편지 등). 반면, 사대부가 남성의 편지는 주로 임지에서 보낸 편지가 많은데, 의식(衣食)에 대한 요청, 손님맞이에 대한 부탁, 봉제사와 집안일에 대한 당부 등이 많이 보인다. 반면 사대부가 여성의 편지에는 봉제사 등도 이야기되지만, 음식에 대한 문제, 자신의 신세 한탄이나 시가 식구들에 대한 불만 등이 포함된다. 특히, 조선시대 역사는 대부분 지배 계층이나 남성 위주로 기술되어 있다는 점에서 조선시대 사대부가 여성의 한글 편지에 표현된 내용은 여성의 삶과 내면세계를 잘 드러낼 것으로 예상된다.

4. 사대부가 여성 한글 편지의 현황

이 책의 연구 대상인 사대부가 여성의 한글 편지는 총 630건이다. 『순천김씨묘 출토 언간』과 같이 무덤에서 대량으로 출토된 것, 〈이응태묘 출토 언간〉처럼 한두 편이 출토된 것도 있는가 하면, 『의성김씨 학봉 김성일가 언간』처럼 가문에서 보관되었다가 수십에서 백 단위의 분량으로 학계에 알려진 것도 있다. 또한 〈정철 자당 안씨 언간〉이나 〈정철 부인 유씨 언간〉처럼 소수의 편수만 소개된 것 등 다양한 경로를 거쳐 학계에 소개된 자료를 포함한다.

사대부가 여성의 한글 편지 중에서 어머니로서 작성한 비중이 가장 높다. 대략 전체의 절반 정도를 차지하는데, 주로 자식에 대한 자애와 근심, 걱정이 구절마다 배어 있는 내용이 확인된다. 가족의 다른 구성원, 즉 아내와 딸, 며느리로서 작성된 것들도 제법 나타나지만, 이들을 모두 합쳐도 어머니로서 보낸 건수에는 턱없이 미치지 못한다. 더불어 장모와 안사돈뿐만 아니라, 제수, 올케 등의 가족 구성원으로서도 한글 편지가 작성되기도 하며, 시어머니, 시할머니로서 보낸 편지도 발견된다. 단지, 많지 않은 건수를 보여 준다.

조선시대 한글 편지에 나타난 사대부가 여성의 수수 관계(발신자와 수신자)를 가족 구성원의 명칭에 따라 분류하면 다음과 같다.

〈사대부가 여성 한글 편지의 발신자 가족 관계별 작성 건수〉

	건수(비고)		건수(비고)
어머니	285건	아내	98건
딸	66건	며느리	56건(외손부 등 포함)
할머니	22건(시조모, 외할머니, 종조모, 재종조모 등)	장모	15건
사돈	11건(안, 바깥 포함)	제수	10건
숙모	8건	언니	8건
동생	10건(사촌 등 포함)	누나	7건(사촌 등 포함)
시어머니	7건	고모	6건
올케	4건(아랫동서 포함)	기타	17건

이중에서 어머니로서 보낸 편지, 딸로서 보낸 편지, 며느리로서 보낸 편지 등을 수신자에 따라서 나누어 볼 수 있다. 즉 수신자의 성별에 따라서 각각 구분되는데, 예를 들어 어머니로서 보낼 수 있는 가족 관계는 성별에 따라 딸과 아들로 나누어지며, 딸로서 보낸 편지는 어머니와 아버지, 며느리로서는 시어머니 등의 여성 항렬과 시아버지 등의 남성 항렬 등으로 구분된다.

〈세부 수신자별 한글 편지 건수〉

발신자	수신자	건수
어머니(285건)	딸	136
	아들	149
딸(66건)	어머니	46
	아버지	20
며느리(56건)	시어머니 등	3
	시아버지 등	53

어머니로서 보낸 편지는 285건이며, 이중에서 딸에게 보낸 편지는 136건, 아들에게 보낸 편지는 149건이다. 빈도상으로는 어머니는 아들이나 딸 모두에게 고르게 작성하여 보낸 것처럼 느껴진다. 그러나 어머니가 딸에게 보낸 편지 136건 중에서 『순천김씨묘 출토 언간』의 어머니 신천강씨가 딸인 순천김씨에게 보낸 127건을 포함하는 세부 내용을 고려하면 어머니가 딸에게 보낸 한글 편지가 그리 다양하지 않음을 알 수 있다

또한 딸로서 보낸 한글 편지는 모두 66건이며, 어머니에게 보낸 편지가 46건, 아버지에게 보낸 편지가 20건이 된다. 그런데 이들도 시기적, 발신자 등의 다양성에서 접근하면 그리 좋은 상태가 아님을 알 수 있다. 예를 들어, 66건은 여러 가문에서 작성된 것이 아닌, 오로지 세 가문에서만 나타나며,

수신자도 한정되기 때문이다. 『진주하씨묘 출토 언간』, 『은진송씨 송병필가 언간』에서는 딸이 어머니에게 보낸 것만, 『의성김씨 학봉 김성일가 언간』에서는 아버지에게 보낸 것만 발견된다.

또한 며느리로서 보낸 편지도 그러한 편중이 확인된다. 총 56건이지만, 시어머니에게 보낸 것은 큰시어머니에게 보낸 2건이 포함된 3건이며, 나머지 53건은 시아버지(38건), 큰시아버지(10건), 외조부(3건), 외숙부(2건) 등에게 보낸 것이며, 그리고 할머니로서 보낸 22건 중에서 손녀에게 보낸 편지는 2건, 나머지는 손주에게 보낸 것으로 수신자의 편중이 매우 심하다.

조선시대 한글 편지의 발신자나 수신자의 성별을 분류하면, 어느 한쪽이 여성인 경우에 한글 편지가 작성되었다는 사실이 알려져 있는데, 여성이 발신자인 때에는 수신자는 남성인 경우가 더 높다. 『조선시대 한글편지 판독자료집』(황문환 외, 2013)에 실린 1,465건을 대상으로 발신자와 수신자의 성별을 정리하면 다음과 같다 (이래호 2021).

『조선시대 한글편지 판독자료집』의 발수신자 성별(*왕실 한글 편지가 포함된 수치임)

수수 성별	여→여	여→남	남→여	남→남	여→남, 여	미상
건수	349	622	436	19	11	39
비율	23.6%	42.3%	29.5%	1.2%	0.8%	2.6%

이러한 경향에 대한 해석이 몇 가지 가능한데, 두 가지 정도만 적어보고자 한다. 먼저, 조선시대 한글 편지의 수수 관계가 처음부터 이러한 경향에

서 출발되었다고 보는 것이다. 종이가 귀한 시절이라 한글 편지는 집안의 가장에게만 보낸 것으로 추정할 수 있다. 다른 가능성은 보전의 소홀성이다. 종이가 귀했던 시대적 상황으로 인한 노끈 등의 재활용, 그리고 사후에 개인 물품을 불살라 버렸던 관례 등으로 소실된 경우이다. 이러한 가능성은 역설적으로 후손의 노력으로 현전하는 『자손보전』에서 확인된다. 이 책은 맹씨가 내외(內外) 여성의 한글 문서를 모아 자손들에게 교훈으로 전하고자 배접하여 만든 것인데, 이 책에는 맹씨가 여성의 한글 편지가 20건 실려 있다. 즉, 조상의 자료를 보전하려는 후손의 의지로 사대부가 여성의 한글 편지가 후대까지 보전된 것으로 그렇지 않은 경우에는 소홀히 다루어지면서 없어진 것으로 판단된다.

근래의 『청풍김씨묘 출토 언간』(《양호당 이덕열 언간》)은 2016년 청풍김씨의 묘를 이장하다가 한지로 만든 봉지에 쌓인 한글 편지 13건으로 발견된 것인데, 대부분 남편 이덕열(1534~1599)이 보낸 것이다. 청풍김씨는 1637년에 세상을 떠나니, 약 40년 동안 남편의 유품으로 간직하였던 것이다. 이중에 1건은 아내가 보낸 편지지 뒷면에 답장을 써서 보낸 것으로, 아내도 한글 편지를 작성하였음을 알 수 있고, 더 나아가 남편뿐만 아니라 여러 가족 구성원과도 한글 편지를 주고받았을 것으로 추정된다. 남편의 편지만 발견된 것은 유품의 경중에 의거한 소홀성에 야기된 듯싶다.

2장

어머니로서의 이야기

첩을 시새움한다 할까 하여
남에게도 아픈 사색을 않고 있다

(『순천김씨묘 출토 언간』의 신청강씨 편지 통해 본
남편의 바람, 바람 잘 날 없네)

1. 머리말

"(첩을) 시새움한다 할까 하여 남에게도 아픈 사색을 않고 있다." 이 사연은 16세기 중반에 어머니가 딸에게 보낸 한글 편지에 그대로 적혀 있는 내용이다. 『순천김씨묘 출토 언간』은 순천김씨 가족들이 주고받은 한글 편지로 구성된다. 편지를 보낸 사람은 주로 순천김씨의 부모인 김훈과 신천강씨이며, 순천김씨의 남편인 채무이가 보낸 편지도 30여 건 포함된다. 그런데 순천김씨의 어머니 신천강씨가 보낸 편지에서는 아버지 '김훈'의 뒷담화(?)가 담겨 있는데, 대부분이 남편의 첩과 관련된 문제이다. 이에 관련된 적나라한 내용은 〈순천김씨묘-041〉에서 살펴볼 수 있다.

> 뉴더기 묻그미는 양즈도 몰 어더 보고 션그미셔 동재나 히여 주고 잇다 종이나 느미나 새옴혼다 홀가 눔두려도 알폰 스식글 아니코 인노라 너히 보고 셜이 너길 붓니언마는 하 무슴 둘 디 업서 스노라 일빅 귀너 스다 다 스랴 싱

원ᄃ려란 니ᄅ디 말먀 사회둘 눕둘 다 니ᄅ디 마오 너희만 보와라 죠희댱을 몯 어더 쓰리로다 이리 알타가 하 셜오면 내 소ᄂ로 주그디 말업시 쇼쥬롤 밉게 ᄒ여 먹고 죽고쟈 요ᄉ이는 겨규롤 호더 다믄 너희는 어히업스니 니저 더디고 싱워ᄂᆞᆯ 보고 주구려 원망 아니ᄒ여 견듸노라마ᄂᆞᆫ 하 가ᄉᆞᆷ 답답ᄒᆞᆫ 제사 그저 모ᄅᆞ면 이리 셜오랴 식베라 보고 브러 녀허라 녀허라 발긔 쳐블 말와댜 ᄒᆞᆫ 주롤 미미 노히여서 마노라ᄒ고 응젼 녀ᄂᆞᆯ ᄃ려다 주고 잇든 뭡댜닌 싀앗 말일다 내 이 녀니 뭡댜니니 이는 쳐블 사모리라 잡말 말라 발긔 치 믜웨라 믜웨라 ᄒ고 쳐비라 얻디 말라 홀디 간나히라 어던노라 뇌여 잡말 말라 코 이시니 므슴 말 ᄒ리 아즘 혀고 듀일 ᄃ리고 닫고 드럿고 내게 유무도 세 주러서 더 아니ᄒᄂ느니라 나도 아못 말도 아닌노라 아둘ᄃ리라도 나롤 새용ᄒᆞ다 홀식 내 열아ᄒ랜날브터 알폰 거슬 지그미 뭇최여서 알로라 누어뎌셔 알티 아닌는 병이니 견듸노라마ᄂᆞᆫ ᄆᆞᅀᆞ미 미양 셜오니 텬디 막막ᄒᆞ예라 음식 아니 머그면 죵ᄃ리나 긔별홀가 됴셔글 바다는 보노라 영그미 년도 날로 몯 가는가 하 과시미 굴고 자내도 보내라 홀식 엇그제 보내고 션그미롤 내 모몰 의지ᄒ고 인노라〈순천김씨묘-041,_1550~1592년,_신천강씨(어머니)→순천김씨(딸)〉

[유덕이와 묻금이는 양자도 얻어 보지 못하고 선금이가 부엌일이나 하여 주고 있다. 종이나 남이나 <u>시새움한다 할까 하여 남에게도 아픈 사색을 않고 있다.</u> 너희 보고 서럽게 여길 뿐이지마는 마음 둘 데가 아주 없어 편지를 쓴다. 일백 권에 쓴다 한들 다 쓰겠느냐? 생원에게는 말하지 말며 사위들과 남들에게 다 이르지 말고 너희만 보아라. 종잇장을 얻어 쓰지 못하겠구나. 이렇게 앓다가 아주 서러우면 내 손으로 죽되 말없이 소주를 맵게 하여 먹고 죽고자 요사이는 계교를 하되 다만 너희는 어이없이 되었으니 잊어버리고 생원을 보고 죽으려 원망하지 않고 견딘다마는 가슴이 몹시 답답한 때에야 그저 모르면 이렇게 서럽겠는가 싶구나. 보고 불에 넣어라. 넣어라. 발기의 첩을 그만

두기를 바란다고 한 것을 미워하며 노해서 마누라와 웅전 년을 데려다주고 있는 것은 밉지 않은 첩 말이다. "내 이 년이 밉지 않으니 첩으로 삼겠다. 잡말 마라." 밝기 것 미워라 미워라 하고 첩이라 얻지 말라 할지라도 "계집아이라 얻었다. 다시 잡말 마라." 하고 있으니 무슨 말을 하겠느냐? 아증이 끌고 종일 데리고 닫고 들었고 내게 편지도 세 줄에서 더 하지 않는다. 나도 아무 말도 하지 않는다. 아들들까지도 나를 시샘한다 하므로 나는 열아흐렛날부터 아픈 것을 지금까지 마치어서 앓는다. 누워서 앓는 병이 아니니 견디지마는 마음이 매양 서러우니 천지가 막막하구나. 음식 먹지 않으면 종들이나 기별할까? 조석 반을 받아는 본다. 영금이 년도 나날이 못 가는가 몹시 괘씸히 굴고 당신도 보내라 하므로 엊그제 보내고 선금이에게 내 몸을 의지하고 있다.][1]

임진왜란 이전에 보낸 편지로써 남편의 축첩에 대한 아내의 애끊는 심정이 담겨 있다. 그런데 조선시대에서는 사대부가의 축첩이 사회적으로 널리 허용되었으며, 대부분 남자의 일방적인 권리 행사로 이루어졌던 것이 아니었던가? 그런데 특이하게도 이 편지에서는 남편의 축첩에 대하여 반대 의견을 강력히 제시하고, 아들과 딸에게도 자신의 의견을 굳세게 펼치고 있다. 조선시대에 작성된 한글 편지임에도 우리가 익히 알고 있었다고 생각했던 조선시대의 축첩에 대한 남성의 일방적 행사와는 잘 부합되지 않는다.

남편의 축첩에 대한 반응은 사대부가 여성의 조선 전기와 후기에 작성된 한글 편지에서는 동일하게 나타나지 않는다. 앞에 제시된, 순천김씨가 딸인 진주하씨에 보낸 편지에서는 조선 전기에 작성된 것이라면, 조선 후기의 한글 편지에 언급된 '첩/시앗'에서는 우리가 익히 알고 있는 사회의 암묵적

---

1   현대어 풀이는 조항범(1998)을 바탕으로 한 것임을 밝힌다. 이하에서도 그러하다.

허용과 남성의 일방적인 권리 행사 등을 확인할 수 있다.

2. 기존 인식 및 연구

현재 우리 사회에서는 남성의 간통과 룸살롱 등의 출입이 공공연하지만 암묵적, 불법적으로 행해진다. 축첩이 당연한 권리라 여겼고, 아내는 질투와 시기를 해서는 안 되는 사회적 가치가 강조되었던 조선시대가 아닌 21세기 현재에서도 남성들의 사회생활을 빙자한 이러한 행위는 끊임없이 우리 사회에 문젯거리가 되고 있다. 단지, 양성평등이 자리를 잡아가고 여성의 사회적 진출이 많아지면서 사회적, 경제적 지위 등이 상승하여, 이러한 행위를 한 남성에게 혹독한 철퇴가 내려지고 있으나 익명성 아래에서 또는 들키지만 않으면 된다는 얄팍한 심리 속에서 남성의 바람은 바람 잘 날 없다. 조선시대의 축첩과 기방 출입이 현대 사회의 사회적, 제도적 변화에 맞춰 진화된 것으로 이해된다.

『순천김씨묘 출토 언간』의 신천강씨가 딸인 순천김씨에게 보낸 아내로서의 거센 저항은 비슷한 시기에 작성된 일기에서도 살펴볼 수 있다.

> 1552년 10월 5일. 아내가 지난밤에 해인사 숙소에서 있었던 일을 자세히 물었다. 기녀가 곁에 있었다고 대답하니, 크게 화를 내며 욕하고 꾸짖었다. 아침에도 방자리와 베개 등을 칼로 찢고 불에 태워버렸다. 두 끼나나 밥을 먹지 않고 종일 투기하며 욕하니 지겹다.〈정창권(2014:76)에서 재인용〉

이문건(1494~1567)의 『묵재일기』[2]에 실린 것으로, '칠거지악(七去之惡)' 즉 조선시대에 아내를 내쫓을 수 있는 이유가 되었던 일곱 가지 허물에, '투기(妬忌, 부부 사이나 사랑하는 이성(異性) 사이에서 상대되는 이성이 다른 이성을 좋아할 경우에 지나치게 시기함)'를 가족들이 모두 알 수 있도록 행하였음에도 단지, "종일 투기하며 욕하니 지겹다."라고 적는다.

남편의 첩/시앗을 들이는 것에 대한 사대부가 여성의 의견을 올곧이 알 수 있는 자료는 많지 않다. 조선시대 사대부가 남성이 부인 이외에 첩을 두었고, 그들이 다른 가족과 잘 살았다는 내용이 없는 것은 아니다. 문제는 이러한 기록들이 직접적인 피해자인 아내의, 즉 사대부가 여성의 직접적인 의견이 반영되지 않았다는 점이다. 이문건의 일기에 나타난 기록도 아내가 남편의 외도에 대해 강력히 반발하자 그에 대한 자신의 기분을 풀어낸 것일 뿐이며, 그 과정에서 아내의 직접적인 반응이 확인되는 것이다. 즉 사대부가 여성으로서의 강한 반발이 확인된다.

조선시대 한글 편지에는 사대부가 여성이 직접 일상생활에 관련된 사연을 적은 것들이 적지 않다. 남편이 첩/시앗을 들인다면 그에 대해 의견이나 반발을 직접적으로 적었을 것으로 판단된다. 단지, '첩/시앗'과 관련된 사대부가 여성의 편지에 나타난 의견이나 양상을 비교하면, 대략적으로 16,7세기와 그 이후에 작성된 편지에서는 상이한 경향이 드러난다.

이 글에서는 사대부가 여성이 작성한 조선시대 한글 편지를 16,7세기와 그 이후, 두 시기로 구분하여 각 편지 속에 담긴 '첩/시앗'에 대한 감정을 들여다보고자 한다.

---

2   이문건(李文楗, 1495~1567)이 지은 10책의 일기이다. 1535년(中宗 30)인 41세부터 73세로 죽기 수개월 전인 1567년(明宗 22)까지 17년 8개월의 쓴 것이다. 일상생활에서 일어났던 일을 매우 꼼꼼하게 기록하였다.

2.1. 고전 문학에서의 '첩/시앗'

조선시대의 '첩/시앗'에 대한 여성의 감정과 반응을 분석하기 전에, 고전 문학에서는 어떻게 다루고 있는지 살펴보고자 한다.

'첩/시앗' 또는 축첩과 관련된 고전 문학 연구는 다수가 진행되었으며, 그 연구 대상이 되는 장르도 다양하다. 민요, 고소설, 설화뿐만 아니라 사설 시조 등을 대상으로, 이들 문학 작품에 등장하는 '첩/시앗'의 특성과 그 의미를 살펴보았다.

서영숙(2007)에서는 서사 민요에 나타나는 구조적 특징과 그 의미를 분석하였는데, 서영숙(2007:292)에서는 "서사 민요는 축첩이 일반화되어 있는 전통 사회에서 야기된 본처와 첩의 갈등을 있는 그대로 들어내고 있다는 점에서 우선 주목할 만하다."고 하였으며, 특히 서사 민요에 "다른 문학 장르에서 쉽게 찾아볼 수 없는 평민 여성의 목소리와 그들의 내면의식을 문화적 구조로 형상화내고 있다."는 것에 가치를 부여하였다.

김서윤(2017:346)에서는 "처첩 갈등을 다룬 고소설에서 첩은 부정적으로 형상화되곤 하"는데, 시기가 앞서는 〈서씨 남정기〉, 〈창선감의록〉 등의 고전 소설에서는 "첩의 존재가 가문을 파멸시키는 화근으로 지목되어 그 성격 또한 교만하고 음탕하게 그려지는 것"이지만, 상대적으로 시기가 늦은 〈옥루몽〉 등에서는 첩을 긍적적으로 형상화하기도 한다고 하였다.

그런데 서영숙(2007:308)에서는 "양반 여성들이 주 향유층인 고전소설에 처와 첩의 관계가 대부분 비교적 원만하게 이루어져 있"다고 하였으나 "평민 여성들이 주 향유층인 민요에는 첩에 대한 절대의식이 노골적으로 드러나 있는 것"으로 보았다. 김서윤(2017)은 각 작품의 특성을 중심으로 설명한 것으로 이해되며, 서영숙(2007)은 전체적인 경향을 기술을 한 것으로 판단된다. 김용찬(2005)에서는 본처와 첩 사이의 문제를 다루고 있는데, 사설시조의 표현이나 체제가 민요와 연관성이 두르러지게 나타나고 있지만 첩에 대해서는 철저히 남성중심적인 사고에 기울어져 있으며, 이러한 우호적 시각은 향유층들의 남성중심적 사고가 반영된 것으로 해석하기도 하였다(김용찬 2005:130). 고전 문학 작품에 나타난 첩의 처지는 향유층에 따라 긍정적 또는 부정적인 대상으로 그려졌다는 것을 알 수 있다.

2.2. 한글 편지에서의 '첩/시앗'

조선시대 한글 편지에서 '기방 출입'과 '기녀' 등에 대한 사연은 나타나지 않는다. 그러나 '첩/시앗'과 관련된 한글 편지는 16세기부터 19세기에 걸쳐서 그리고 다양한 발신자에게서 발견된다. 발신자와 수신자가 모두 여성일 때 '첩/시앗'에 대한 내용이 주로 언급되고 있으나 남편이 적어 보낸 한글 편지에서 언급된 경우도 발견된다.

16세기: 『순천김씨묘 출토 언간』 18편

〈순천김씨묘-024,_1550~1592년,_신천강씨(어머니)→순천김씨(딸)〉

〈순천김씨묘-029,_1550~1592년,_신천강씨(어머니)→순천김씨_및_그_여동생(딸들)〉

〈순천김씨묘-031,_1550~1592년,_신천강씨(어머니)→순천김씨(딸)〉

〈순천김씨묘-032,_1550~1592년,_신천강씨(어머니)→순천김씨(딸)〉

〈순천김씨묘-034,_1550~1592년,_신천강씨(어머니)→순천김씨(딸)〉

〈순천김씨묘-040,_1550~1592년,_신천강씨(어머니)→순천김씨(딸)〉

〈순천김씨묘-041,_1550~1592년,_신천강씨(어머니)→순천김씨(딸)〉

〈순천김씨묘-042,_1550~1592년,_신천강씨(어머니)→순천김씨(딸)〉

〈순천김씨묘-060,_1550~1592년,_신천강씨(어머니)→순천김씨(딸)〉

〈순천김씨묘-080,_1550~1592년,_신천강씨(어머니)→순천김씨(딸)〉

〈순천김씨묘-091,_1550~1592년,_신천강씨(어머니)→순천김씨(딸)〉

〈순천김씨묘-092,_1550~1592년,_신천강씨(어머니)→순천김씨(딸)〉

〈순천김씨묘-093,_1550~1592년,_신천강씨(어머니)→순천김씨(딸)〉

〈순천김씨묘-094,_1550~1592년,_신천강씨(어머니)→순천김씨(딸)〉

〈순천김씨묘-144,_1550~1592년,_신천강씨(어머니)→순천김씨(딸)〉

〈순천김씨묘-154,_1550~1592년,_신천강씨(어머니)→순천김씨(딸)〉

〈순천김씨묘-164,_1550~1592년,_신천강씨(어머니)→순천김씨(딸)〉

〈순천김씨묘-172,_1550~1592년,_신천강씨(어머니)→순천김씨(딸)〉

17세기

〈진주하씨묘-011/곽씨-34, 17세기 전기, 곽주(남편)→진주하씨(아내)〉

19, 20세기

〈김성일가-022,_1847년,_여강이씨(아내)→김진화(남편)〉

〈김성일가-157,_1839년,_미상(사촌누이)→김진화(사촌오빠)〉

〈송병필가-42,_1903년,_은진송씨(첫째_딸)→전주이씨(어머니)〉

〈송병필가-43,_1906년,_은진송씨(둘째_딸)→전주이씨(어머니)〉

〈송병필가-60,_1890년,_전주이씨(언니)→전주이씨(여동생)〉

　　앞에 제시된 편지는 '첩/시앗'과 관련된 내용이 언급된 것이다. 16세기의
『순천김씨묘 출토 언간』에서 다수가 발견된 것은 신천강씨와 남편의 특수

성에 기인한 것으로 보인다. 후행의 3.2에 제시된 용례에서 다시 기술하겠지만, 신천강씨의 남편인 '김훈(金壎)'은 60세에 찰방 벼슬에 오른 것[3]으로 추정되는데(조항범 1998:11), 벼슬을 하면서 첩을 얻으니 이를 못마땅하게 여긴 신천강씨가 딸에게 분노와 슬픔을 토로한 것이다. 신청강씨가 딸에게 보낸 편지의 내용을 잘 살펴보면 그녀의 남편은 젊어서부터 축첩한 것으로 보이는데, 늙어서 터진 분노와 슬픔이 아니라, 그동안 쌓여왔던 것을 터트린 것으로 보인다.

16세기의 한글 편지에서는 『순천김씨묘 출토 언간』에서 어머니인 '신천강씨'가 쓴 것에서 20여 편이 확인된다. 해당 자료가 검색되지 않은 18세기의 한글 자료를 제외하면 17세기나 19,20세기의 한글 편지에서는 '남편, 아내, 누이, 딸, 언니' 등 다양한 가족 관계 속에서도 '첩/시앗'이 언급되고 있음을 볼 수 있다. 『순천김씨묘 출토 언간』의 20여 편은 다른 자료와 비교하면 '신천강씨'의 특이점으로 볼 수도 있으나, 조선시대 전기 여성을 대표하는 것으로도 해석된다. 17세기 전기 자료인 『진주하씨묘 출토 언간』에서 남편 곽주가 보낸 편지에서도 사대부가 여성으로서의 감정과 반응이 살짝 엿보이기 때문이다.

---

3 〈순천김씨묘-094〉에서는 '예순에 맨끝 찰방 된 사람이 호화하여 첩을 얻으니〈순천김씨묘-094,_1550~1592년,_신천강씨(어머니)→순천김씨(딸)〉(여슌니 말자 찰방 되니 호화 히여 쳐블 흐니)'라는 내용이 쓰여 있다.

3. '첩/시앗' 내용 분석

3.1. 남자가 발신자일 때

남자가 발신자일 때 '첩/시앗'이 언급된 경우는 매우 드물다. 17세기에 작성된, 그것도 남편이 아내에게 보낸 편지에서 다음과 같이 나타난다.

> 이 뎌근 것 보고 즉시 업시 ᄒᆞ소 브레 브텨 ᄇᆞ리소 현마 엇디ᄒᆞᆯ고 조심조심ᄒᆞᆯ 뿐이로쇠 첩을 ᄒᆞ다 졍이야 다롤가 의심 마오 조심만 ᄒᆞ소〈진주하씨묘 -011/곽씨-34, 17세기 전기, 곽주(남편)→진주하씨(아내)〉
>
> [여기 적은 것 보고서 즉시 없애소. 불에 붙여 (태워) 버리소. 설마 어찌할까? 조심조심할 뿐이로세. (내가) 첩을 얻었다고 정이야 달라질까? 의심 마오. 조심만 하소][4]

남편이 아내에게 보낸 편지임에도 축첩에 대한 직접적인 언급이 나타난다. 단지, 곽주가 첩을 들인 것으로 언급은 되어 있으나, 해당 가문의 족보나 집안의 구전 어디에도 곽주가 첩을 들였다는 이야기가 확인되지 않고 있어서(백두현 2003:222-223), 가문과 관련된 편지가 아닐 가능성도 없지는 않다. 그러나 편지 내용만을 살펴본다면, 편지 앞부분에 '아무 일이 아무렇다고 하여도 나를 믿고 조심만 하소'라는 내용의 표현에서 아내에게 첩을 얻은 행위에 대한 미안한 마음이 나타나고 있음은 명확하다. 특히 '당신을 향한 정에는 달라지지 않았으니, 의심하지 말고 조심하라' 등의 내용이 이어

---

4 현대어 풀이는 백두현(2003)을 바탕으로 한 것임을 밝힌다. 이하에서도 그러하다.

진다. 그런데 남편이 아내에게 자신의 축첩에 대해 적은 편지를 보낸 이유는 무엇일까? 아마도 아내인 '진주하씨'가 '축첩'에 대해 부정적인 반응을 보였기 때문으로 추측된다. 즉 축첩이 사대부가 남성에게는 당연한 행위로 암묵적으로 허용되었더라도 아내의 강력한 반응에 대한 남성의 상투적인 표현, '제발, 날 믿어 줘.', '사랑하는 사람은 너뿐이다.'라는 궁색한 변명을 늘어놓은 것이다.

이 한글 편지에서 남편의 축첩에 대하여 아내는 반대 또는 우려라는 부정적인 반응을 보인 것으로 판단된다. 또한 이 편지에서는 '여기 적은 것 보고서 즉시 없애소. 불에 붙여 (태워) 버리소'라고 적고 있다. 이 편지를 불태워서 없애 버리라는 것은, 편지의 내용이 다른 사람에게 보이지 않기 위해서이다. 단지, 자신이 축첩한 행위가 다른 사람에게 알려지는 것을 두려워하는 것인지, 아니면 아내의 '투기'가 가족 이외의 사람에게 알려질 것을 두려워하는 것인지, 어느 것을 조심하기 위한 것인지는 명확하지 않다.

3.2. 여성이 발신자일 때

3.2.1. 어머니가 딸에게 보낸 편지

'첩/시앗'에 대한 내용이 들어있는 대표적인 조선시대 한글 편지는 『순천김씨묘 출토 언간』이다. 이 편지는 전체 192장의 낱종이로 되어 있으나, 한글 편지는 이중에서 188건이 해당된다. 신천강씨(어머니)가 순천김씨에게 보낸 편지가 대다수인 118건[5]으로 전체 편지의 62.8%를 차지한다. 특히, 신천강씨 남편이자 순천김씨의 아버지인 김훈와 관련된 '첩/시앗'에 대한 언급

---

[5] 신청강씨가 순천김씨와 여동생에게, 즉 딸들에게 보낸 1편도 포함된다.

은 18편에 집중된다. 신천강씨가 딸인 순천김씨 등에게 보낸 118건의 15.3%인 18편에서 남편의 축첩에 대해 기술한 것이다.

이 편지들에는 남편의 축첩에 대한 분노와 한탄, 삶에 대한 회환을 딸에게 피력하고 있다. 남편의 '축첩'에 대한 분노와 한탄을 표현하고 있는 몇 편을 제시하면 다음과 같다.

> 1) ㄱ. 이리 병은 듕코 자내는 당시 맛당훈 쳐블 업시 이시니 산 더디나 발완쟈 ᄒ니 바ᄂ지론 어히업거니와 소ᄂ로 홀 일도 몯ᄒ니 ᄀ이업서 댱 누운 뉘로 인노라〈순천김씨묘-172,_1550~1592년,_신천강씨(어머니)→순천김씨(딸)〉
>
> [이렇게 병은 중하고 당신(남편)은 아직 마땅한 첩 없이 있으니 산 동안이나 추구하자 하니 바느질은 형편없거니와 손으로 할 일도 못하니 안타까워 늘 누운 때로 있다.]
>
> ㄴ. 네 오라비 옷 하 몯 어더 니버 쳐블 얻고져 ᄒ거든 내 저 어엿버 어더 주어 오시나 두ᄃ기 니피고져 ᄒ다가도 내 ᄆᆞᅀᆞ미나 다ᄅ랴 너겨 머초워 몯ᄒ게 ᄒ다니〈순천김씨묘-034, 1550~1592년, 신천강씨(어머니)→순천김씨(딸)〉
>
> [네 오라비가 옷을 하도 못 얻어 입어 첩을 얻고자 하면 내가 저 불쌍하여 얻어 주어 옷이나 두둑히 입히고자 하다가도 내 마음과 다르겠는가 여겨 멈추어 못하게 하였는데]
>
> ㄷ. 죵이나 ᄂ미나 새옴훈다 홀가 늠ᄃ려도 알푠 ᄉ시글 아니코 인노라 〈중략〉 셩원ᄃ려란 니ᄅ디 말먀 사회둘 늠둘 다 니ᄅ디 마오 너희만 보와라 〈중략〉 보고 브리 녀허라 녀허라〈순천김씨묘-041,_1550~1592년,_신천강씨(어머니)→순천김씨(딸)〉

[종이나 남이나 시새움한다 할까 하여 남에게도 아픈 사색을 않고 있다. 〈중략〉 생원에게는 말하지 말며 사위들과 남들에게 다 이르지 말고 너희만 보아라. 〈중략〉 보고 불에 넣어라. 넣어라.]

ㄹ. 하 고소이 심증 나 셟거든 스고 히여 유뮈 무근훈 마리 다 가ᄂᆞ니 보고 브리 녀코〈순천김씨묘-060,_1550~1592년,_신천강씨(어머니)→순천김씨(딸)〉

[하도 고사이 심증이 심하게 나서 서러우면 쓰고 하여 편지 무근한 말이 다 가니 보고 불에 넣고]

ㅁ. 녜도 싀앗ᄃᆞ롤 디내디 이제는 하 내 몹ᄢᅵ 되니 이리 셜오니 다 몯 스로다〈순천김씨묘-024,_1550~1592년,_신천강씨(어머니)→순천김씨(딸)〉

[예전에도 첩들을 경험하였지만 이제는 내가 아주 좋지 않게 되니 이렇게 서러워 다 못 쓰겠구나.]

ㅂ. 나도 져믄 적브터 싀아슬 드리고도 □□□□ᄂᆞ는 고 녀니 하 과심ᄒᆞ니〈순천김씨묘-091,_1550~1592년,_신천강씨(어머니)→순천김씨(딸)〉

[나도 젊은 때부터 첩을 데리고도 □□□□□ 고 년이 매우 괘씸하니]

1ㄱ)은 신천강씨가 병이 중하여 남편 뒷바라지를 못하고 있는데, 남편은 자신을 뒷바라지할 첩을 얻고자 하고 있으니, 더욱 일은 손에 잡히지 않고 병석에 누워 있는 자신의 안타까움을 표현한 것으로 보인다. 분노와 한탄, 삶에 대한 회환 등이 한꺼번에 보이는 듯하다. 또한 1ㄴ)의 내용처럼 신천강씨는 아들의 축첩도 도저히 허락할 수 없는 상황인 것이다.

한편으로는, 1ㄷ)에서 보듯이 남편의 축첩에 대한 속사정을 딸에게 보낸 편지에 적어 보내면서, 자신의 불만을 해소하려고 노력하지만, 주위 사람들이 투기하는 것으로 보일까 봐서 지금 보낸 편지는 절대로 사위나 남들에게 보이지 말고, 자매들끼리만 보고서 불살라 없애라는 당부를 거듭하여 적기도 한다. 특히 1ㄹ)에 제시된 자료는 남편의 계집질에 대한 분노를 적은 이후에 이어진 문장이다. 그런데 왜 불태우라고 했을까? 그 이유는 무엇일까?

앞에 제시된 사대부가 남성의 편지인 『진주하씨묘 출토 언간』에서 편지를 불태워서 없애 버리라고 했던 것처럼 편지의 내용을 다른 사람이 못 보게 없애라는 것과 다름이 아니다. 단지, 속마음을 털어놓을 수 있는 딸에게만 분노와 한탄, 회환 등을 전달하고는 종이나 남들에게 알려져 아내로서 '시새움', 즉 '투기'를 한다고 할까 봐 걱정되어 불사르라고 당부한 것이다.

신천강씨에게 첩은 늙어서 이루어진 것만은 아닌 듯하다. 1ㅁ,ㅂ)에서 보듯이 자신이 젊었을 때부터, 그리고 예전부터 첩과 지냈던 경험이 있었던 것이고, 남편이 '찰방' 벼슬을 하고서, 그리고 늙은 이후에도 '첩'을 얻으려 하니, 그동안 쌓인 울분을 터트린 것이다. 그러나 이 하소연을 누구에게 할 것인가? 결국 같이 늙어가는 딸에게 자신의 속마음을 속속들이 밝힌 것이다.

3.2.2. 딸이 어머니에게 보낸 편지

딸이 어머니게 보낸 편지에서도 '첩/시앗'이 언급된다. 19세기 중반과 후반의 〈송병필가 언간〉, 〈김성일가 언간〉에서 이러한 편지가 보인다. 특히 〈송병필가 언간〉에서는 성혼한 첫째 딸과 둘째 딸이 어머니인 진주이씨에게 보낸 편지에서 '첩/시앗'이 언급된다.

3) ㄱ. 서을 가셔 첩 두고 집 사셔 살아다고 예셔 양식 십오 셕 올녀 가슴

느이다 첩은 쥰든지 마든지 ᄒ 챵견 안니ᄒᄂ 아달이나 슈니 잘 자

라면 아모 격졍 엽는 돗ᄒ계습ᄂ이다〈송병필가−42,_1903년,_은진송

씨(첫째_딸)→전주이씨(어머니)〉

[서울 가서 첩 두고 집 사서 살았다고 여기서 양식 십오 석을 내갔

습니다. 첩을 주든지 말든지 참견하지 아니하나 아들이나 쉽게 잘

자라면 아무 걱정 없는 듯하겠습니다.]

ㄴ. 일성 {첩을} 읏네 읏네 ᄒ더니 부어셔 신통ᄒ다고 엄집 기집을 어

린것 ᄒ나 다린 걸 으더 디리 보니스오나 알 슈 잇습는잇가〈송병필

가−43,_1906년,_은진송씨(둘째_딸)→전주이씨(어머니)〉

[일생 첩을 읻네 읻네 하더니 부여에서 신통하다고 어린것이 딸린

엄집 계집을 얻어 들여보냈으나 (사정을) 알 수가 있겠습니까?]

이 사연은 긴 안부 편지 중간에 자신의 남편에 대한 표현이다. 즉, 시가

가족과 친가 가족의 안부를 묻고 일상생활에 관련된 사연들 속에서 남편에

관련된 내용으로 '첩/시앗'을 적은 것이다. 긴 사연 속에서 언급된 남편과

관련된 내용은 '첩/시앗', 이것이 대부분이다. 즉『순천김씨묘 출토 언간』의

신천강씨가 여러 편지에서 그리고 첩과 관련된 내용이 대부분인『순천김씨

묘 출토 언간』의 신천강씨 편지 내용과 달리 일상적인 안부를 전달하는 사

연 속에서 무심히 들어간 내용인 것이다. 그러나 자세히 살펴보면 '첩/시앗'

에 대해 안타까움이 피력되어 있고, 받아들일 수밖에 없는, 그리고 그대로

두고 볼 수밖에 없는 체념과 무력함이 드러난다. 즉〈송평필가−42〉에서 남

편과 부부 관계가 이어갈 수밖에 없지만, 남편에 대한 체념과 무력함에서

벗어나기 위하여 자신이 기댈 수 있는 다른 대상자, 즉 아들을 언급하면 그

러한 상황을 무시하려는 태도를 보이기 때문이다. '아들이 쉽게 잘 자라면

아무런 걱정 없다.'고 적으며 서울에 첩을 얻은 남편에 대한 불편한 자신의 마음을 가다듬으려 한다.

3.3.3. 기타

아내가 남편에게 보낸 편지 1건과 언니가 여동생에게 보낸 편지 1건에서 '축첩'이 언급된다. 해당하는 편지는 모두 19세기에 작성된 것으로, 그 편수가 적기 때문에 확언하기 어렵지만, 체념과 무력함이 짙게 드리운 여성의 심리가 표현된다.

> 4) ㄱ. 봉모는 병이 그러ᄒ고 아모도 업시 엇디 견디실고 답답 ᄯ 복의 첩
>   을 ᄃ려다가 둘 듯ᄒ거든 ᄃ려다가 두시옵 요량ᄒ여 ᄒ시옵〈김성일
>   가-022,_1847년,_여강이씨(아내)→김진화(남편)〉
>   [봉준이 어미는 병이 그러하고, 아무도 없이 어찌 견디실꼬? 또 복
>   (?)의 첩은 데려다가 둘 듯하거든 데려다가 두시옵. 헤아려 하시옵.]
>   ㄴ. 게 나ᄅ리는 {첩} 업ᄂ냐 ᄌ셔니 알고 십다〈송병필가-60,_1890년,_
>   전주이씨(언니)→전주이씨(여동생)〉
>   [거기 나리는 첩 없느냐? 자세히 알고 싶다.]

4ㄱ)은 19세기 중기에 작성된 〈김성일가 언간〉에 나타난 것으로 아내가 남편에게 보낸 편지에서 '첩'을 언급한다. 외지에 사는 남편에게 뒷바라지를 위한 첩에 대한 존재가 이 편지에서도 그대로 드러난다. '시앗' 즉 남편의 첩은 아닌 듯하지만, 아내가 직접 남편에게 뒷바라지를 하던 봉준이 어미가 아프니, 아는 사람의 첩을 데려다가 두라고 적은 것이다. 또한 4ㄴ)은 언니가 여동생에게 보낸 편지로, 일상적인 사연을 적으면서, 그 중간에 다

른 가문으로 시집간 여동생에게 '첩/시앗'을 얻었는지에 대해 묻고야 만다. (3)의 편지에서와 마찬가지로 '첩/시앗'에 대한 내용이 많지 않으며, 다른 일상적인 안부 등의 사연 속에서 지나가는 내용으로 '첩/시앗'을 언급한 것 이지만, 일상생활 속의 하나로서 인지된 듯한 인식이 들여다보인다.

4. 마무리

고전 문학에서는 향유층에 따라 '첩/시앗'의 처지가 긍정적 또는 부정적 인 대상으로 그려진다. 향유층이 사대부가와 관련 있는 경우에는 긍정적으 로, 평민층과 관련 있는 고전 문학인 경우에는 부정적으로 다루어지는데, 조선시대 한글 편지에서는 사대부가에서는 모두 부정적으로 다루어지며, 단지, 시대에 따라 강력한 의사 표현의 가능 여부가 달라짐을 확인할 수 있 었다.

16,7세기 편지에서는 발신자가 여성 또는 남성임을 구분하지 않고 축첩 에 대한 여성의 강력한 의사 표현이 가능했음을 살펴볼 수 있었으나 19세 기 중후기의 한글 편지에서는 '투기' 또는 '시새움'에 대한 표현도 보이지 않을 뿐만 아니라 축첩에 대한 무력함과 체념이 일상에 스며든 것으로 보 인다. 즉 조선시대 한글 편지에 나타난 '첩/시앗'에 관련된 사연에서는, 16,7 세기의 사대부가 여성과 19세기의 사대부가 여성이 '시앗/첩'에 대한 접근 태도가 달리 나타난다.

그럼, 조선시대에 축첩에 대한 여성의 반응을 간접적, 또는 직접적으로 '투기'와 '시새움'으로 치부하던 공통점이 보이더라도 16,7세기와 19세기의 사대부가 여성이 가족들에게 반대 의견을 개진할 수 있었던 것과 개진하면

안 되는 것의 차이점에 대한 근본 원인은 무엇일까? 그 원인 중의 하나로, 조선시대에서 시기별로 달라진 여성에 대한 사회적 인식과 제도의 변화를 들 수 있을 듯하다. 조선시대 사대부가 여성의 사회적 인식과 제도가 변화하면서, 여성의 사회적 위치가 하강하게 되었고, 상대적으로 약자에 놓이게 된 여성은 강자인 남성이 당연하게 여기는 '첩/시앗'에 대하여 강력한 의사 표현을 하기가 쉽지 않았던 것이다.

조선시대 사대부가 여성의 시대에 따른 사회적 입지의 변화는 '첩/시앗'에 대한 감정과 반응의 차이에서만 나타나는 것은 아니다. 모든 부분을 살펴볼 여력이 되지 않기는 하지만 조선시대 사대부가 여성의 한글 편지의 내용을 중심으로 조선 전기와 후기의 사대부가 여성들을 삶에 나타나는 차이점을 다음에 이어지는 글에서도 볼 수 있다.

3장

아내로서의 이야기

밴 자식 나거든 누구를 아빠라 하라고 할까요

(<이응태묘 출토 언간> 등을 통해 본 남편에 대한
애절한 사랑과 의식주 이야기)

1. 머리말

'부부유별(夫婦有別)'. 이 말은 오륜(五倫)의 하나이며, 남편과 아내 사이의 도리를 서로 침범하지 않으며 분별 있게 각기 자기의 본분을 다하는 것으로 알려져 있다. 그런데 우리는 일반적으로 오륜이라 하지 않고 삼강오륜이라 하며 『표준국어대사전』에서는 유교의 도덕에서 기본이 되는 세 가지의 강령과 지켜야 할 다섯 가지의 도리인 군위신강, 부위자강, 부위부강과 부자유친, 군신유의, 부부유별, 장유유서, 붕우유신의 8가지 항목을 통틀어 이르는 것으로 풀이된다.

조선시대 한글 편지에 나타난 "부부"는 어떠한 관계를 보이는가? 이 글에서는 한글 편지에 나타난 '부부유별'을, 아내가 남편에게 보낸 편지를 중심으로 살펴보고자 한다.

조선시대 한글 편지에서 아내가 남편에게, 남편이 아내에게 보낸 편지들은 두 사람이 지리적으로 떨어져 있을 때 작성될 수밖에 없다. 그러므로 서로의 그리움과 애정, 사랑 등이 표현되었을 것으로 예상되지만, 가족과 관련된 일상생활에 대한 소소한 내용이 그 대부분을 차지한다. 편지의 주된 내용으로는 서로의 안부와 가족 구성원의 안녕, 의식주 관련 설명이나 걱정 등이 주로 기술된다. 이기대(2011)에서 의하면 애정 편지가 없었던 것은 아니다. 단지, 이기대(2011)에서 다루어진 조선시대 애정 편지는 부부 관계가 아닌 남녀가 주고받은 것을 논의의 대상으로 삼고 있을 뿐이며, 부부 사이에 주고받은 한글 편지에서 나타나는 애정이나 치정을 언급하지는 않는다. 이는 현존하는 조선시대 한글 편지 중에서 부부 사이에 주고받은 편지가 다수 발견되고 있음에도 그리움이나 애정, 치정이 직접적으로 표현된 내용이 나타나지 않기 때문으로 파악된다.

조선시대 한글 편지 중에서 부부 사이에 주고받은 애정 편지로는 〈이응태묘 출토 언간〉이 유일한 듯하다. 또한 현대적인 감각의 애정 표현이나 문학적인 표현이 나타난 편지를 찾기도 쉽지 않다. 단지, 아내가 남편에게 순수한 애정을 표현한 편지 하나를 조심스럽게 추가해 본다.

19세기 중반에 작성된 〈김성일가 언간〉 중에서 아내인 진성이씨가 아버지가 벼슬살이를 하고 있던 고을로 떠난 남편에게 보낸 편지에 다음과 같은 내용이 적혀 있다.

　　일일의 못 잇치옵고 그리온 ᄉᆞᆷ 졈졈 참기 어렵습〈김성일가-049,_1848
　　년,_진성_이씨(아내)→김흥락(남편)〉
　　[날마다 못 잊히옵고 그리운 마음 점점 참기 어렵습니다.]

이 편지는 23세인 아내 진성이씨가 21세의 남편 김흥락에게 쓴 것으로, 편지의 마무리 부분에 적어 내려간 순수한 애정 표현이라 할 것이다.

부부 사이에 주고받은 다른 한글 편지에서는 이러한 순수한 표현조차도 담고 있지 못하다. 특히, 〈이응태묘 출토 언간〉이 주시하다시피 이응태의 생전에 아내가 남편에게 보낸 편지가 아니라, 남편 이응태가 사망한 뒤에 아내가 작성하여 관 안에 넣은 관중서로 보아야 하기 때문에 일반적인 한글 편지와 동일한 것은 아닐 듯하다. 그러나 그 작성 형식이 한글 편지와 동일하게 작성되어 조선시대 한글 편지로 논의되는 상황임은 부인하기 어렵다.

아내가 보낸 편지에 들어있는 소소한 내용과 함께, 남편과 아내 사이의 도리를 서로 침범하지 않으며 분별 있는 자기의 본분을 다하는 언어적 표현을 찾아보면서 아내의 남편에 대한 의식 변화를 고찰해 보고자 한다.

2. 논의 방법과 대상

2.1. 성리학과 여성의 사회적 지위

고려 말기에 들어온 성리학은 정치적, 사회적 그리고 문화적 통합을 위한 하나의 강력한 통치 원칙으로 수용되기 시작하고, 조선의 개국과 함께 사적인 교양의 차원이 아닌 국가 이념 또는 사회 정치적 이데올로기의 공적 의미 체계로 전환된다(정태식 2005:359). 즉 성리학은 신분 계급의 사상이나 계급주의의 지배 원리로 작용하면서 지배와 예속 관계를 정당화한 논리였던 것이다. 특히 삼강은 수직적·일반적 윤리 체제로 설명되는데, 조선 전기의 교화서 간행본들은 삼강과 오륜 중에서 삼강에 치중하여 『삼강행실도』(1434), 언해본 『삼강행실도』(1481), 『속삼강행실도』(1514), 『동국신속삼강행실도』(1617) 등이 간행되는데, 이들은 백성들에게 삼강을 널리 알리려는 일련의 국책 사업으로 시행된 것이다(신성철 2016:97~98).

삼강오륜 중에서 '오륜'에 관련된 교화서는 『오륜행실도』(1797) 등으로 나타나는데, 이 책은 이전의 삼강행실도의 내용과 크게 다르지 않다. 단지, '삼강'을 빼고 '오륜'을 넣은 것인데, 이러한 제목은 변화는 이 시기에 '삼강'보다는 '오륜'를 크게 중시한 것으로 판단된다. 즉, 조선 전기에 삼강오륜 중에서 '삼강'을 강조하여 가부장적 윤리와 군신 윤리를 통해 명분론적 사회 질서를 세우려는 국가적 통치의 기반을 세우고자 하였다. 그런데 경상도 관찰사 김안국이 간행한 『이륜행실도』(1518)은 오륜 중에서 장유유서(長幼有序), 붕유유신(朋友有信)을 중심으로 하여, 민간 생활에서도 윤리적 규범이 적용되는 의도로 간행한 것이다. 즉, 향촌 사회의 화합과 질서 유지에 필요한 덕목으로 '장유유서'와 '붕우유신'이 선택된 것이다. 삼강의 '충효열'이 수직적 인간관계를 기반한 것이라면, '장유'와 '붕우'의 이륜은 향촌 사회의 질서와 조화를 유지하는 수평적 인간관계에 초점을 둔다(백두현 2009:275). 결국, 삼강의 군위신강, 부위자강, 부위부강은 수직적·일반적 윤리 체제이며, 오륜은 수평적·쌍호무혜적 윤리의 관념으로 해석된다(안외순 2005:187~192).

삼강에서 오륜이 강조되는 정치적, 사회적 변화 속에서 사대부가도 무관하지는 못하였다. 관청에서 간행한 교화서가 끼친 1차적 영향을 사대부가가 그대로 받을 수밖에 없었다. 왜냐하면 이 시기의 지식인층을 차지하는 대다수가 사대부이었기 때문이다. 특히, 삼강 중에서 부부 관계에 관련된 부위부강은 수직적·일반적 윤리 체제의 하나였기 때문에, 부부 관계를 수직으로 변모하고자 하였던 것이다. 고려시대의 사회적 체계를 그대로 계승하여, 조선시대 전기에서도 여성의 사회적 지위는 남성과 비교적 평등하였다. 예를 들어, 박양리(2020)에서는 이문건(1494~1567)의 『묵재일기』에 나타난 기방 출입과 관련된 내용을 사회적 제도 등과 관련하여 살펴보면서, 16세기 중에서 임진왜란 이전이라는 시대적 배경과 사대부가 남녀의 사회적 평등 관계가 유지되던 사회적 배경 등을 아내가 남편에게 기방 출입에 대한 '정당한 투기'를 할 수 있었던 이유로 기술한다. 즉 임진왜란 이전의 16세기의 사대부가 여성은 서류부가혼(壻留婦家婚, 처가에서 성혼하고 혼인 생활을 시작함)과 남녀균분상속제(男女均分相續制, 아들딸 구분 없이 동일하게 재산을 나눔)의 관습 속에서 16세기 남녀의 관계는 비교적 평등했다. 위세가 대단하던 친정 가문의 비호 속에서 김돈이는 더욱 당당할 수 있었다. 〈중략〉 김돈이는 기생 종대와 남편의 관계에 분노하였는데, 그녀의 이러한 분노는 '정당한 투기'로 이문건이 오히려 한 수 굽히고 들어갈 정도였다."(박양리 2020:88)고 주장한다.

임진왜란 이후에 여성의 사회적 지위는 하락하게 된다. 비록 점차로 교화서가 삼강에서 오륜으로 바뀌어 가지만 여성에 대한 인식은 좀처럼 바뀌어지지 않는다. 그렇다고 남편이 아내에게 하대한 것은 아니었다. 경어법 사용에서 남편은 아내에게 아주 낮춤 등급의 'ᄒ라체' 등을 사용하지 않는다. 부부 사이는 수평적이나 그 전후가 있음을 고려하여 남편은 아내에게도 중간 등급의 'ᄒ오체' 등을 사용한 것이다. 또한 남편이 아내에게 보낸 편지 중에서는 아주 높임 등급인 'ᄒ쇼셔체'가 사용된 경우가 있어서, 종종 가부장적인 상황을 비유하는 '남편은 하늘, 아내는 땅'과 같은 명백한 수직적, 상하적 관계로 보이지 않는다(신성철 2016).

2.2. 아내가 보낸 한글 편지

조선 전기에는 정치적, 윤리적 측면에서 삼강오륜 중에서 '삼강'이 강조되지만 후기로 오면서 오륜이 널리 배포되기 시작한다. 여성의 사회적 지위도 조선 전기와 조선 후기라는 시대적 변화에 따라 크게 달라진다. 조선 전기에 는 고려의 사회적 제도가 이어져 비교적 남성과 여성이 평등한 관계를 유지 하지만, 조선 후기에 들어오면서 여성의 사회적 지위는 남성의 지위와 달리 하락하게 된다. 바로, 고려 시대에서 이어진 혼인 제도와 상속 제도가 남성 중심으로 바뀌었기 때문이다(이순구 2005:120-131, 2015:38; 이남희 2011:137-139).

조선시대 한글 편지는 각 시대에 나타나는 양적, 질적 등의 불균형이 없 는 것은 아니지만 15세기부터 20세기까지 고르게 분포된다. 아내가 남편에 게 보낸 편지도 고른 시대적 분포를 보여 준다. 정치적, 윤리적 측면에서, 그리고 사회적 측면에서 변화된 부부 관계를 확인시킬 수 있는 언어적 표 현을 조선시대 한글 편지에서 찾을 수 있을 것으로 기대되는 부분이 있는 데, 바로 경어법에 관련된 문법적 표현 등이 그러하다. 경어법은 주로 사회 적 관계에 따라 결정되는데, 일차적으로 화자와 청자가 서로 맺고 있는 사 회적 지위가 그대로 적용되며, 사회적 관계가 바뀌었다면, 경어법 사용도 달라지기 때문이다.

최종적으로 확보한 한글 편지 자료 총 1,580건 중에서 가족 구성원인 아 내로서 보낸 편지는 98건으로, 어머니로서 보낸 285건 다음으로 많은 수량 이다.

사대부가 여성의 한글 편지에는 대부분 일상의 소소한 내용이 담겨 있지 만, 한편으로는 신세 한탄이나 자신의 처지를 하소연하는 내용도 많다. 김 무림(2009:15-20)에서는 편지의 내용을 '안부 및 문안, 부모, 자식, 형제, 부부, 혼사, 상사(喪事), 제사, 병환, 가사, 인생사 및 신세 한탄, 과거 및 벼슬, 해산, 가문, 학문, 언문, 굿 및 책력, 실용 목적' 등으로 구분하여, 남녀에 따른 주 제별 빈도를 분석하였다. 그 결과 여성 편지에서는 '자식, 병환, 안부, 형제'

등에 더 많은 관심을 드러내며, 남성 편지에서는 '실용 목적, 가사(집안일), 부부, 상사' 등이었다. 단지, 사대부가 여성의 편지에는 어머니, 아내, 딸, 며느리로서 보낸 것이 500건이나 되는데, 떨어져 사는 자식이나, 남편, 부모 등의 병환이나 안부가 높이 언급된 것은 어찌 보면 당연하다고 하겠다.

먼저, 98건을 시기별, 가문별로 나누어 세부 건수를 살펴보면 다음과 같다. 16세기 후기부터 19세기 말기까지 고르게 분포되어 있음을 확인할 수 있다.

16세기 후기(1586): 〈이응태묘〉 1건

17세기 전기: 〈진주하씨묘/곽씨〉 3건

17세기 중, 말기/18세기 말기: 〈선세언적〉 6건/1건

17세기 말기/18세기 초기: 〈송준길가〉 1건/15건

18세기 초기: 〈선세언독〉 3건

18세기 말기: 〈추사가〉 3건

19세기 중기: 〈김성일가〉 62건

19세기 말기: 〈송병필가〉 3건

이상에서 보듯이 〈이응태묘〉 1건을 제외한 나머지 편지들은 가문별 한글 편지로 분류되는 것들이다. 그러나 그 건수에 있어서는 불균형이 확인된다. 17세기 말기/18세기 초기의 〈송준길가〉와 19세기 중기의 〈김성일가〉를 제외하면 대부분 3건을 넘기지 못하며, 7건이 확인되는 〈선세언적〉도 발신자별로 나누면 각각 1, 2건에 불과하기 때문이다. 해당 편지의 출전을 발신자와 수신자 기준을 중심으로 하여 목록을 제시하면 다음과 같다.

- 16세기 후기(1건)

〈이응태묘-1,_1586년,_미상(아내)→이응태(남편)〉

- 17세기 전기(3건)

〈진주하씨묘-003/곽씨-112,_17세기_전기,_진주하씨(아내)→곽주(남편)〉 외 2건

- 17세기 중, 말기(6건)/18세기 말기(1건)

〈선세언적-05,_1629~1673년,_청주한씨(아내)→박빈(남편)〉

〈선세언적-06,_1629~1671년,_청주한씨(아내)→박빈(남편)〉

〈선세언적-07,_1680~1692년,_남양홍씨(아내)→박성한(남편)〉

〈선세언적-08,_1680~1692년,_남양홍씨(아내)→박성한(남편)〉

〈선세언적-09,_1706년,_해주정씨(아내)→박성한(남편)〉

〈선세언적-10,_1690~1700년,_삭녕최씨(아내)→박광수(남편)〉

〈선세언적-15,_1762~1785년,_덕수이씨(아내)→박춘영(남편)〉

- 17세기 말기(1건)/18세기 초기(18건)

〈선세언독-34,_1700~1714년,_안동김씨(아내)→송요화(남편)〉

〈선세언독-36,_1726년,_밀양박씨(아내)→송요화(남편)〉

〈선세언독-37,_1723~1736년,_밀양박씨(아내)→송요화(남편)〉

〈송준길가-25,_1668~1698년,_안정나씨(아내)→송병하(남편)〉

〈송준길가-31,_1725년,_밀양박씨(아내)→송요화(남편)〉 외 13건

- 18세기 말기(3건)

〈추사가-17,_1791년,_기계유씨(아내)→김노경(남편)〉 외 2건

- 19세기 중기(62건)

〈김성일가-003,_1829년,_아주신씨(아내)→김진형(남편)〉 외 59건

〈김성일가-049,_1848년,_진성이씨(아내)→김흥락(남편)〉 외 1건

－ 19세기 말기(3건)

〈송병필가-83,_20세기_전반,_이천서씨(아내)→송복헌(남편)〉

〈송병필가-90,_19세기_후반,_전주이씨(아내)→송병필(남편)〉

〈송병필가-91,_19세기_후반,_전주이씨(아내)→송병필(남편)〉

3. 소소한 이야기와 높임 표현

3.1. 16세기 후기의 <이응태묘 출토 언간>

1998년 경상북도 안동시 정상동의 고성이씨 집안의 묘를 이장하던 중 이응태(李應台, 1556~1586)의 묘에서 한글 편지 1건이 발견된다. 한문으로 된 만시(輓詩)와 편지 등 모두 18건의 문건이 함께 발견된 여러 유물 중의 하나이다. 수신자는 이응태이고 발신자는 이응태의 아내로 추정되지만 고성이씨(固城李氏) 족보에서는 확인되지 않는다. 단지, 편지 뒷면에 '워니 아바님끠 샹빅'으로 적혀 있어, 둘 사이에 '워니'이라는 자식이 있었던 것으로 보인다. 일반적으로 '원이 엄마'로 지칭한다.

편지의 내용은 먼저 세상을 떠난 남편에 대한 아내의 애절한 사랑과 아이들을 데리고 앞으로 살아갈 일에 대한 걱정 등이 잘 드러나 있다. 특히 부장품 가운데는 아내의 머리카락을 함께 넣어 삼은 미투리도 발굴되는데, 부부간의 영원한 사랑을 전하는 유물로 알려졌다.

이 편지는 곳곳에 남편에 대한 아내의 애절한 사랑이 표현되어 있으므로, 편지 전체 내용을 제시한다.

워니 아바님의 샹빅 자내 샹해 날드려 닐오디 둘히 머리 셰도록 사다가 홈
끠 죽쟈 ㅎ시더니 엇디ㅎ야 나롤 두고 자내 몬져 가시는 날ㅎ고 ㅈ식ㅎ며 뉘
괴걸ㅎ야 엇디ㅎ야 살라 ㅎ야 다 더디고 자내 몬져 가시는고 자내 날 향히 ᄆ
ᄋ믈 엇디 가지며 나는 자내 향히 ᄆᄋ믈 엇디 가지던고 미양 자내드려 내 닐
오디 ㅎᄃ 누어셔 이 보소 ᄂ믐도 우리ᄀ티 서르 에엿쎄 녀겨 ᄉ랑ᄒ리 ᄂ믐도 우
리 ᄀ튼가 ㅎ야 자내드려 니르더니 엇디 그런 이롤 싱각디 아녀 나롤 ᄇ리고
몬져 가시는고 자내 여히고 아무려 내 살 셰 업스니 수이 자내 ᄒᄃ 가고져
ㅎ니 날 드려가소 자내 향히 ᄆᄋ믈 ᄎ셩 니줄 줄리 업스니 아무려 셜운 ᄠ디
ᄀ이업스니 이내 안홀 어디다가 두고 ㅈ식 드리고 자내롤 그려 살려뇨 ㅎᄂ
이다 이 내 유무 보시고 내 ᄭᄆ메 ㅈ셰 와 니르소 내 ᄭᄆ메 이 보신 말 ㅈ셰
듣고져 ㅎ야 이리 서 넌뇌 ㅈ셰 보시고 날드려 니르소 자내 내 ᄇᆡᆫ ㅈ식 나거
든 보고 사롤 일 ㅎ고 그리 가시디 <u>ᄇᆡᆫ ㅈ식 나거든 누롤 아바 ㅎ라 ㅎ시는고</u>
아무려 ᄒᄃᆯ 내 안 ᄀᄐ가 이런 텬디 ㅈᄋ온ᄒ 이리 하늘 아래 ᄯᅩ 이실가 자내
ᄂ ᄒ갓 그리 가 겨실 ᄲᅥ거니와 아무려 ᄒᄃᆯ 내 안ᄀ티 셜울가 그지그지 ᄀ이
업서 다 몯 서 대강만 뎍뇌 이 유무 ㅈ셰 보시고 내 ᄭᄆ메 ㅈ셰 와 뵈고 ㅈ셰
니르소 나는 ᄭᄆᆯ 자내 보려 믿고 인뇌이다 ᄆᆞᆯ태 뵈쇼셔 하 그지 그지업서 이
만 뎍뇌이다 병슐 뉴월 초ᄒ론날 지븨셔〈이응태묘-1,_1586년,_미상(아내)→
이응태(남편)〉

[원이 아버님께 올립니다. 자내 항상 나에게 말하기를 둘이 머리 셰도록 살
다 함께 죽자 하시더니 어찌하여 나를 두고 자내 먼저 가십니까? 나하고 자식
하며 누구에게 구걸하여 어찌하여 살라하여 다 던지고 자내 먼저 가십니까?
자네 나를 향해 마음을 어찌 가지며 나는 자네 향해 마음을 어찌 가지던가?
매양 자네에게 내가 말하기를 함께 누워서 이 보소 남도 우리같이 서로 어여
뻐 여겨 사랑할까? 남도 우리 같은가 하여 자네에게 말하더니 어찌 그런 일을

생각하지 않고 나를 버리고 먼저 가십니까? 자네 이별하고 아무래도 내 살 수가 없으니 빨리 자네에게 가고자 하니 날 데려가소 자네 향해 마음을 다음 생에도 잊을 줄이 없으니 아무리 서러운 뜻이 가이없으니 이 내 마음을 어디다가 두고 자식 데리고 자네를 그리며 살까 합니다. 이 내 편지를 보시고 내 꿈에 자세히 와서 말하십시오 내 꿈에 이 보신 말 자세히 듣고자 하여 이렇게 넣습니다. 자세히 보시고 나에게 말하십시오 자네 내 밴 자식 나거든 보고 살 일하고 그리 가시되, <u>밴 자식 나거든 누구를 아버지라 하라고 하십니까?</u> 아무리 한들 내 마음 같을까 이런 천지 자운한 일이 하늘 아래 또 있을까 자네는 한갓 그리 가 계실 뿐이거니와 아무리 한들 내 마음 같이 서러울까? 끝이 없어 다 못 쓰고 대강만 적습니다. 이 편지 자세히 보시고 내 꿈에 자세히 와 뵈고 자세히 말하세요. 나는 꿈을 자네 보려고 믿고 있습니다. 몰래 보여주십시오 하도 끝이 없어 이만 적습니다. 병술년 유월 초하룻날 집에서]

특히, 아내의 애절한 사랑이 드러난 구절은 '미양 자내드려 내 닐오디 혼 디 누어셔 이 보소 눔도 우리궅티 서르 에엿쎄 녀겨 스랑ᄒ리(매양 자네에게 내가 말하기를 함께 누워서 이 보소 남도 우리같이 서로 어여삐 여겨 사랑할까?)' 등 곳곳에 적혀 있다. 그리고 '자내 내 빈 ᄌ식 나거든 보고 사롤 일 ᄒ고 그리 가시디 빈 ᄌ식 나거든 누롤 아바 ᄒ라 ᄒ시ᄂ고(자네 내 밴 자식 나거든 보고 살 일하고 그리 가시되, 밴 자식 나거든 누구를 아버지라 하라고 하십니까?)'에서는 유복자와 함께 살 길을 만들어 놓았으나 그럼 아이에게는 누구에게 "아빠"라고 부르게 하느냐는 애절한 걱정을 표출한다.

이러한 관중서(棺中書)로 1972년 지금의 서울특별시 서초구 반포동에 있는 동래정씨(東萊鄭氏) 문중의 정최능(鄭最能, 1680~1719) 묘를 이장하던 중에 1건(이하, 〈정최능묘 출토 언간〉)이 발견된다(김일근 1974:5). 〈제문〉과 〈편지〉의

성격을 동시에 보이고 있어서, 어느 하나로 단정하기 어렵지만, 편지 형식를 따르고 있어 넓은 의미의 편지로 분류한다(김일근 1974:113-114). 정최능이 과거를 보러 서울로 가다가 갑자기 죽었는데, 계처(繼妻)인 인동장씨(仁同張氏)가 이 관중서를 입관 때에 가슴 위에 올려놓은 것이다. 남편의 죽음을 애통하게 여기면서도 어린아이들 때문에 따라 죽을 수 없다는 누구에게도 말할 수 없는 참절한 마음, 너무나 갑작스러운 충격과 절망에 남편을 따라서 죽고 싶지만 어린 것 때문에 따라갈 수 없다는 어머니로서의 책임을 통감하면서도 남편을 그리워하는 마음이 편지에 잘 드러내는데, 헌신적인 모성애(母性愛)가 돋보인 여인상이 도드라진다(양인실 1985:263).

그러나 〈이응태묘〉에서 볼 수 있는 남편에 대한 아내의 애절한 사랑과 관련된 표현은 많지 않은 편이다. 이응태가 30세에 졸할 때, 원이 엄마는 최소 20세부터 31세 전후였을 것이다. 한편 정최능이 39세에 졸할 때, 계처로 시집온 지 5년이 지났고, '유하지오(乳下之兒, 젖먹이 아이. 족보에 의하면 둘 사이에 당시 3세인 유아가 있었다.)'가 있다는 편지 내용으로 본다면, 인동장씨(仁同張氏)는 20대 중후반일 것으로 판단된다. 두 아내 모두 남편에 대한 애절함과 그리움이 비슷하게 깊었을 것으로 보이는데, 1586년과 1719년이라는 약 130년이라는 시간의 간격 또는 경상북도 안동과 경기도 광주의 학탄(鶴炭, 현재의 서울특별시 서초구 반포동)이라는 지역적 간격이 적용된 차이일 가능성도 있으나, 아내가 죽은 남편에게 보낸 관중서 두 편지에 나타난 내용과 표현이 다르다는 점은 명확하다.

오호통지라 군이 샹시 긔력이 과잉ㅎ시고 심졍이 쳘셕 ㄱㅌ시니 향슈롤 기리 ㅎ오셔 즈손의 영화롤 바드실가 ㅎ옵더니 원슈 긔히 년을 만나 호련 독병을 어드시니 듀야 간쟝을 티오셔 회츈을 하늘과 귀신의게 비더니 오호통지라 하늘이 벌을 느리오시고 황쳔의셔 어딘 사롬을 샐니 구호시매 군의 일명이 궁진호ᄉ 일야의 믄득 구치 못호오니 이ᄂ 하늘이 믄허디고 짜히 거지ᄂ 때라 호 소리 호곡의 내의 일명을 긋쳐 군의 뒤흘 조ᄎ미 원이로디 비록 긔츌이 아니나 셩인 못호 ᄎᄌ와 유호디ᄋ룰 졀연호고 이어 죽으면 응당 구쳔하의 용납디 아니실 거시니 ᄆ음을 널니 먹어 삼 년 졔ᄉ룰 졍셩으로 디내고 이ᄋ 룰 길너 셩인 후 비록 불혜호나 ᄎ자가시면 구원의 은혜룰 삼싱의 다 갑기 어려울가 호ᅌ 군의 건즐을 밧ᄃ런디 오 년의 이런 죵텬의 변을 만나 가슴을 두ᄃ려 골돌호 셜우미 흉격의 막히오니 ᄎ마 세샹의 머믈 ᄡ지 업ᄉ오나 이이 쟝셩 후 ᄎᄌ가믈 쳔만 ᄇ라ᄂ이다 즉금 입관시라 촌심이 홀란호여 셩자룰 못호오매 대강 셜운 회포룰 뎍ᄉ오니 응감호ᅌ쇼셔 긔히 이월 일 슉인 당〈졍 최능묘-1,_1719년,_인동장씨(아내)→정최능(남편)〉[6]

[아, 비통하다. 군(君)이 항상 기력(氣力)이 과잉(過剩)하시고 심정(心情)이 철석(鐵石) 같으시니 향슈(享壽)를 길이 하셔서 자손의 영화(榮華)를 받으실가 하옵더니 원수 같은 기해 년(己亥年)을 만나 홀연(忽然)히 독병(毒病)을 얻으시니 주야로 간장(肝腸)을 태우서 회춘(回春)을 하늘과 귀신에게 비더니, 아, 비통하다. 하늘이 벌을 내리오시고 황천(黃泉)에서 어진 사람을 빨리 구하시니, 군의 일명(一命)이 궁진(窮盡)하여 일야에 문득 구하지 못하니, 이는 하늘이 무너지고 당이 꺼지는 때라. 한 소리의 호곡(號哭) 내(內)에 일명을 그쳐 군의 뒤를 좇음이 원(願)이로되, 비록 기출(己出)이 아니나 성인 못한 차자(次子)와 유하

6 이 한글 편지는 이 글의 논의 대상 목록에서 빠져 있다. 왜냐하면 현재 원본의 소장 상황을 알 길이 없으며, 영인 자료의 확인도 불가능한 상태이기 때문이다. 김일근(1974:113)에서는 '장씨부인필관중서(張氏夫人筆棺中書)', 양인실(1985:262)에서는 '장씨부인의 한글 편지(張氏夫人의 諺簡)'로 되어 있으나, 한글 편지의 명칭에 통일성을 두기 위해여, 〈정최능묘 출토 언간〉으로 바꾸어 제시한 것이다. 편지 내용은 김일근(1974:123-124) 자료편에 제시된 내용을 그대로 옮긴 것이다.

지아(乳下之兒)를 절연(絶緣)하고 이어 죽으면, 응당 구천지하(九天地下)의 용납지 아니할 것이니, 마음을 널리 먹어 삼 년 제사를 정성으로 지내고 이아(二兒)를 길러 성인 후에 비록 불혜(不慧)하나 찾아가면, 구원의 은혜(恩惠)를 삼생(三生)에 다 갚기 어려울가 합니다. 군의 건즐(巾櫛)을 받들은지 오 년에 이런 종천(終天)의 변(變)을 만나 가슴을 두드려 골돌한 설움이 흉격(胸膈)에 막히오니 차마 세상에 머물 뜻이 없으나 이아(二兒)가 장성(長成)한 후에 찾아감을 천만 바랍니다. 즉금(卽今) 입관시라 촌심(寸心)이 혼란(昏亂)후여 성자(成字)를 못하여 대강 서러운 회포(懷抱)를 적으니 응감(應感)하소서. 기해(己亥) 이월 일 숙인(淑人/熟人?) 장(張)]

〈이응태묘 출토 언간〉과 〈정최능묘 출토 언간〉은 첫째, 1586년과 1719년이라는 약 130년이라는 시간의 간격, 둘째, 경상북도 안동과 경기도 광주의 학탄(鶴炭, 현재의 서울특별시 서초구 반포동)이라는 지역적 간격이 뚜렷이 나타난다. 우선, 지역적 간격에 대해서는 고려하지 않고 시대적 간격만을 살펴본다면, 〈이응태묘 출토 언간〉은 조선 전기, 〈정최능묘 출토 언간〉은 조선 후기에 작성된 것이다. 이승희(2007), 황문환(2002)에 의하면, 15세기의 'ᄒᆞ쇼셔체', 'ᄒᆞ야쎠체', 'ᄒᆞ라체'의 3등급 중에서 16세기에는 중간 등급의 'ᄒᆞ야쎠체'가 'ᄒᆞ소체'로 점차 바뀐 것으로 보고 있다. 〈이응태묘 출토 언간〉에서 그러한 경향이 확인된다.

　　ᄒᆞ소체: 드려가소, 니ᄅᆞ소, 덕뇌, 니르소,
　　ᄒᆞ쇼셔체: ᄒᆞ뇌이다, 인뇌이다, 뵈쇼셔, 덕뇌이다

아내가 남편에게 높임 등급의 'ᄒᆞ쇼셔체'와 함께 'ᄒᆞ소체'를 사용하는데,

조선시대 한글 편지에서 17세기 이후의 아내는 남편에게 주로 'ᄒᆞ쇼셔체'를 사용한 것과는 다른 결을 보인 것이다. 그러나 16세기의 한글 편지 중에서 아내가 남편에게 편지로는 현재 이 편지만이 유일한 관계로 이 이상은 추론의 과정에 놓일 수밖에 없다. 그런데, 아내가 남편에게 보낸 편지에서 'ᄒᆞ쇼셔체'와 'ᄒᆞ소체'가 나타나는 것은 이 편지만 유일한 것은 아니다. 17세기 전기 문헌인 『진주하씨묘 출토 언간』에서도 'ᄒᆞ소체'가 사용된다. 아내가 남편에게 보낸 편지의 상대 높임법은 'ᄒᆞ쇼셔체' 종결 어미가 주류이지만, '긔별ᄒᆞ링다〈진주하씨묘-003〉, '보내소'〈진주하씨묘-090〉와 같이 'ᄒᆞ소체'가 나타난다. 특히, '이응태'가 경상북도 안동이며, 진주하씨가 거주지 및 친가 마을이 오늘날의 대구시광역시 달성군과 경상남도 창녕군이라는 점에서 지리적 연관성이 짙어진다.

한편, 〈정최능묘 출토 언간〉에서는 상대 높임법이 반영된 종결 어미가 'ᄒᆞᆸ, 응감ᄒᆞᆸ쇼셔' 두 개만 나타난다. 'ᄒᆞ쇼셔체'가 사용된 것이다. 그런데, 아내가 남편을 이르는 2인칭 대명사로 '군(君)'을 '군이 샹시 긔력이 과잉ᄒᆞ시고', '군의 일명이 궁진ᄒᆞᄉᆞ', '군의 건즐을 밧드런다'와 같이 사용하고 있는 것이 특이하다. 그런데 2인칭 대명사로서의 '군'은 현대에서 '듣는 이가 친구나 손아래 남자일 때 그 사람을 조금 높여 이르는 이인칭 대명사. 하게할 자리에 쓴다.'(『표준국어대사전』)로 그 쓰임새가 알려져 있다. 그리고 '부군(夫君)'의 준말로 볼 수도 있으나, 이때의 '부군'은 주지하듯이 다른 이의 남편을 높이는 말이기 때문에 적합하지 않다. '하게체'에 대응되는 2인칭 대명사를 사용하지만 상대법 종결어미로는 'ᄒᆞ쇼셔체'의 'ᄒᆞᆸ, 응감ᄒᆞᆸ쇼셔'를 사용하고 있어 일치되지 않는 특이한 경우라 할 것이다. 현재 널리 알려진 조선시대 한글 편지에서는 '군(君)'이 사용된 용례가 하나도 나타나지 않기 때문에, '군(君)'에 대해 정확한 용법을 알기 어렵다. 단지, 상대 높임법 종결어미가 '호쇼셔체'를 보이고 있어, 〈이응태묘 출토 언간〉과 다른 양상을 보이는 것은 명확하다. 사실, 관중서라는 공통점으로 이 두 자료를 비교하였으나, 시대적으로 근접한 『진주하씨묘 출토 언간』의 아내가 남편에게 보낸 편지에 나타난 상대 높임법과 지리적 연관성이 비교적 높다고 하겠다.

3.2. 17세기 전기의 『진주하씨묘 출토 한글 편지/현풍 곽씨 언간』

17세기 전기에 '아내'로서 보낸 편지는 『진주하씨묘 출토 언간』에서만 나타난다. 백두현(2003:39-42)에서는 부부의 거주지가 서로 달랐던 것으로 설명한다. 남편은 오늘날의 대구광역시 달성군 현풍면에 살았고 아내는 대구광역시 달성군 논공읍과 경상남도 창녕군 이방면으로 오늘날의 도로로는 전자는 약 15㎞이며 후자는 진주하씨의 친가 마을로, 약 30㎞의 거리가 된다. 『진주하씨묘 출토 언간』에는 17세기 초반의 일상에 대한 세세한 기록이 들어 있어 당시 일상생활의 모습을 알 수 있다. 질병과 치료, 금기일과 삼갈일 등에서는 당시의 생활 습속과 민간신앙을 엿볼 수 있으며, 아이들의 행실 교육, 언문 가르치는 이야기, 돌잡이하는 모습 등은 당시 사람들이 삶을 재구해 낼 수 있다. 또한 의복와 옷감에 대한 내용도 적지 않으며, 인사차 보내는 크고 작은 선물에서는 그 성격과 특징을 분석한다면 경제생활의 일면도 살필 수 있다. 『진주하씨묘 출토 언간』은 묘 주인인 '진주하씨'가 수신자인 경우라서, '진주하씨'가 아내로서 보낸 편지가 없을 가능성이 높지만 예외적으로 3건이 나타난다.

블의예 돌이 오나눌 아바님 뫼읍고 편안호신 유무 보읍고 깃거호노이다 나

눈 온 후로도 편훈 나리 업서 흐뇌다 가스문 므던흐디 긔운 편훈 저근 업셔
인뇌다 주식드론 다 됴히 인뇌다 보셩 힝츠논 당시사 동매 아니 와시니 오면
긔별흐링다 이 보내신 거슨 받ᄌ와이다 말ᄉ문 ᄀ이업ᄉ오디 핫 바바흐니 대
강만 적노이다 열훈날 외예셔 아기드려 안부흐시고 아무 것도 보낼 것 업셔
기탄흐뇌다〈진주하씨묘-003/곽씨-112,_17세기_전기,_진주하씨(아내)→곽주
(남편)〉

[뜻밖에 돌이가 오거늘 아버님을 뫼시고 편안하시다는 편지를 보고 기뻐합
니다. 나는 (여기에) 온 후로도 편한 날이 없습니다. 가슴은 무던하되 기운 편
한 적은 없습니다. 자식들은 다 잘 있습니다. 보성 행차는 아직은 종매(從妹)
가 아니 왔으니 오면 기별하겠습니다. 여기에 보내신 것은 받았습니다. 말씀
은 끝이 없사오되 너무 바빠하니 대강만 적습니다. 열하룻날 외예에서. 아이
(아들)에게 안부하시고, 아무것도 보낼 것 없어 개탄하옵니다.]

남편 곽주가 보낸 〈진주하씨묘-061/곽씨-27〉에 대한 답장으로 작성된
것이다. '보성 행차는 언제 하느냐?'는 질문에 '아직 종매(從妹)가 아니 왔으
니 오면 기별하겠다.'는 답변이 그 증거의 하나이다(백두현 2003:505). 간단한
안부 인사와 답변으로 이루어진 짧은 편지이다.

정낭이 □다라 드러 아리 쓰고 쏘 오늘 침 맞고 흐니 여우여 갓과 쎠만 이
습노이다 셔우황을 어더 머기옵고져 흐오디 아니 와셔 어들 디 업ᄉ와 민망
흐옵고 하 나날 파려흐오니 ᄇ릴가 시브오이다〈진주하씨묘-040/곽씨-113,_
17세기_전기,_진주하씨(아내)→곽쥬(남편)〉

[정낭이 # 달려들어 그저께 (뜸을) 뜨고 또 오늘 침을 맞고 하니 여위어 살
가죽과 뼈만 (남아) 있습니다. 석웅황을 얻어 먹이고자 하되 (석웅황을 파는

사람이) 오지 않아서 구할 데가 없어서 민망하고, (아이가) 하도 나날이 파리해지니 또 죽을까 싶습니다(=싶어 걱정이 됩니다).]

딸인 '정낭이'가 머리에 종기를 앓아 치료하는 사연을 담고 있다. 뜸과 침을 놓았고, 석웅황을 먹이고자 하나 구할 수 없다고 한다. 석웅황은 주로 머리에 헌데가 생겨 머리털이 빠지는 증상을 치료하는 데 사용한다. 질병 치료에 관련된 내용이 보인다.

유뮈 오나늘 긔운 편챠는 유무 보옵□□□□스와 흐노이다 나는 숨 니을 만 인뇌다 어듸셔 드리나 □□세□□마는 빼 몯 미처 그런가 흐거니와 나도 민망이 너기뇌다 나도 하 즈식돌 드려 근심흐기□□□□ 원쉬가 흐뇌다 보셩 힝츳는 니거니와 게셔 사룸 보내다 흐시던 거시러 기드리다가 아니 오니 므슴 연귀 이셔 아니 온고 ㄱ장 기드리이다 므더니 혜여 보내지 말라 흐옵시던가 므스 일로 가지 말라 흐시던고 흐뇌다 지안흔 편흐시다 흐니 깃거 흐뇌다 보내과져 흐시는 사룸으란 다 □□셔 사룸곳 이시면 □□□□□ 아마도 긔우나나 편□□□□□시곰 브라고 인뇌다 □□□□□□ 군희여 흐시니 안심□□□여이다 후졔 히여 사룸 올 졔 무명 보내소 닐굽 근 열 냥이니 딕 져울로사 닐굽 근도 몯흐려니와 보내소 도긔 녀허 인느니 다시 드라 보내소 힝혀 사룸미 번거이 오거든 보내소 흐노이다 이만 젹뇌다 아기드려 안부 □흐여눌 엇지 흐눈고 아니 기워 □□□□□여 흐뇌다〈진주하씨묘 -090/곽씨-114,_17세기_전기,_진주하씨(아내)→곽주(남편)〉

[편지가 오거늘 기운 편찮은 편지 보고 …합니다. 나는 숨 이을 만하게 있습니다. 어디서 다리나 … 마는 때에 못 미처 그런가 하여 나도 민망히 여깁니다. 나도 매우 자식들에게 근심하기 … 원수인가 합니다. 보성 행차는 갔거

니와 거기서 사람 보냈다 하시던 것이더니, 기다리다가 아니 오니 무슨 연고가 있어 아니 오는고 많이 기다립니다. 무던히 생각하여 보내지 말라 하시던가. 무슨 일로 가지 말라고 하시던고 (하고 생각)합니다. 집안은 편하시다 하니 기뻐합니다. 보내고자 하시는 사람은 다 … 사람이 있으면 … 아마도 기운이나 편(하심을) 바라고 있습니다. … 고단해 하시니 안심치 못하옵니다. 후에 부린 사람이 올 때 무명을 보내소 일곱 근 열 냥이니 집 저울로는 일곱 근이 안 될 정도로 보내소. 독에 넣어 있으니 다시 (저울에) 달아 보내소 행여 사람이 번거롭게 오거든 보내소. 이만 적습니다. 아들에게 안부…하거늘 어찌하는고. 아니 기워 …어 합니다.]

남편 곽주가 보낸 안부 편지에 대한 답장이다. 그 내용은 간단한 안부 인사와 보성 행차에 왜 사람을 보내지 않느냐, 그리고 무명을 보내 달라는 내용으로 이루어진다. 백두현(2003:512-513)에서는 남편 곽주가 보낸 〈진주하씨묘-097/곽씨-28〉에 대한 답장으로 보았으나, '긔운 편챠는 유무(기운 편찮은 편지)'로 시작하고 있는데 〈진주하씨묘-097/곽씨-28〉에는 그러한 내용이 없어 부합되지는 않는다.

'무명'을 보내 달라는 내용과 함께, '닐굽 근 열 냥'과 '닐굽 근'이 언급된 것으로 보아서는 무명실로 짠 피륙을 가리키는 것이 아니라 무명을 짜기 위한 '무명실'이나 목화씨를 골라낸 '솜털'을 의미하는 것으로 보이며, '독에 넣어 있'다는 내용을 보면, '무명실'보다는 '솜털' 자체를 가리키는 것으로 보인다. 안부 인사와 함께 의생활에 관련된 내용이 대부분을 차지한다.

『진주하씨묘 출토 언간』 중에서 아내가 남편에게 보낸 내용은 일상적인 이야기를 담고 있다. 조선시대 한글 편지의 발신자를 성별로 구분하였을 때, 여성 편지에 담긴 사연의 주제로는 '자식, 병환, 안부, 형제' 등에 더 많은 관심을 드러내는 경향이 확인되었는데(김무식 2009), 해당 한글 편지에서도 그러한 경향이 나타난다. 바로 아내가 남편에게 가족과 가문의 일상생활에 대한 소소한 이야기를 전달하는 것이다(다음 그림은 이래호(2021)에서 인용).

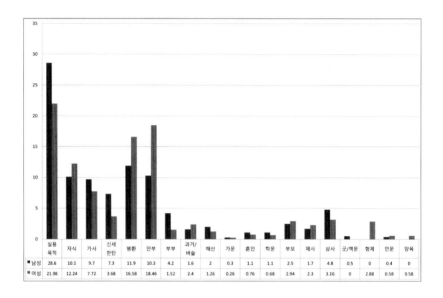

	실용 목적	자식	가사	신세 한탄	병환	안부	부부	과거/ 벼슬	해산	가문	혼인	학문	부모	제사	상사	굿/책문	형제	언문	양육
남성	28.6	10.1	9.7	7.3	11.9	10.3	4.2	1.6	2	0.3	1.1	1.1	2.5	1.7	4.8	0.5	0	0.4	0
여성	21.98	12.24	7.72	3.68	16.58	18.46	1.52	2.4	1.26	0.26	0.76	0.68	2.94	2.3	3.16	0	2.88	0.58	0.58

그러나 아내가 남편의 대우 표현에 있어서는 이전 시기와 비슷하지만 다른 경향이 나타난다. 이 3건에 상대 높임법은 'ᄒᆞ쇼셔체' 종결 어미가 주류이며, 예외적으로 '긔별ᄒᆞ링다'〈진주하씨묘-003〉, '보내소'〈진주하씨묘-090〉와 같은 'ᄒᆞ소체'가 나타나기 때문이다. 즉『진주하씨묘 출토 언간』에서 아내가 남편에게 사용한 상대 높임법은 'ᄒᆞ쇼셔체'의 종결 어미가 대부분이었다.

깃거ᄒᆞ노이다, 받ᄌᆞ와이다, 젹노이다, ᄒᆞᄂᆡ다, 인ᄂᆡ다, 기탄ᄒᆞᄂᆡ다〈진주하씨묘-003/곽씨-112,_17세기_전기,_진주하씨(아내)→곽쥬(남편)〉

이습노이다, 시브오이다〈진주하씨묘-040/곽씨-113,_17세기_전기,_진주하씨
(아내)→곽주(남편)〉

흐노이다(2), 인뇌다(2), 너기뇌다, 흐뇌다(2), 깃거흐뇌다, 젹뇌다〈진주하씨
묘-090/곽씨-114,_17세기_전기,_진주하씨(아내)→곽주(남편)〉

1586년의 〈이응태묘 출토 언간〉과 1719년의 〈정최능묘 출토 언간〉에 사
용된 종결 어미의 주류는 순서대로 중간 등급의 'ᄒᆞ소체'와 높임 등급의
'ᄒᆞ쇼셔체'였다. 지리적인 격차를 보이지만, 시대의 변화에 따라 종결 어미
의 변화도 확인된 셈이다. 그런데 시기적 격차가 비교적 있는, 그러나 지역
적 격차는 거의 없는 〈이응태묘 출토 언간〉과 『진주하씨묘 출토 언간』에서
는 아내와 남편에게 사용된 종결 어미의 주류는 순차적으로 'ᄒᆞ소체', 'ᄒᆞ쇼
셔체'임을 알 수 있다. 즉 역사적인 변화 과정에 포함된 사례인 것이다. 아
내가 남편에게 사용하는 상대 높임법 종결 어미는 'ᄒᆞ소체'에서 'ᄒᆞ쇼셔체'
로 높여진 것으로 판단되는데, 17세기 이후의 다른 한글 편지에서도 아내의
한글 편지에서는 'ᄒᆞ쇼셔체'가 주류라는 사실에서 이러한 추측은 명확해진
다. 아내들은 왜 남편에게 높임 등급의 종결 어미를 사용하는 방향으로 변
화되었을까?

조선 후기에는 삼강오륜의 삼강에서 오륜이 강조되는 정치적, 이념적 변
화가 발생하여, 수평적 관계가 형성되었지만, 언어생활에서는 높이는 표현
을 더 많이 사용하는 수직적 관계가 강화된 것으로 보인다. 그만큼 아내와
남편 사이의 사회적 관계에서 아내가 하위로 옮긴 경우가 된다. 정치적, 이
념적 변화보다는 조선 전기와 조선 후기에 달라진 사회적 관습과 제도의
변화로 발생한 것일 듯하다.

3.3. 17세기 후기와 18세기 초기의 『선세언독』과 <송준길가 언간>

『은진송씨 송준길가 『선세언독』 언간』은 송준길(宋浚吉, 1606~1672) 집안 편지를 발신자별로 선별하여 배접하여 만든 책이다. 송준길의 편지 4건을 필두로 하여, 장모 진성이씨 3건, 큰며느리 배천조씨 3건, 손자 송병하 4건, 송병하의 처 안정나씨 2건, 증손 송용화 5건 등 40건이 실려 있다. 그리고 『은진송씨 동춘당 송준길가 언간』은 동춘당(同春堂) 송준길 후손가에 전하는 자료들로, 큰며느리 배천조씨(1625~1683)로부터 5대손 송기연(1727~1749)에 이르는 96건의 한글 편지를 이른다. 이중에서 아내가 보낸 편지는 18건에 해당되지만, 해당 인물은 3인에 해당된다. 각 인물별로 한 건씩 정리하여 그 내용을 정리하면 다음과 같다.

〈선세언독-34,_1700~1714년,_안동김씨(아내)→송요화(남편)〉

잘 계시니 기쁘고 아주버님 편지를 보지 못했는지 답답하며, 집 지으시는 데에 보태라고 하셨다고 해 돈 열 냥을 얻어 두었다. 보내 준 먹을 잘 받았다.

〈선세언독-36,_1726년,_밀양박씨(아내)→송요화(남편)〉

편지를 받아 잘 계시니 마음이 든든하다. 어머님이 기운이 없으니 염려 그지없다. 서울도 잘 있으니 다행하며 여기는 겨우 지내지만 소상(기제사)이 멀지 않았으니 걱정이다. 제사는 8월 18일이며, 6월에 남포의 편지를 보내는데 보았느냐?

〈송준길가-25,_1668~1698년,_안정나씨(아내)→송병하(남편)〉

요사이 장마와 더위가 어떻게 지내느냐? 여기는 그럭저럭 지내며 날씨와 병중에 괴롭다. 지난달 20일 후에 보낸 편지와 물품은 잘 갔으니 다행이다. 관대(冠帶)에 대해서는 천천히 생각하자. 그리고 무명으로 만든 관대(冠帶)는 급한 것이 아니니 천천히 보내겠다. 믿을 만한 인편(人便)을 의논하여 보내겠다. 왼쪽 옆구리가 아파서 병록(病錄)을 적어 보내니 삼촌댁 조부(調夫)께 전해 달라.

앞선 시기의 자료인 『진주하씨묘 출토 언간』에서 아내가 보낸 편지의 일반적인 내용과 크게 다르지 않다. 일상적인 가족과 가문의 소소한 이야기를 전하고 있다. 의식주에 관련되며, 조선시대 사대부가에서 중요시했던 제사 등에 대한 걱정과 혹시 모를 안내 등 현대의 일반적인 부부 사이에 다루어지는 이야기들이 전달된 것이다.

17세기 전기의 『진주하씨묘 출토 한글 편지/현풍 곽씨 언간』과 달리 이 자료에서는 'ᄒᆞ쇼셔체'만 확인된다. 일부 자료만 제시하면 다음과 같다.

낫ᄉᆞ오리잇가, 보내ᄋᆞᆸ쇼셔, 민망ᄒᆞ오이다, 만ᄉᆞ오이다, ᄒᆞᄋᆞᆸ, 보내ᄋᆞᆸ〈선세언독-34,_1700~1714년,_안동김씨(아내)→송요화(남편)〉

ᄒᆞᄋᆞᆸᄂᆞ이다, 십팔일이오니이다, 보오시니잇가, ᄇᆞ라ᄋᆞᆸᄂᆞ이다〈선세언독-36,_1726년,_밀양박씨(아내)→송요화(남편)〉

ᄒᆞ오리이다, 비젓숩ᄂᆞ이다, 다힝ᄒᆞᄋᆞᆸ, 밧ᄌᆞ왓숩, ᄒᆞᄋᆞᆸ, 민망ᄒᆞᄋᆞᆸ, 그리ᄋᆞᆸ〈선세언독-37,_1723~1736년,_밀양박씨(아내)→송요화(남편)〉

엇더ᄒᆞ오시니잇가, 괴롭ᄉᆞ오이다, ᄒᆞᄋᆞᆸ더이다, 다힝ᄒᆞ더이다, 보사이다, 보

내리이다, 보리이다, 뎐ᄒᆞᆸ쇼셔, 섭섭ᄒᆞ오이다, 평안ᄒᆞ오쇼셔, ᄒᆞᆸ〈송준길가
-25,_1668~1698년,_안정나씨(아내)→송병하(남편)〉

ᄀᆞ이업습ᄂᆞ이다, 민망ᄒᆞ오이다, ᄇᆞ라ᄋᆞᆸᄂᆞ이다, 보내ᄋᆞᆸᄂᆞ이다〈송준길가-31,_
1725년,_밀양박씨(아내)→송요화(남편)〉

이 자료에서는 아내는 남편에게 상대 높임법 종결 어미 중에서 높임 등
급인 'ᄒᆞ쇼셔체'를 사용한다. 해당 인물 3인이 작성한 한글 편지에 공통적
으로 나타나는 현상이다. 단지, 'ᄒᆞᆸ'류도 함께 사용되는데, 'ᄒᆞᆸ'류는 한
글 편지에서 주로 사용되는 형식으로, 'ᄒᆞ쇼셔체'에 해당하지만, 다소 친밀
한 관계임을 표현하는 것으로 알려져 있다. 이 시기 이후의 한글 편지 중에
서는 아내가 남편에게 'ᄒᆞ소체'를 사용한 경우는 더 이상 발견되지 않는다.

검토한 자료가 98건이라는 적지 않은 숫자임에도 이것을 시기적, 가문별
로 구분하면 그리 많은 분량이라 할 수 없다. 그러나 일정한 경향이 되풀이
되어 나타난다면, 그리고 이러한 경향과 다른 흐름이 나타나지 않는다면 일
정한 방향으로 바뀌는 경향을 그대로 받아들여야 하지 않을까?

3.4. 17세기 후기와 18세기의 『고령박씨가 『선세언적』 언간』

『先世諺蹟(선세언적)』은 고령박씨 가문의 부인들의 한글 편지를 모은 한
글 편지첩이다. 구당(久堂) 박장원(朴長遠, 1621~1671)의 8대손인 오야(梧墅) 박
영원(朴永元, 1791~1854)이 그의 9대 조모(祖母)로부터 조모(祖母)에 이르는 7대
250년간에 걸친 문중 여인 11인의 한글 편지를 성첩한 것이다(김일근, 1986/
1991:81). 아내로서 보낸 편지는 7대 조모인 청주한씨(淸州韓氏, 1629~1715)와 6

대 조모인 남양홍씨(南陽洪氏, 1657~1692)는 2건, 6대 후조모인 해주정씨(海州鄭氏, 1676~1730), 5대 조모인 삭녕최씨(朔寧崔氏, 1674~1701), 4대 조모인 덕수이씨(德水李氏, 1711~1791)는 각 1건으로 총 7건이다.

아내가 남편에 보낸 이들 한글 편지에서도 일상적인 소소한 이야기가 전달된다. 작성 시기가 가장 빠른 것과 늦은 것을 각각 한 편씩 선정한 그 내용을 정리하면 다음과 같다.

〈선세언적-05,_1629~1673년,_청주한씨(아내)→박빈(남편)〉

바쁜 일상생활이 적혀 있다. 남편 박빈의 편지를 받아 기쁘고 우리도 잘 있다는 간단한 안부와 함께 술을 빚고, 면화를 수확하여 일곱 근 두 냥을 모으고, 옷감이 오면 옷을 짓기 위해 기다린다는 내용이 기술된다. 이 편지에서는 의식주 중에서 의생활에 관련된 내용이 많다.

〈선세언적-15,_1762~1785년,_덕수이씨(아내)→박춘영(남편)〉

남편이 행차에 어떤지 안부를 묻고 이쪽의 소식을 전한다. 안부 소식이 대부분이며, '가니 고약을' 내일 보낸다는 내용이 있어 피부가 헐거나 곪아 '집안에서 만든 또는 사용하는 고약(膏藥)'을 보내는 것으로 보이지만, 추가 내용이 없어 정확한 것을 알기 어렵다. 안부 인사가 대부분을 차지하며, 질병 치료제가 언급된다.

시대가 바뀐다고 가족의 구조나 생활이 크게 달라지지 않기 때문에, 각 가족의 상황에 따라 주고받는 이야기가 달라질 수는 있지만, 그 주제는 크게 바뀐 것은 없다. 다소의 차이는 있겠지만 '자식, 병환, 안부' 등에 해당됨을 알 수 있다.

17세기 전기의『진주하씨묘 출토 한글 편지/현풍 곽씨 언간』에서는 'ᄒᆞ소체'가 보였으나, 이 자료와 시기적으로 겹치는 17세기 후기와 18세기 초기의『선세언독』과 〈송준길가 언간〉에서처럼 아내가 남편에게 보낸 한글 편지의 상대 높임법에서는 'ᄒᆞ소체'는 보이지 않고, 오로지 'ᄒᆞ쇼셔체'만 나타난다.

ᄒᆞᅌᆞᆸᄂᆞ이다, 보니오리이다, 보니엿습ᄂᆞ니이다, ᄒᆞᅌᆞᆸ, 민망ᄒᆞᅌᆞᆸ, 디령ᄒᆞ엿습, 기드리ᅌᆞᆸ, 기드리ᅌᆞᆸ〈선세언적-05,_1629~1673년,_청주한씨(아내)→박빈(남편)〉

ᄒᆞ오이다, ᄀᆞ이ᄀᆞ이업ᄉᆞ오이다, ᄒᆞᅌᆞᆸ노이다, 즐겁ᄉᆞ오이다, 보내오리이다, ᄒᆞᅌᆞᆸ(3)〈선세언적-06,_1629~1671년,_청주한씨(아내)→박빈(남편)〉

덕ᄉᆞ오리잇가, 듯시브오이다, 긔별ᄒᆞ오쇼셔, 보니오쇼셔, 견디올소이다, 어득ᄒᆞ오이다, ᄒᆞᅌᆞᆸᄂᆞ이다, ᄇᆞ라ᅌᆞᆸᄂᆞ이다, 보내오쇼셔, 듯시브오이다, 덕습, 간ᄒᆞᅌᆞᆸ, 잇습〈선세언적-07,_1680~1692년,_남양홍씨(아내)→박성한(남편)〉

잇ᄉᆞ오니잇가, 시브오이다, 엇더ᄒᆞ오니잇가, 다힝ᄒᆞ오이다, ᄒᆞᅌᆞᆸ더이다, 모ᄅᆞ올너이다, ᄒᆞ여습, ᄒᆞᅌᆞᆸ, 덕습, 민망ᄒᆞᅌᆞᆸ〈선세언적-08,_1680~1692년,_남양홍씨(아내)→박성한(남편)〉

ᄒᆞᅌᆞᆸᄂᆞ이다(3), 디내ᅌᆞᆸᄂᆞ이다, 보내ᅌᆞᆸᄂᆞ이다, 덕습〈선세언적-09,_1706년,_해주정씨(아내)→박성한(남편)〉

ᄒᆞᅌᆞᆸᄂᆞ이다, ᄒᆞᅌᆞᆸ, 긔별ᄒᆞ시ᅌᆞᆸ, 그러ᄒᆞᅌᆞᆸ, 그치ᅌᆞᆸ〈선세언적-10,_1690~1700

년,_삭녕최씨(아내)→박광수(남편)〉

   브라옵ᄂᆞ이다, ᄒᆞᆸ, ᄒᆞ여ᅀᆞᆸ〈선세언적-15,_1762~1785년,_덕수이씨(아내)→
박춘영(남편)〉

   다섯 명의 아내가 4대 100년간 걸쳐 각각 작성한 편지임에도 불구하고
상대 높임법 표현에서는 차이가 확인되지 않는다. 최소 17세기 후기부터는
아내는 남편에게 'ᄒᆞ쇼셔체'를 사용하여 한글 편지를 작성한 것이 일반적이
었을 것으로 판단된다.

3.5. 18세기 말기에서 19세기까지: 〈추사가 언간〉, 〈김성일가 언간〉, 『은진 송씨 송병필가 언간』

   〈추사가 언간〉은 추사를 중심으로 상하 5代에 걸쳐 쓰인 것으로, 아내로
서 작성된 편지는 추사의 생모 기계유씨(杞溪兪氏, 1767~1801)의 3건만 나타
난다. 그리고 〈김성일가 언간〉은 19세기 중기를 중심으로 쓰이진 것으로
아내로서 작성된 것이 62건이나 나타나지만, 아내인 아주신씨가 남편인 김
진형에게 보낸 편지가 60건, 진성이씨가 김흥락에게 보낸 것이 2편으로, 해
당 인물은 단 두 명뿐으로 매우 단촐하다. 또한 『은진송씨 송병필가 언간』
은 충북 영동 일대에 거주한 송병필(宋秉弼, 1854~1903)과 그 후손을 중심으
로 일가 인물들 사이에 오간 91건의 한글 편지를 이른다. 부부간, 부녀간,
자매간, 고부간, 사돈간 등 다양한 관계에서 오간 것들인데, 아내로서 보낸
편지는 3건에 불과하며, 해당 인물은 2명이다.

   아내가 남편에게 보낸 한글 편지의 내용은 일상적인 가족생활과 관련된

소소한 이야기이다. 편지의 내용을 간략히 소개하면 다음과 같다.

〈추사가-17,_1791년,_기계유씨(아내)→김노경(남편)〉

안부가 궁금하다는 내용으로 시작하며, 시어머님이 침도 맞으나 환후에 변화가 없고, 혼례 때가 다가오니 병으로 신경을 쓰지 못해 죄송한 마음으로 조만간 집으로 가겠다는 내용이 기술된다. 그런데 의복을 보낼 때 보선을 보내지 않아 이번에 보낸다는 내용이 간략한 한 문장으로 표현되어 있는데, 병중에서도 남편의 의생활에 관여하고 있다. 어머님의 질환과 자신의 병중에 대한 내용이 대부분이며, 간단한 남편의 의생활에 대해 언급된다.

〈송병필가-83,_20세기_전반,_이천서씨(아내)→송복헌(남편)〉

네 문장으로 된 짧은 편지이다. '중기 모'를 보내지 말라고 시작하는데, 병으로 이곳에서 나갔는데, 낫다 해도 도지기 때문이라는 내용이다. 질병에 관련된 내용으로 볼 수 있다.

가문이 다르고, 시대가 다름에도 아내가 남편에게 전하는 일상적인 소소한 이야기는 크게 다름이 없다. 그리고 남편을 섬기는 언어적 표현, 즉 상대높임법에서도 'ᄒᆞ쇼셔체'가 사용되는 것은 이전 시기의 한글 편지와 다르지 않다. 그 예를 들면 다음과 같다.

보내옵ᄂᆞ이다(2), 시브오이다, ᄒᆞ옵ᄂᆞ이다, ᄇᆞ라옵ᄂᆞ이다〈추사가-17,_1791년,_기계유씨)→김노경(남편)〉
민망ᄒᆞ오이다, ᄒᆞ옵ᄂᆞ이다, 민망ᄒᆞ오이다, 일ᄏᆞᆸᄂᆞ이다, ᄇᆞ라옵ᄂᆞ이다, 답답ᄒᆞ오이다〈추사가-18,_1791년,_기계유씨(아내)→김노경(남편)〉

호여숩ᄂ니다, 무셥읍ᄂ이다, 마시읍〈송병필가-83,_20세기_전반,_이천서씨
(아내)→송복헌(남편)〉

겨오시니잇가, 둣ᄒ오이다, 굼굼ᄒ오이다, 넘녀올소이다, 각갑ᄒ오이다, 심
논심논ᄒ오이다, ᄇ라옵ᄂ이다, 써숩ᄂ이다, 조케숩, 보닉시읍〈송병필가-90,_
19세기_후반,_전주이씨(아내)→송병필(남편)〉

굼겁ᄉ오이다(2), 괴특ᄒ오이다, 민망ᄒ오이다, 가옵ᄂ이다, ᄇ라옵ᄂ이다,
이만이읍, 오시읍〈김성일가-003,_1829년,_아주신씨(아내)→김진형(남편)〉

졀박ᄒ오이다, 고더ᄒ옵ᄂ이다, 아니ᄒ옵ᄂ이다, 회뎡ᄒ시읍〈김성일가-049,
_1848년,_진성_이씨(아내)→김흥락(남편)〉

고려부터 이어져 온 서류부가혼(壻留婦家婚, 처가에서 성혼하고 혼인 생활을 시
작함)과 남녀균분상속제(男女均分相續制, 아들딸 구분 없이 동일하게 재산을 나눔)의
관습과 제도가 남성 위주로 바뀌면서(이순구 2005:120-131, 2015:38, 이남희 2011:
137-139), 여성의 사회적 지위가 하락한 것으로 보인다. 부부가 사용한 언어
의 표현에 있어서도 조선 전기와는 달리 여성이 남편을 더 대우하는 사회
적인 변화가 일어났고, 이러한 흐름에 언어의 표현도 그러한 변화에 휩쓸린
것으로 보인다. 그리고 아내는 남편에게 항상 높임 표현의 'ᄒ쇼셔체'를 사
용하는 것으로 고착화된다.

4. 마무리: 남편과 이야기하다

아내로서 남편에게 보낸 편지에는 소소한 일상생활에 대한 이야기가 대

부분 들어 있다. 특히 의식주에 관련된 내용이 많이 나타나고, 친인척들의 질병에 대해서도 깊은 관심을 표시하며, 잘 낫지 않거나 깊어지는 경우라면 갑갑한 심사를 편지에 기술하고는 한다.

16세기 후기에 보이는 〈이응태묘 출토 언간〉 1건은 남편이 사망한 뒤에 남편을 영원히 떠나보내야 하는 애절한 마음을 편지에 담아 관 안에 넣은 것이다. 이후 시기에 보이는 98건의 편지와는 매우 다른 양상의 것으로 보아야 할 것이다. 왜냐하면 〈이응태묘 출토 언간〉 1건를 제외하고는 남편에 대한 애절한 사랑, 특히 사대부가 여성의 사랑과 치정에 관련된 내용은 나머지 98건에서는 찾아볼 수 없기 때문이다. 『의성김씨 학봉 김성일가 언간』 중에서 〈김성일가-049〉에는 '아내'가 '남편'에게 사랑을 표현한 간략한 표현이 있기는 하다. '집은 훌연이 비여 적막 날이 만수올스록 더 절박ᄒ오이다'나 '일일의 못 잇치옵고 그리온 ᄉ뎡 점점 참기 어렵습' 등으로 표현하였는데, 아내인 진성이씨의 나이가 23세, 남편인 김홍락이 21세일 때이다. 〈이응태묘 출토 언간〉은 남편이 31세로 죽었으니, 아내도 31세 전후일 가능성이 매우 높다. 남편에 대한 애절한 사랑이 편지에 그대로 들어간 것은 아직 젊었기 때문으로 가능한 것이었다.

아내로서 작성된 한글 편지는 안부 인사, 의식주의 기본 생활, 질병 등이 대부분을 차지한다. 이는 17세기 전기에 작성된 『진주하씨묘 출토 어간』의 3건부터 17세기 중기와 말기의 6건, 18세기 말기의 1건인 『고령박씨가 『선세언적』 언간』을 거쳐 19세기 말기에 작성된 『은진송씨 송병필가 언간』의 3건에서도 찾아볼 수가 있다. 부부간의 내밀한 이야기가 거의 없는 것도 특이하고, 또한 소위 '베갯밑공사'가 가능한 부부간에도 의식주의 관련 이야기 등 일상생활의 소소한 이야기를 담고 있다는 것도 특이하다. 조선시대에 가족 또는 가문 내에서의 구조가 바뀐 것이 거의 없으며, 의식주 등의 일상생활도 크게 달라지지 않는다.

16세기 후기부터 20세기까지 조선시대 한글 편지 중에서 아내가 남편에게 보낸 것이 98건이었다. 이 숫자는 그리 적지 않은 것임에도 이것을 시기, 지역 또는 가문으로 구분한다면 각각 많지 않은 숫자가 배당된다.

그런데 〈이응태묘 출토 언간〉에서는 'ᄒᆞ소체'와 'ᄒᆞ쇼셔체'의 종결 어미가 비교적 균등하게 사용된다. 아내가 남편에게 중간 등급과 높임 등급의 상대 높임법 표현을 사용한 것이다. 『진주하씨묘 출토 언간』에서는 아내가 남편에게 주로 사용된 상대 높임법 표현은 높임 등급의 'ᄒᆞ쇼셔체'였다. 'ᄒᆞ소체'가 사용되지 않은 것은 아니지만, 빈도 등에서 주류는 아니었다. 17세기 후기 한글 편지에서는 'ᄒᆞ소체'를 발견할 수 없으며 'ᄒᆞ쇼셔체'만 나타나는 일방적인 흐름을 보인다. 그리고 이후 시기에 작성된 한글 편지에서도 아내는 남편에게 'ᄒᆞ쇼셔체'를 사용할 뿐이며, 'ᄒᆞ소체'는 다시는 나타나지 않는다.

이러한 흐름은 조선 전기와 조선 후기에 나타난 사대부가 여성의 사회적 지위의 하락을 보여 주는 것으로 판단된다. 그런데 이러한 사회적 지위의 하락은 조선 전기의 여성과 조선 후기의 여성은 정치적, 윤리적 측면의 변화보다는 사회적 관습과 제도의 변화가 아내의 남편에 대한 의식 변화에 직접적인 영향을 끼쳤을 가능성이 높다.

4장

딸로서의 이야기

그리던 아버지와 딸이 만나기라도 한 듯이 반갑습니다/저는 어찌해서 종의 복이 없다 해도 이렇게 없는 것 처음 봅니다

(출가녀의 한글 편지를 통해 본 아버지, 어머니에게 전하는 가족의 안부와 건강, 질병 걱정, 그리고 한탄)

1. 머리말

조선시대 한글 편지에는 한 가족, 또는 가문의 일상생활에 대한 소소한 기록이 적혀 있다. 달리 말하자면 발신자가 가족과 가문의 한 구성원으로서 지니는 역할에 따른 일상적인 삶이 잘 표현되어 있다는 것이다. 한글 편지에 기록된 내용은 수신자나 그 가족 또는 발신자와 그 가족과 관련된 것을 중심으로 이룬다. 서로의 안부, 그리움, 또는 질병에 대한 걱정과 치료, 음식 문제 등이 나타나며, 때로는 자녀들에 대한 교육과 독서, 생활용품, 전염병, 경제적 문제, 자신의 신세 한탄, 또는 나라에 대한 걱정 등이 나타나기도 한다. 그러나 예를 들어 여성이라면 여성의 역할을 중심으로 하는 소소한 일상생활, 즉 서로의 안부 인사, 그리움, 또는 질병에 대한 걱정과 치료, 음식을 중심으로 하는 의식주 관련 내용 등이 기록된다.

김무림(2009:16)에서는 한글 편지의 내용을 '안부 및 문안, 부모, 자식, 형제, 부부, 혼사, 상사(喪事), 제사, 병환, 가사, 인생사 및 신세 한탄, 과거 및 벼슬, 해산, 가문, 학문, 언문, 굿 및 책력, 실용 목적' 등으로 나눈다. 편지를 작성하는 가족과 가문의 상황에 따라 내용이 달라지기는 하지만, 한글 편지에서 반복되는 주된 내용이 확인된다. 여성 화자들이 더 많은 관심을 드러낸 주제로는 '자식, 인생사 및 신세 한탄, 병환, 부모, 제사, 형제' 등이며, 남성 화자가 더 많은 관심을 보인 주제로는 '실용 목적, 가사(집안일), 상사, 언문, 책력 및 굿' 등이지만(김무림 2009:21), 이래호(2021)에서는 남성은 실용 목적, 가사, 신세 한탄, 부부, 상사, 책문과 관련된 주제에서 더 큰 관심을 보이는 반면에 여성은 자식, 병환, 안부, 부모, 형제, 양육과 관련된 주제에서 남성보다 더 큰 관심을 보이고 있으며 남성이나 여성 모두 가문이나 혼인, 학문, 양육 등의 문제에 있어서는 남성이나 여성의 편지에서 큰 관심 주제는 아닌 것으로 판단하였다.

발신자가 딸이라는 가족 또는 가문의 구성원으로 보낼 수 있는 대상은 아버지와 어머니이다. 부모로 묶이는 대상이라서, 딸로서 보낸 편지의 내용이 대등소이할 것으로 예상된다. 편지를 주고받는 경우는 발신자와 수신자가 떨어지내는 기간에 발생하는데, 부모와 딸의 관계에서는 주로, 딸이 혼인한 이후에 편지를 주고받는다. 딸과 부모가 분리되는 요인은 결혼으로 출가한 경우가 아니라도, 즉 함께 살 때라도 관혼상제(冠婚喪祭)에 따라 부모가 다른 곳에서 길게 머물 때, 어머니의 근친, 요양 등에 의한 조금은 긴 친가 등의 방문, 외관직 부임에 따른 아버지의 일시적 분가도 발신자와 수신자가 떨어져 사는 상황이 상정된다. 그런데 논의 대상인 총 1,580건에는 딸이 출가하기 전에 부모에게 작성한 한글 편지는 보이지 않으며, 결혼 이후에 아버지나 어머니에게 보낸 편지만 확인된다.

2. 논의 대상 및 방법

최종적으로 확보한 한글 편지 자료 총 1,580건 중에서 40%를 차지하는 사대부가 여성 한글 편지는 630건이다. 이중에서 가족 구성원인 딸로서 보낸 편지는 66건으로, 어머니로서 보낸 285건과 아내로서 98건 다음으로 세 번째로 많은 수량이다. 이 논의는 딸로서 보낸 편지 66건을 대상으로 하지만, 딸이 보낼 수 있는 대상은 기본적으로 아버지와 어머니 두 사람으로 구분된다. 그러므로 그 각각을 구분하여 어떤 내용으로 편지를 채웠는지 살펴보고자 한다. 딸로서 아버지에게 보낸 편지가 20건, 어머니에게 보낸 편지가 46건이다.

단지, 딸로서 보낸 편지 66건은 오로지 세 개의 가문별 편지에서만 발견된다. 17세기 전기에 작성된 『진주하씨묘 출토 언간』 36건, 19세기 전반기에 작성된 『의성김씨 학봉 김성일가 언간』의 20건, 20세기 전후로 작성된 『은진송씨 송병필가 언간』의 10건에서만 나타난다. 이들 한글 편지의 각 전체 편수가 〈진주하씨묘〉 167건, 〈송병필가〉 102건, 〈김성일가〉 167건으로 100건이 넘는 가문별 편지이다. 그러나 16세기 후반기인 『순천김씨묘 출토 언간』이 189건, 17세기 초기에서 18세기 초기인 『은진송씨 송준길가 『선세언독』 언간』 40건과 『은진송씨 동춘당 송준길가 언간』 96건, 17세기 후기에서 18세기 초기인 『은진송씨 제월당 송규렴가 『선찰』 소재 언간』 124건 등에서는 딸이 보낸 편지가 발견되지 않고, 논의 대상에서 빠졌지만, 『전주이씨 덕천군파 종택 한글 간찰』 76건 중에서 '딸→부모'가 1건, 『광산김씨 가문 한글 간찰』 149건에서는 '딸→어머니'(추정) 1건, '딸→아버지' 1건, 『초계정씨 한글 간찰』 46건에서는 '딸→아버지'만 6건('조카딸→큰아버지' 1건 포함)으로 가족 구성원으로서의 딸이 보낸 편지는 그리 많이 작성되지 않았거나 이런저런 이유로 전래되지 않은 듯하다.

2.1. 목록

- 17세기 전반기: 〈진주하씨묘/곽씨〉 36건

편지의 사연에서는 곽주의 딸 이름으로 여섯이 등장하는데, 족보에는 사위가 다섯 명이 나오므로 장성하여 출가한 딸만 다섯인 듯하다(백두현 2003: 28-29). 이곳의 36건은 출가한 딸 다섯이 작성한 것으로 보이는데, 각 편지의 발신자가 어느 딸인지는 알기 쉽지 않다. 작성 연도를 알 수 있는 것으로 약간을 제시한다.

〈진주하씨묘-034/곽씨-134,_1624년,_현풍곽씨(딸)→진주하씨(어머니)〉
〈진주하씨묘-044/곽씨-132,_1624년,_현풍곽씨(딸)→진주하씨(어머니)〉
〈진주하씨묘-045/곽씨-131,_1623년,_현풍곽씨(딸)→진주하씨(어머니)〉
〈진주하씨묘-046/곽씨-129,_1623년,_현풍곽씨(딸)→진주하씨(어머니)〉
〈진주하씨묘-065/곽씨-133,_1624년,_현풍곽씨(딸)→진주하씨(어머니)〉
〈진주하씨묘-082/곽씨-122,_1617년,_현풍곽씨(딸)→진주하씨(어머니)〉
〈진주하씨묘-130/곽씨-135,_1624년,_현풍곽씨(딸)→진주하씨(어머니)〉
〈진주하씨묘-132/곽씨-123,_1617년,_현풍곽씨(딸)→진주하씨(어머니)〉
〈진주하씨묘-133/곽씨-130,_1623년,_현풍곽씨(딸)→진주하씨(어머니)〉
〈진주하씨묘-153/곽씨-124,_1617년,_현풍곽씨(딸)→진주하씨(어머니)〉
〈진주하씨묘-155/곽씨-126,_1620년,_현풍곽씨(딸)→진주하씨(어머니)〉
〈진주하씨묘-156/곽씨-128,_1622년,_현풍곽씨(딸)→진주하씨(어머니)〉
〈진주하씨묘-158/곽씨-127,_1620년,_현풍곽씨(딸)→진주하씨(어머니)〉

- 19세기 전반기: 『의성김씨 학봉 김성일가 언간』 20건

의성김씨(義城金氏) 학봉(鶴峯) 김성일파(金誠一派) 종택에서 간직해 오던 것을 한국학중앙연구원에서 기탁해 오면서 알려진 한글 편지로 전체 167건에 이른다. 학봉 김성일(金誠一, 1538~1593)의 후손가에서 오간 편지로, 그 작성 시기가 대체로 1829년으로부터 1850년에 이르는 19세기 전반기에 집중되어 있다. 특히 의성김씨 김성일파 30세손 김진화(金鎭華, 1793~1850)을 중심으로 한 가족 구성원이 수수 관계에 놓인다.

첫째 딸: 2건

〈김성일가-099,_1829년,_의성김씨(첫째_딸)→김진화(아버지)〉
〈김성일가-100,_1831년,_의성김씨(첫째_딸)→김진화(아버지)〉

둘째 딸: 13건

〈김성일가-101,_1832년,_의성김씨(둘째_딸)→김진화(아버지)〉
〈김성일가-102,_1833년,_의성김씨(둘째_딸)→김진화(아버지)〉
〈김성일가-103,_1847년,_의성김씨(둘째_딸)→김진화(아버지)〉
〈김성일가-106,_1847년,_의성김씨(둘째_딸)→김진화(아버지)〉
〈김성일가-107,_1848년,_의성김씨(둘째_딸)→김진화(아버지)〉
〈김성일가-108,_1848년,_의성김씨(둘째_딸)→김진화(아버지)〉
〈김성일가-109,_1848년,_의성김씨(둘째_딸)→김진화(아버지)〉
〈김성일가-111,_19세기_전기,_의성김씨(둘째_딸)→김진화(아버지)〉
〈김성일가-113,_1835~1847년,_의성김씨(둘째_딸)→김진화(아버지)〉
〈김성일가-115,_1849년,_의성김씨(둘째_딸)→김진화(아버지)〉
〈김성일가-116,_1849년,_의성김씨(둘째_딸)→김진화(아버지)〉

〈김성일가-117,_1850년,_의성김씨(둘째_딸)→김진화(아버지)〉

〈김성일가-118,_1827~1850년,_의성김씨(둘째_딸)→김진화(아버지)〉

셋째 딸: 3건

〈김성일가-110,_1848년_전후,_의성김씨(셋째_딸)→김진화(아버지)〉

〈김성일가-112,_1835~1847년,_의성김씨(셋째_딸)→김진화(아버지)〉

〈김성일가-114,_1848년,_의성김씨(셋째_딸)→김진화(아버지)〉

넷째 딸: 2건

〈김성일가-104,_1847년,_의성김씨(넷째_딸)→김진화(아버지)〉

〈김성일가-105,_1847년,_의성김씨(넷째_딸)→김진화(아버지)〉

- 20세기 전후: 『은진송씨 송병필가 언간』 10건

첫째 딸: 4건

〈송병필가-40,_1893년,_은진송씨(첫째_딸)→전주이씨(어머니)〉

〈송병필가-41,_1901년,_은진송씨(첫째_딸)→전주이씨(어머니)〉

〈송병필가-42,_1903년,_은진송씨(첫째_딸)→전주이씨(어머니)〉

〈송병필가-45,_1908년,_은진송씨(첫째_딸)→전주이씨(어머니)〉

둘째 딸: 6건

〈송병필가-43,_1906년,_은진송씨(둘째_딸)→전주이씨(어머니)〉

〈송병필가-44,_1906년,_은진송씨(둘째_딸)→전주이씨(어머니)〉

〈송병필가-46,_20세기_전반,_은진송씨(둘째_딸)→전주이씨(어머니)〉 외 3건

2.2. 논의 방법

조선시대 한글 편지에서 나타나는 딸로서 보낸 한글 편지는 예외없이 부모와 같은 가족 또는 가문의 구성원인 상황이 아니라 다른 가족 또는 가문의 구성원일 때 작성된다. 즉 혼인을 통하여 시가나 시가의 권역에서 살 때 작성된 것이다. '시집가다'가 '혼인하다, 결혼하다' 등의 의미로 쓰이지만 후자의 두 단어는 남녀 어느 한쪽을 중심으로 이루지는 것이 아닌 '남과 여가 부부가 되다' 정도의 의미를 지닐 것이다. 그런데 '시집가다'는 '여자가 결혼하여 남의 아내가 되는 것'인데, 이때 여자는 중심이 되지 않는다. '시집가다'와 비슷한 어휘로 '장가가다', '장가들다'가 있는데, '남자가 결혼하여 남의 남편이 되는 것'을 가리킨다.

오늘날 젊은 세대의 혼인을 보면 시가로 가지도 처가로 가지도 않는다. '장가'는 한자를 빌어 '丈家'로 적지만 우리가 아는 것처럼 처가살이를 가리키는 것인지는 명확하지 않은 상태이다. 그런데, 시집가는 것과 장가드는 것에는 시대적 차이가 있었던 것으로 보인다. 우리말이 기록된 역사적 문헌 자료에서 '시집가다'와 '장가가다', '장가들다'를 찾아보면 나타나는 시기에 차이를 보인다. 우리말이 적힌 역사적 문헌 자료에서 가장 일찍 나타나는 어휘는 '장가들다'이다.

> 댱가들며〈석보상절 6:16b〉, 댱가드리고〈석보상절 6:22a〉, 댱가드리를〈석보상절 23:34b〉
> 셔방 마조몰〈석보상절 6:16b〉
> 싀집간〈속삼강행실도 열:12a〉
> 댱가가는 디〈병자일기 394〉

15세기 문헌 자료인 『석보상절』(1447)에 나타나는데, "댱가들며 셔방 마조물 다 婚姻ᄒ다 ᄒᄂ니라"〈석보상절 6:16b〉와 같이 사용된 것이다. '시집가다' 대신에 "셔방 맞다"로 표현되어 있는데, 현대국어의 '서방맞이하다'와 관련된다. '시집가다'의 출현은 그 시기가 늦다. 『속삼강행실도』(1581)에서 '싀집간 ᄒᆞᆫ 힛 만의'〈속삼강행실도 열:12a〉처럼 사용되는데, 1514년에 간행된 초간본 『속삼강행실도』에서는 '혼인하다'의 옛말인 '얼다'가 사용되어 '어른'으로 나타난다. 1581년의 것은 다시 만들어진 중간본이다. 마지막으로 '댱가가다'는 1636년에 남평조씨(南平曹氏)가 쓴 『병자일기』에 나타난다.

'혼인하다, 결혼하다'와 큰 의미에는 차이가 없지만, '장가들다'는 남자가 여성의 영역으로 움직이는 것이며, '시집가다'는 여성이 남성의 영역으로 움직이는 것을 전제로 한다. 그런데 이러한 '장가들다'와 '시집가다'라는 어휘가 역사적으로 거슬러 올라가면 전자가 15세기 중기 국어사 문헌에서, 후자가 16세기 후기 국어사 문헌에서 각각 나타나는데, 특히, '시집가다'가 나타나는 16세기 후기에는 여성의 사회적 지위에 큰 변화를 가져온다.

16세기의 사대부가 여성은 서류부가혼(壻留婦家婚, 처가에서 성혼하고 혼인 생활을 시작함)과 남녀균분상속제(男女均分相續制, 아들딸 구분 없이 동일하게 재산을 나눔)의 관습 속에서 16세기 남녀의 관계는 비교적 평등했다. 고려의 사회적 제도가 이어져 비교적 남성과 여성이 평등한 관계를 유지하지만, 조선 후기에 들어오면서 여성의 사회적 지위는 남성의 지위와 달리 하락하게 된다. 바로, 고려 시대에서 이어진 혼인 제도와 상속 제도가 남성 중심으로 바뀌었기 때문이다(이순구 2005:120-131, 2015:38; 한희숙 2008:2-3; 이남희 2011:137-139; 하여주 2017:72-73, 2019:258).

16세기 이전에는 오늘날에 우리가 알고 있던 조선시대의 혼인 제도가 크게 달랐다. 고려의 영향을 받은 혼인 풍속은 서류부가혼, 또는 남귀여가혼

(男歸女家婚), 즉 신랑이 처가에서 혼인을 올리고 자녀가 태어나 성장할 때까지 본래의 집으로 돌아가지 않고 처가에 머무는 형태였다. 그런데 임진왜란과 병자호란 등을 겪으면서 여성이 친가에 머무는 것이 아니라 혼례를 치른 후 시가로 돌아가는 친영제(親迎制)로 바뀌는 사회적 제도의 변화가 발행하였다. 이순구(2015)에서는 경주 양동마을에서 조선 전기에 일어났던 가문 변화 과정에서 서류부가혼에서 친영제로 바뀌는 과정을 살펴보고 있다. 이언적(1491~1553)의 어머니 경주손씨는 이번(李蕃, 1463~1500)과 혼인하지만, 전통적인 혼례 방식에 따라 양동마을을 떠나지 않고 그대로 머물면서 이언적을 낳게 된다. 그런데 이언적은 17살에 문과에 급제하고, 18세에 함양박씨과 혼인을 하는데, 서류부가혼이라는 전통적인 혼례 방식을 따르지 않고, 친영제(親迎制)에 따른다. 즉 함양박씨가 친가를 떠나 양동마을로 오고, 이언적은 양동마을을 떠나지 않은 것이다. 현재의 경주 양동마을이 경주 손씨 세력과 이언적 후손으로 이루어진 여주 이씨 세력이 공존하는 마을이 된 것은 바로 역사적으로 거슬러 올라가면 이러한 혼인 제도의 사회적 변혁이 일조하였음을 알 수 있다(이순구 2015). 즉, 이언적의 어머니 경주손씨는 양동마을 떠나지 않았으며, 이언적의 처 함양박씨는 본래 살던 곳을 떠나 남편이 사는 양동마을로 옮겨온 것이다. 달리 말하자면, 서류부가혼에서는 비록 여성이 혼인을 할 때, 자신의 집에서 살기 때문에 딸로서 살게 되지만, 남자의 거주지로 옮겨가는 경우에는 딸에서 며느리로 바뀔 수밖에 없다.

그러나 사회 전반적으로 혼례 방식이 바뀐 것은 아니었다. 조선 중기 이후에도 남자가 처가살이를 하는 경우가 없지는 않았으며, 며느리가 아닌 딸로서의 역할을 수행하려는 노력이 엿보이기도 하였다. 하여주(2017)에서는 『진주하씨묘 출토 한글 편지/현풍 곽씨 언간』을 대상으로 며느리와 딸로서의 역할과 그로 인한 갈등을 살펴보고 있는데, 진주하씨와 그녀의 딸인 곽

정례의 사례를 분석하여 비교한다. 어머니 진주하씨와 딸 곽정례에게 나타
난 친정살이와 시집살이에 따른 주위 사람과의 갈등을 살펴본 것이다. 특
히, 곽정례가 어머니에게 따로 보낸 한글 편지의 내용을 중심으로 친가의
일원이 되기 위한 시도와 갈등을 살펴보았다. 그러나 딸로서 보낸 한글 편
지가 발견되는 19세기 전반기의 『의성김씨 학봉 김성일가 언간』이나 20세
기 전후의 〈송병필가 언간〉에서는 친가의 일원이 되기 위한 전형적인 시도
가 보이기는 하지만, 강력하지도 않고 또한 그로 인한 갈등도 거의 표출되
지 않는 차이점을 보인다.

3. 한글 편지의 내용

3.1. 17세기 전반기: <진주하씨묘 출토 한글 편지/현풍 곽씨 언간> 36건

〈진주하씨묘-015/곽씨-150,_17세기_전기,_현풍곽씨(딸)→진주하씨(어머
니)〉

노비 '금개'에 대해 언급한다. 금개에게 자신의 일을 하라 해도 내(즉, 딸의)
일을 하더니 공세로 베 두 필 바치라고 하니 안타깝다는 마음을 보인다. 또한
금개에게 아흐레의 말미를 주었다는 내용도 있다. 금개는 외거노비로 보이며,
노비에게도 오늘날의 휴가를 주었음을 알 수 있는 한편, 봄누에를 쳐서 명주
를 켜지 않고 가을에 누에를 치려 한다는 부분은 당시의 의생활과 관련된 부
분이다. 이 편지는 노비 제도의 한 단면이 확인되며, 또한 누에를 쳐 명주를
켜려는 내용이 있어, 의생활과 관련된 편지로도 분류된다.

금개는 출가한 딸이 살고 있는 시가의 노비가 아니라 친가의 노비이다. 그런데 출가한 딸은 금개에게 9일간의 말미를 주는 것을 확인할 수 있다. 금개를 시가로 데리고 간 것으로 보이지만, '금개'는 그렇게 데려간 노비가 아니었다. 친가에서 출가하면 데리고 간 노비가 3인이나 있었음에도 불구하고 출가한 딸이 어느 정도 편안하게 대하는 대상은 금개뿐이었다. 그러나 금개를 친가로 다시 되돌려 보내기가 매우 아쉬운 표현이 나타난다. 또한 다시 오지 못하게 하는 것도, 자신의 손에 이루어지지 못하고 어머니에게 부탁하여 해결한다.

친가 가족의 안부를 확인하고 편지와 함께 물품을 종종 보내며 관심을 표현하거나 동생의 혼례에 대한 의견을 제시하기도 하고, 아버지 병환에 좋은 약(〈진주하씨묘-068/곽씨-158〉)이나 온천의 효험(〈진주하씨묘-080/곽씨-121〉)을 알려 주는 등의 적극적인 관여도 보인다. 그런데 딸이 보낸 한글 편지 중에서 작성 날짜를 함께 적어 보내 발신 시기를 알 수 있는 편지들이 13건이 확인된다. 그런데 이중에서 가장 빠른 시기가 1617년의 연기가 적힌 〈진주하씨묘-082/곽씨-122〉 등이 있고, 제일 시기가 늦은 것은 1624년의 〈진주하씨묘-034/곽씨-134〉이 존재하여 나머지 편지들도 1617년부터 1624년 사이에 보내진 것으로 파악된다.

그런데 아버지는 곽주는 1617년에 졸하여 발신 연도를 알 수 없는 한글 편지들도 이와 비슷한 시기에 보내진 것으로 판단된다. 즉 곽주가 병환을 크게 앓고 있음을 알고, 도움이 되는 약이나 온천의 효험을 알린 편지들도 이 시기와 근접한 것으로 보인다. 편지의 내용 중에서 아버지를 생각하고 실컷 울었다는 〈진주하씨묘-099/곽씨-136〉 등은 그 이후에 사용된 것으로 보인다. 그러므로 『진주하씨묘 출토 언간』에서 딸이 어머니에게 보낸 대다수는 아버지의 사후에 작성된 것으로 보인다. 특히, 어머니에게 보낸 딸의 한글 편지에서는 '의식주'가 매우 중요한 안건으로 취급되는데, 20세기 교체기의 『은진송씨 송병필가 언간』에서도 그러하다. 즉 일반적인 의생활, 식생활뿐만 아니라, 각각을 구하기 위한 노력까지도 세세히 설명하고 있으며 그러한 과정에서 발신자에게 발생한 심리적 압박이나 상처를 표출한다. 관혼상제도 마찬가지로, 각 예식을 치르는 과정은 중요한 내용이 되지 못하며, 예식에 관련된 또는 필요한 물품의 준비 과정이 자세히 다루어지며, 여기에 쏟는 노력과 간절함이 딸로서 어머니에게 보낸 편지에서는 중요한 내용이 된다.

『진주하씨묘 출토 언간』의 진주하씨는 친가에 가까운 지역에서 또는 친정살이를 주로 하였고, 자신만의 재산을 지니고 있었던 것으로 알려졌다. 일종의 친정살이를 한 것으로 분류할 수도 있겠지만, 혼인 후에 남편의 거주지에 들어가 살았던 점 등을 보면 조선 전기의 서류부가혼보다는 친영제(親迎制)를 따른 것이다. 단지, 전처의 아들과의 갈등 등으로 인하여, 진주하씨가 따로 나와 살게 된 것이고 그로 인하여 시가에서 살 때보다는 친가와의 교류가 더 많았으며, 결국의 친가가 있는 마을로 옮겨간 것으로 풀이하는 것이 자연스러울 듯하다.

3.2. 『의성김씨 학봉 김성일가 언간』

첫째 딸이 아버지에게 보낸 편지는 1829년 1건, 1831년 1건만 확인된다. 편지 내용에 '싀동싱들'과 '니 셔방은'이 있는 것은 보아 '이씨 가문'으로 출가를 한 뒤에 작성된 것임을 알 수 있다. 첫째 딸은 진성 이씨(眞城李氏) 가문의 이만운(李晩運)과 혼인하였다.

문안 알외옵고 날포 막히오니 슈요흐온 듕이오나 슬드리 그립숩고 굿부올
츠 어루신너 오실 젹 하셔 밧즈와 탐탐 희한 반갑습기 달포 그리옵던 부녀 만
나온 듯 반갑스오나 노흐니 슈지라 섭섭 굿부오며 즈시 아오니 츈화의 년ㅎ
와 깃듕 외로오신 긔톄후 만안흐옵시고 환졀 씨 되오니 식식 쳠졀이나 업스
오신가 슬드리 그립숩고 굿분 심회 굿짝 운쳔만 브라 ㅁㅇㅁ 요량 업스오이다
아바 아바 스월의 오실여 흐시니 반갑고 든든흐오나 무익습 부더부더 부녀
만나 반기스이다 이곳 식은 큰어루신너 회힝츠흐옵시니 든든 즐겁스오며 어
루신너계셔도 평안흐옵시며 쇠동셩들 무양 식도 됴히 잇스오니 만힝이올소이
다 니 셔방은 그만흐옵고 금계는 보니려 흐오시나 아바 아니 계시고 긴치 아
녀 못 보니시고 아바 오시면 보니려 흐옵ᄂ이다 금계 긔별 어졔 드르니 져근
집 환후들 일양이고 츠ㅇᄂ 졈 긔졀 일신 긔화 갓다 흐오니 든든 즐겁스오이
다 알외올 말슴 쳡쳡 남스오나 급급 쓸 길 업셔 그치옵 원쵼 참판딕으로 붓치
니 보실지 부디 슈이 오시기 극원이올소이다 긔튝 삼월 스물엿신날 녀식 슬
이〈김셩일가-099,_1829년,_의셩김씨(첫째_딸)→김진화(아버지)〉

[문안(問安)] 아뢰옵고. 한동안 [소식이] 막히니, 걱정이 되던 가운데 살뜰히
그립고 애타던 겨를에, 어르신네께서 돌아오실 적에 내려 주신 글월을 받으니
즐겁고 희한하고 반갑기가 [마치] 한 달 남짓 그리던 아버지와 딸이 만나기라
도 한 듯이 반갑사오나, [손에서] 놓으니 [곧] 종이일 뿐이라 섭섭[하고] 안타
까우며. [글월을 읽고서] 자세히 아오니, 봄날을 맞아 객지에 동안 외로우신
기체후(氣體候) 만안하시고 환절기가 되오니 여러 가지로 병환이나 없으신지,
살뜰히 그립고 애타는 마음에 그쪽애타늘을 우러러 [걱정타는] 마음 헤아릴
수 없습니다. 아빠, 아빠[의] 사월에 오시려 하오니 반갑고 든든하오나, [객지
에 떠나 계시는 아버님께는 도리어] 무익하옵. 부디부디 [오셔서] 부녀가 만
나 반기십시다. 이 곳의 저는 큰 어르신네 돌아오시니 든든[하고] 기쁘오며,

어르신네께서도 평안하시며, 시동생들도 아무 병 없으며, 저도 잘 있으니 다행이오이다. 이(李) 서방은 그만하옵고, 금계(金溪)에는 보내려 하오이다. 아빠(가) 아니 계시고 긴요하지 않아 못 보내고, 아빠(가) 오시면 보내려 합니다. 금계 기별을 어제 들으니, 작은집은 병환(病患) 중이나마 한가지이고, 차돌이는 날로 비범해져서 일신이 옥돌의 꽃다운 빛 같다 하오니 든든하고 즐겁습니다. 아뢰올 말씀 많으나 바빠 쓸 수 없어 그치옵. 원촌(遠村) 참판댁(參判宅)으로 [거쳐서] 부치니, 보실지…… 부디 빨리 오시기 꼭 바라오이다. 기축년 삼월 스무엿새 날, 딸이 아룀.]

아버지의 편지를 받고 답장으로 보낸 편지이다. 이 시기에 아버지인 김진화는 음관(蔭官)에 임용되어 서울에 있었다. 아버지에 대한 그리움이 나타난다. '달포 그리옵던 부녀 만나온 듯 반갑스오나 노호니 슈지라 섭섭 굿부오며(한 달 남짓 그리던 아버지와 딸이 만나기라도 한 듯이 반갑사오나, [손에서] 놓으니 [곧] 종이일 뿐이라 섭섭[하고] 안타까우며)'에 그리운 심정을 담았다. 객지에 있는 아버지의 건강에 대한 염려와 사월에 오신다는 소식에 기쁜 마음을 나타내고 시가의 안부와 건강에 대해 언급한다. 그리고 어제 알게 된 친가 안부를 적고 편지를 마무리한다.

이 편지에서는 발신자와 수신자 가족의 안부, 특히 객지에 사는 아버지의 건강에 대해 걱정하며, 시가와 친가의 안부를 전하는데, 그 안부의 중심은 건강과 질병이다. 재미있는 것은 이 편지에 '아바'가 네 번이 사용된다는 것이다. '아바 아바' 반복된 것도 있는데, 아직 혼인을 치른 지 얼마 안 되어 혼인 이전의 호칭이 그대로 사용된 것으로 보인다. 2년이 지난 1831년에 작성된 편지에서는 발신자의 나이 19세임에도 한 가족의 안주인으로서의 기운이 매우 강하게 표출된 것과는 사뭇 다른 모습이다.

문안 알외옵고 오래 문안 막히오니 하졍의 우러와 답답하온 복모 부리옵지 못ᄒ와 ᄒ올 ᄎ 하인 오와 ᄒ셔 밧ᄌ와 슬피오니 셔습의 년ᄒ와 무산 증환으로 긔톄후 마이 블평ᄒ오시던가 시부오니 듯ᄌ와 울울 두립습고 진지 잡습기도 못ᄒ시고 엄엄ᄒ오신 근력 상상ᄒ와 두립스오이다 식은 디도 일양이오나 밧긔셔는 무산 증으로 삼수 일지 괴로와 ᄒ오시고 아히들도 셩셩치 아니ᄒ고 며ᄂ리도 거번 열 쳡 약은 현효 잇는 둧ᄒ옵더니 이번 이십 쳡 약은 먹으니 효험도 잇는 줄 모로고 음식 먹지 못 거동 수척ᄒ오니 싱냥이나 ᄒ거든 먹이더면 죠흘 거슬 익탁ᄒ오며 챵ᄋ는 장난과 범절이 비샹비샹ᄒ오니 긔특긔특 보비롭고 경소 측냥업소오이다 쳔수 단수 다 무고ᄒ오니 다힝ᄒ오이다 올 모믹은 말할 것 업고 참흉인디 또 츄수도 가물과 츙지 괴샹괴샹ᄒ니 만고 디살년이 될다 ᄒ고 가역은 ᄒ려 ᄒ다가 보리 볼 것 업셔 무간히이라 번화나 ᄒ려 ᄒ오나 아모려도 양식은 홀 도리 바히 업고 팔 디도 업고 ᄒ나 번화도 아니 ᄒ여셔는 사롬도 비를 맛고 못 사려니와 우션 사당이 모도 새여 두 ᄶ 장 안희 물이 그득이 들고 도벽ᄒ 거시 다 ᄶ러지고 사우 문을 열고 보오니 비 새여 빈 ᄒ 곳이 업스니 익탁익탁 불시의 고유도 아니코 다란 디 뫼시는 수 업셔 도로 유지로 쌀고 덥고 겨요 비를 피ᄒ여 계시오나 이번의 그 익식ᄒ온 말을 엇지 다 측냥ᄒ오리잇가 그듕의 봄의 양식을 파노라 남의 집의와 상놈의 집의 가 곡셕을 파라 오니 거긔 빈디가 무더와 온 안방과 듕방과 사랑방과 모도 빈디니 아마도 못 사라 ᄶ러날 밧긔 수가 업스니 온 방 벽을 모도 치고 다시 ᄒ려 ᄒ옵 말슴 하감ᄒ옵심 젓스와 이만 알외오며 내내 긔톄 만안ᄒ오심 복튝ᄒ옵ᄂ이다 이런 말슴 ᄒ오면 또 ᄭ동ᄒ실 둧ᄒ오나 셕쇠를 졔물 굽게 다리롤 일곱이나 ᄒ게 큰 거슬 ᄒ나만 ᄒ고 자반 굽게 대엿 달이 젹쇠 ᄒ나 장만ᄒ오셔 보내시옵 보션 ᄒ 거리 가옵ᄂ이다 신묘 칠월 초삼일 ᄌ식 술이〈김성일가-100,_1831년,_의성김씨(첫째_딸)→김진화(아버지)〉

[문안(問安) 아뢰옵고 오랫동안 문안[할 길이] 막히오니, 마음에 우러러 답답한 그리움 부리지 못하던 겨를에, 하인이 오면서 내려 주신 글월을 받아 살피오니, 날씨가 덥고 습한 이즈음 무슨 병환으로 기체후(氣體候) 많이 불평하시던가 싶으니, 듣자니 답답하고 두렵고 진지를 잡수시지도 못하시고 기운이 없는 기력을 생각자니 두렵사오이다. 저는, 모두가 한가지이오나, 바깥어르신네는 무슨 병증으로 사나흘째 괴로워하시고, 아이들도 성하지 아니하고. 며느리도 접때의 열 첩 [지어 먹인] 약은 뚜렷한 효험이 있는 듯하더니, 이번에 [먹이는] 스무 첩 약은 효험이 있는 줄을 모르겠고, 음식을 먹지 못[하여] 거동이 수척하오니, 서늘한 기운이 나거든 먹였으면 좋았을 것을, [그리 하지 못해] 애처롭고 창아는 장난을 치고 삐쳐 도니, [하는 짓이] 비상하오니 기특하고 보배답고, [그래서] 경사[롭기가] 헤아릴 수 없나이다. 천 가지 만 가지 일이 다 무고하오니 다행하오이다. 올해 보리는 말할 것 없고, 참으로 흉년인데, 또한 가을 농사도 가뭄과 충해(蟲害)가 괴상하니, 만고(萬古)에 가장 큰 흉년이 되겠다고들 말하고. 가역(家役)은 하려 하다가, 보리 [농사가] 볼 것이 없어 할 수 없는지라, 벼나 하려 하오나, 아무래도 양식을 할 길이 아주 없고, 살 데도 없고 하나, 벼도 [아예] 아니해서는, 사람도 비를 맞고 못 사려니와, 우선은 사당(祠堂)이 모두 새어, 두 짝 장(欌) 안에 물이 그득하게 들고, 도벽(塗壁)한 것이 다 떨어지고, 사우(祠宇) 문을 열고 보니, 비가 새어 한 군데도 빈 곳이 없으니 [그저] 애처롭기만…… 겨를도 없이 고유(告由)도 아니하고 다른 데 모실 수 없어 다시 기름종이로 깔고 덮고 [하면서][겨우 비를 피하여 계시오나, 이번의 그 군색하던 말을 어찌 다 헤아리오리까? 그러한 가운데 봄에 양식을 사느라 남의 집과 상놈의 집에 가서 곡식을 사 오니, 거의 [다] 빈대가 묻어 와, 온 안방과 가운데 방과 사랑방이 모두 빈대니, 아마도 못 살고 떠날 밖에 [다른] 수가 없으니, 온 방 벽을 모두 치우고 다시 하려 하옵. [이렇게

주절주절 올리는] 말씀, 굽어보심 두려워 이만 아뢰오며. 내내 기체후 만안하
시기를 비옵나이다. 이런 말씀 하오면 또 꾸중하실 듯하오나, 석쇠를 제물(祭
物) 굽도록 다리가 일곱이나 달린 것으로 하나만 장만하고, 자반을 굽도록 [다
리가] 대여섯 달린 적쇠를 하나 장만하여 보내시옵. 보선 한 거리 가옵나이다.
신묘년 칠월 초삼일, 자식 사룀.]

서울에서 벼슬살이를 하고 있는 아버지의 편지를 받고 작성된 편지이다.
먼저, 발신자인 아버지의 안부와 건강, 질병을 걱정하고, 자신의 주위, 즉
시가 안부, 주로 건강과 질병에 관련된 상황을 기록한다. 특히 외손자인 '챵
ᄋ'의 비상하고 기특함을 적는데, 아버지에게 흐뭇함을 전달하고 싶었나 보
다. 그런데, 이어지는 내용은 시가의 궁핍함이다. 안부 부분보다 더 많은 분
량을 차지하고 있는데, '참흉인더 또 츄ᄉ도 가물과 츙지 괴샹괴샹ᄒ니(참으
로 흉년인데, 또한 가을 농사도 가뭄과 충해(蟲害)가 괴상하니)'에 언급된 것처럼 큰
흉년이 들어 먹거리가 그리 좋은 상황이 아니었기 때문이다. 더불어 주생활
(住生活)과 관련된 걱정거리를 열거하는데, 특히, 사당(祠堂)이 낡아 새어든 빗
물로 인한 군색함이 표현된다. 특히, 봄 농사가 안 되어 봄에 사들인 양식에
묻어온 빈대로 인한 애로 상황을 적고 있는데, 제물(祭物)을 굽는 다리 일곱
달린 석쇠와 자반을 굽는 다리 대여섯 달린 석쇠 하나씩 보내 줄 것을 부탁
한다. 그리고 뇌물(?)로 보선 한 거리를 보낸다는 것으로 편지를 맺고 있다.

〈김성일가-99〉에서는 아버지의 편지를 받은 기쁨과 아버지에 대한 그리
운 심정이 주로 표출되어 있다면 〈김성일가-100〉에서는 주변의 안부 인사
를 기본으로, 식생활, 주생활에 대한 부족함을 자세히 기록한 것으로 볼 수
있다. '챵ᄋ'를 낳고 가족의 일상생활을 책임지는 안주인으로서의 기백이

보인다. 더불어 이 편지가 첫째 딸이 발신자라는 추정은 먼저 편지 내용 중에서 '식은 디도 일양이오나'의 '식(息)'으로 자신을 지칭하고 있으며, '챵ㅇ'를 언급하였기 때문이다. 특히 『의성김씨 학봉 김성일가 언간』은 19세기 전반기에 주로 작성되는데, 편지 끝에 적힌 신묘년은 1771년, 1831년, 1891년에 해당하므로 1831년이 가장 설득력이 있다. 특히, 첫째 딸이 '챵연'이라는 아이를 남기고 일찍이 세상을 떠나기 때문에 1831년으로 보아야 한다. 그런데 〈김성일가-99〉에서는 출가하였음에도 딸로서의 기운이 강하게 표출된다면 〈김성일가-100〉에서는 딸보다는 며느리로서의 기운이 듬뿍 담겨 있다. 예를 들어, 이 편지에서 '주생활'과 관련된 '사당'의 문제는- '사당'이 '주생활'과 관련 있는지에 대해서는 반론의 여지도 없지는 않음- 시가의 신위를 모신 곳으로 한 집안의 대소사를 걱정하는 안주인으로서의 면모를 과감 없이 표출하고 있다. 참고로, 김진화의 둘째 딸은 생년이 1817년으로 1831년에서 만 16세 전후이므로 만약 혼인을 했더라도 시가의 식생활, 주생활에 대한 언급과는 거리가 멀었을 것으로 보인다. 셋째 딸은 1822년생, 넷째 딸은 1825년으로 아직 어리다. 특히 첫째 아들인 김흥락(金興洛, 1827~1899)은 더 어린 상태였다.

둘째 딸이 작성한 편지가 13건이고 셋째 딸은 3건을 아버지에게 보낸다. 첫째 딸의 편지 내용과 큰 차이를 보이지 않는다. 셋째 딸의 편지 몇 건을 중심으로 개략적으로 정리하면 다음과 같다. 〈김성일가-110〉에서는 외지에 있는 아버지의 안부, 친가 식구의 안부 인사, 시가 가족의 안녕이 언급되는데, 주로 질병이 있는지, 상태는 어떤지 등에 대한 내용이 나열된다. 식생활에 관련해서는 '잡고기 젓'이 언급되고, 약으로 쓰고자 하는 '개고기'도 언급된다. 또한 담배를 언급하는데 질병 치료제로서의 용도가 기술된다. 그리고 〈김성일가-112〉에서는 편지를 전달할 인편이 갑자기 생겨 간단히 작성된 것으로, 안부 인사와 식구들의 건강이 언급되는데, 이때의 건강은 오로지 질병에 관련된 내용이며, 〈김성일가-114〉에서는 안부 편지로 작성된 것인데, 친가 가족들의 안부와 건강, 특히 질병에 관련된 내용이 보인다.

넷째 딸이 작성한 2건에서도 안부 인사와 시가의 관혼상제 중에서 상례(喪禮)에 대한 내용을 적거나 시아버지의 상사 이후로의 발신자의 심정과 상례 관련 내용, 친가 가족에 대한 궁금함을 간략히 적고 자신의 질병 관련 치료를 이야기하고, 술안주로나 쓰시라고 대구 두 마리를 보낸다는 내용과 건강하시라는 내용으로 편지를 마무리한다. 관혼상제 중에서 상례(喪禮)에 대해 이야기를 서술하고 있지만 수신자인 아버지에 대한 걱정이 대부분이다.

이 글에서 다루고 있는 한글 편지 중에서 딸이 발신자, 아버지가 수신자인 것들은 이들이 전부이다. 원문, 이미지 등이 공개된 편지를 대부분 포함하고 있어서 이들 이외에서 딸이 아버지에게 보낸 한글 편지를 찾기 어려울 것으로 판단된다. 그러므로 이들만을 대상으로만 딸이 아버지에게 보낸 한글 편지에 나타난 일상생활의 소소한 이야기라고 그들의 감정을 단정하는 것은 매우 편중적일 가능성이 없지 않다. 그러나 딸이 아버지에게 보낸 편지와 딸이 어머니에게 보낸 편지에 나타난 신세 한탄이나 감정 표현 등의 비교를 위해 내용 그대로를 이용하고자 한다.

〈김성일가-099〉는 혼인한 지 얼마 안 돼서, 어느 집안의 며느리로서 보냈다고 하기보다는 딸로서의 감정이 듬뿍 담겨 있다. 2년 뒤에 보낸 〈김성일가-100〉에서는 딸로서보다 한 집안의 며느리서의 사연이 듬뿍이 담긴다. 둘째딸이나 셋째 딸이 보낸 편지에서도 그러하다. 딸의 사연도 있지만, 한 집안의 며느리로서 이쪽 집안의 일상생활에 대한 소소한 이야기가 여러 곳에서 전달된다. 그런데 17세기 전기의 『진주하씨묘 출토 언간』에서는 딸이 어머니에게 보낸 편지에는 이쪽 집안의 일상생활에 대한 이야기뿐만 아니라 친가의 행사에 관여하는 이야기와 의견을 적고 있으나, 아버지에게 보낸 편지에서는 친가의 제사나 사건 등에 관련된 이야기를 담담히 쓸 뿐 딸로서의 의견이 피력되어 있지 않다. 『진주하씨묘 출토 언간』에서만 나타나는 것이 아니라, 『은진송씨 송병필가 언간』에서도 딸로서의 의견이 조금씩 표출되어 있어서, 시대적인 현상이라기보다는 아버지와 딸, 어머니와 딸의 관계에서 나타나는 차이로 보는 것이 자연스러울 듯하다.

3.3. 20세기 교체기: 『은진송씨 송병필가 언간』 10건

충북 영동 일대에 거주한 송병필(宋秉弼, 1854~1903)과 그 후손을 중심으로 일가 인물들 사이에 오간 91건의 한글 편지를 이른다. 부부간, 부녀간, 자매간, 고부간, 사돈간 등 다양한 관계에서 오간 것들인데, 이중에서 첫째 딸이 보낸 것이 4건, 둘째 딸이 보낸 것이 6건으로 딸이 어머니에게 보낸 편지는 모두 10건이다. 대부분의 〈송병필가〉 한글 편지는 작성 시기가 19세기 후반에 해당되지만, 딸들은 아랫대로서 결혼 이후에 편지를 작성하고 있어서 20세기 초기의 것들이 대부분이다. 그러므로 19세기 후기에서 20세기 초기로 분류하지 않고, 20세기 교체기로 처리하고자 한다.

첫째 딸이 작성한 4건의 한글 편지 내용을 살펴보면 다음과 같다.

문안 알외옵고 일긔 칩스온디 긔후 안녕ᄒ옵신 문안 아옵고져 ᄇ라오며 이동안 톄후 강녕ᄒ옵시며 희소 긔후 엇더ᄒ옵신지 하졍의 굼굼 긴졀ᄒ옵기 측냥업스오며 고을 문안 듯ᄌ옵고 아바님겨옵셔 안녕ᄒ옵시다 ᄒ시나잇가 굼굼ᄒᄂ이다 동성들 무양ᄒ오며 각 딕 졔졀 안녕ᄒ옵시잇가 ᄌ근어마 두 분 안녕ᄒ오시잇가 예는 안녕들 ᄒ옵시고 셔울셔도 안녕ᄒ옵시니 복힝이올소이다

영녜 말솜 여쥬나이다 아만힉도 못 쥬겨습ᄂ이다 이달이나 시달이나 다려 가
시옵소셔 보기 슬ᄉ오니 즉시 다려가시옵 여긔 브리ᄂ 것들도 못 브리겨습
밤의면 샤랑 나가 자고 나지면 일도 아니ᄒ고 사랑의 나가 잇고 ᄒ니 두겨습
못 두옵ᄂ이다 존고겨셔 식 보시고 말솜 무ᄒ 듯줍고 말솜ᄒ시기을 거년으로
힉셔 날 못 살겨다 ᄒ시니 ᄒ루이틀 아니고 이루 말ᄒ기도 슬습ᄂ이다 이 동
녜 ᄉᄂ 사롬이 필목 장슈 ᄒ루 긔 건쳐 간다 ᄒ옵 슈ᄌ 알외옵ᄂ이다 영녜ᄂ
아만힉도 사롬 못 마드더 못 부리겨ᄉ오니 곳 다려가시옵기 츅슈 ᄇ라옵ᄂ이
다 식은 엇지힉셔 종복은 업다 힉도 이려케 업ᄂ 것 첨 보와습ᄂ이다 계ᄉ 시
월 초ᄉ일 식 슐이〈송병필가–40,_1893년,_은진송씨(첫째_딸)→전주이씨(어머
니)〉

　[문안 아룁니다. 날씨가 추운데 안녕하신지 문안 알고자 합니다. 그 동안
몸은 건강하시며 기침은 어떠하신지 궁금하기 측량할 수 없습니다. 고을 문안
도 들으셔서 아바님께서도 안녕하시다 하신지 궁금합니다. 동생들도 탈 없으
며 각 댁 온 집안이 안녕하십니까? 작은어머니 두 분도 안녕하십니까? 여기는
안녕들 하시고 서울서도 안녕하시니 다행입니다. 영녜 말씀 여쭙니다. 암만해
도 못 두겠습니다. 이달이나 새달이나 데려 가십시오. 보기 싫으니 즉시 데려
가십시오 여기 부리는 것들도 못 부리겠습니다. 밤이면 사랑에 나가서 자고
낮이면 일도 아니하고 사랑에 나가 있고 하니 두겠습니까? 못 둘 것입니다.
시어머니께서 저를 보시고 말씀 무한히 듣고 말씀하시기를 작년으로 해서 나
는 못 살겠다 하시니 하루 이틀도 아니고 이루 말하기도 싫습니다. 이 동네
사는 사람이 필목 장사가 그 근처에 간다 하기에 두서너 글자 아룁니다. 영녜
는 암만해도 사람을 못 받들어 못 부리겠으니 곧 데려가시기 바랍니다. 저는
어찌해서 종의 복이 없다 해도 이렇게 없는 것 처음 보았습니다. 1893년 10월
4일 여식 사리]

이 편지는 송병필(宋秉弼, 1854~1903)의 첫째 딸이 1893년 어머니 전주이씨에게 보낸 것이다. 문안으로 시작되는데, 수신자의 문안과 건강을 묻는다. 그리고 아버님, 동생, 작은어머니의 안부를 확인한다. 그리고 시가의 안부를 간략히 적는다. 편지의 1/3이 안부 인사로 채워지는데, 안부가 끝나면 본격적인 편지를 작성한 목적이 드러난다. 이 편지가 작성된 주목적은 친가에서 보내온 '영녜'를 다시 친가로 보내기 위한 것이다. 일을 매우 태만이 하게 때문인데, '존고겨셔 식 보시고 말슴 무흔 듯줍고 말슴흐시기을 거년으로 히셔 날 못 살겨다 흐시니(시어머니께서 저를 보시고 말씀 무한히 듣고 말씀하시기를 지난해로 해서 나는 못 살겠다 하시니)'를 보면, 시어머니도 그 꼴을 보기 싫었던 것으로 보인다. 편지 끝은 '식은 엇지히셔 죵복은 업다 히도 이려켸 업는 것 첨 보와습ᄂ이다(저는 어찌해서 종의 복이 없다 해도 이렇게 없는 것 처음 보았습니다.)'로 적어서 발신자의 참담한 심정을 표출하고 있다. 시작 부분은 일반적인 안부 편지와 같다. 단지 1/3 부분부터 적힌 내용은 시가의 노비가 아닌 친가 노비의 태만함을 언급하며 데리고 갈 것을 언급하고 있는데, 일반적으로 결혼을 할 때 친가의 노비도 함께 시가에 데리고 왔음을 알 수 있다.

이외에도 〈송병필가-41〉에서는 친가의 안부 확인과 시가의 안부 전달이라는 소소한 내용으로 이루어지며, 〈송병필가-42〉에서는 발신자가 나은 갓난아이에 대해서 내용이 많은 부분을 차지하는데, 친가 부모에게 가장 기쁜 내용이 후손에 대한 자세한 소식이었을 것이다. 그럼에도 불구하고 이때에도 부정적이라 할 질병 관련 내용이 대부분을 차지한다.

둘째 딸이 작성한 〈송병필가-43〉에서는 주생활이 많이 언급되는데, 울타리를 두르는 문제가 언급된다. 또한 친가 제사에 출가한 딸도 관여하는 내용도 있으며, 각자의 필요로 가족들에게 급전을 빌리고 물품을 빌리는 상황도 확인되나 형제와 부모 안에서 한정되는 듯하다. 〈송병필가-49〉에서는 기본적으로 안부 인사와 의생활을 알리고 농사 관련 이야기, 식생활 등의 이야기를 자세하게 적었다.

4. 마무리: 어머니와 아버지에게 전하는 이야기

딸로서 아버지에게 보낸 편지는 19세기 중기에 작성된 『의성김씨 학봉 김성일가 언간』의 20건만이 확인된다. 아버지인 김진화(金鎭華, 1793~1850)가 서울이나 충청남도 아산, 전라도 무장(지금의 전라북도 고창군 무장면 일대)에서 벼슬살이에 있을 때, 네 딸이 보낸 편지들이다. 딸과 아버지 사이에도 수시로 편지를 주고받은 듯한데, 현전하는 편지의 대부분은 아버지의 편지를 받고서 그 답장으로 보낸 것으로 파악된다.

딸이 아버지에게 보낸 편지의 내용은 가족의 안부와 건강에 관련된 내용이 대부분이다. 특히 질병에 관련된 이야기를 주로 적고 있다. 편지의 시작 부분은 객지에 있는 아버지의 안부와 건강을 걱정하는 것으로 시작하며, 시가에 있다면 시가 식구의 안부와 건강을, 친가에 있다면 친가 식구의 안부와 건강에 대해 기술한다. 각각 친가 또는 시가의 안부와 건강을 설명하며, 주변 친인척의 안부와 건강이 일부 곁들여지기도 한다. 또한 딸이 보낸 편지에서는 의식주가 중요한 안건으로 사용되지 않는다. 의생활, 식생활에 관련해서는 물건이 오거나 보낼 때 주로 언급되며, 주생활은 문제가 생겼을 때, 예를 들어 〈김성일가-100〉에서처럼 사당에 비가 새어 든 것과 같은 사건이 발생한 경우에 편지에 등장한다. 관혼상제도 마찬가지이다. 상례가 발생할 때에 그 전후 사정이나 현재의 상황, 발수신자의 심정 등이 언급된다.

한편, 딸로서 어머니에게 보낸 편지는 17세기 전기에 작성된 『진주하씨 묘 출토 한글 편지/현풍 곽씨 언간』과, 20세기 전후로 작성된 『은진송씨 송병필가 언간』에서만 나타난다. 아버지에게 보낸 편지는 19세기 전반기에 작성된 『의성김씨 학봉 김성일가 언간』에서만 나타난 것처럼 100여 건 이상의 가문별 편지에서도 '딸'이 각각 아버지와 어머니에게 동시에 보낸 경우는 나타나지 않는다. 오로지 아버지 아니면 어머니 한쪽으로만 편지가 편중된다. 이러한 편중 이유로는 작성은 되었으나 현전하지 않는다는 견해와 전혀 또는 거의 작성이 되지 않았다는 견해로 나누어 살펴볼 수 있을 듯하다. 또한 총 1,580건에는 딸이 출가하기 전에 작성한 편지도 나타나지 않는다. 이 경우도 앞의 두 가지 견해가 가능한 것으로 보인다. 어느 경우가 합당한 것인지 현재로서는 단정할 수 없지만, 총 1,580건에 딸이 아버지와 어머니에게 각각 모두 보낸 편지와 딸이 결혼하기 이전에 작성된 편지가 포함되어 있지 않으므로, 잠정적으로 두 사례 모두 후자의 견해, 즉 전혀 또는 거의 작성되지 않았다는 견해에 무게를 두는 것으로 마무리하고자 한다.

어머니에게 보낸 편지에서는 '의식주'가 매우 중요한 안건으로 취급된다. 일반적인 의생활, 식생활뿐만 아니라, 각각을 구하기 위한 노력까지도 세세히 설명하고 있으며 그러한 과정에서 발신자에게 발생한 심리적 압박이나 상처를 표출하기도 한다. 관혼상제도 마찬가지이다. 각 예식을 치르는 과정은 중요한 내용이 되지 못하며, 예식에 관련된 또는 필요한 물품의 준비 과정이 중요하며, 여기에 쏟는 노력과 간절함이 딸로서 어머니에게 보낸 편지에서는 중요한 내용이 된다.

5장

딸과 며느리로서의 이야기

요사이 심히 기별을 몰라서 밤낮 걱정하며 울 뿐이었는데

(『진주하씨묘 출토 언간』의 딸과 『의성김씨 학봉 김성일가 언간』의 며느리 편지를 통해 본 문안 편지)

1. 머리말

신셰예 어린 동싱ᄃᆞᆯ 거느리ᄋᆞᆸ셔 긔운 엇쩌ᄒᆞᄋᆞᆸ샨고 심히 긔별 모ᄅᆞᄋᆞ와 시ᄀᆡᆨ을 닛ᄌᆞᆸ디 몯ᄒᆞᄋᆞ오며 분별이 ᄀᆞ업ᄉᆞ오며 셰후의 즉시 문안 사ᄅᆞᆷ이나 보내ᄋᆞᆸ고젼 졍은 ᄀᆞ업ᄉᆞ오ᄃᆡ 죵ᄃᆞᆯ이 쇽졀업ᄉᆞᆫ 화ᄅᆞᆯ 만나 옥듕의 만히 드오매 일개 놀라 솔란ᄒᆞᄋᆞᆸ고 산하기도 그 운에 드러 ᄃᆞ라나고 넙싱이도 열흘 장근 듕히 병드ᄋᆞᆸ고 사ᄅᆞᆷ 업ᄉᆞ와 지금 문안 사ᄅᆞᆷ도 몯 보내엿ᄉᆞᆸ다가 이저야 보내ᄋᆞ오니 졍 업ᄉᆞ오며 죄 만ᄉᆞ오며 죵ᄃᆞᆯ도 붓ᄭᅳ럽ᄉᆞ와이다〈진주하씨묘-044/곽씨-132,_17세기_전기(1624년),_현풍곽씨(딸)→진주하씨(어머니)〉

[새해에 어린 동생들을 거느리고서 기운이 어떠하십니까? 심히 기별을 몰라 한 시도 잊지 못하오며 걱정이 가없사오며, 설을 쇤 뒤에 즉시 문안 사람이나 보내고자 하는 정은 가없는데, 종들이 속절없는(=어찌할 도리가 없는) 화를 만나 감옥에 많이 들었기에 일가(一家)가 놀라 소란하고, 산하기도 그 운에 들어(=그 분위기에 덩달아) 달아나고, 넙싱이도 열흘 가까이 중히 병들고

사람이 없어서 지금 문안 사람도 못 보내고 있다가 이제야 보내오니, 정이 없으며 죄가 많사오며 종들에게도 부끄럽습니다.]

문안 알외옵고 문안 듯ᄌ온 지 오리 되오니 하정의 우러와 깁ᄉ온 복모 일시도 노히올 적 업ᄉ올 ᄎ 하인 닷치오며 하셔 밧드와 황공 반갑ᄉ고 ᄌ세 뵈옵ᄉ오니 긔톄후 식식 영일이 업ᄉ고 근력 범졀이 달노 더 못ᄒ오신 일 이탁이탁 용녀 아모라타 업ᄉ고 일긔 졸한ᄒ오면 졈졈 더 엇지 견디오실고 낙낙히 우러와 두로 용녀 아모라타 업ᄉ오이다〈김성일가-091,_1847년,_진성이씨(며느리)→김진화(시아버지)〉

[문안(問安) 아뢰옵고 문안 들은 지 오래되오니, 마음에 우러러 깊은 그리움 한때도 놓일 적이 없던 겨를에, 하인이 닥치며 내려 주신 글월을 받아 황공하고 반갑고 자세히 뵈오니, 기체후(氣體候) 여러 가지로 편안하신 날이 없고, 기력이 달로 더 못하신 일, 안타깝고 걱정되기 어떻다 (말할 수) 없고 날씨가 갑자기 추워지기라도 하면 점점 더 어찌 견디실꼬? 멀리서 우러러 두루 걱정됨을 어떻다 (말할 수) 없나이다.]

앞의 두 편지는 17세기 전기와 19세기 중기에 쓰인 문안 편지이다. 작성 시기가 다르다는 점과 함께, 전자는 딸이 어머니에게 보낸 것이고, 후자는 며느리가 시아버지에게 보낸 것이라는 발신자와 수신자의 관계도 다르다. 딸과 어머니의 관계는 일반적으로 친근하고 며느리와 시아버지 관계는 상대적으로 소원하다고 하는데, 위의 편지에서도 그러한 관계를 엿볼 수 있다. 내용을 잘 살펴보면 전자에서는 일상생활 내용이 고스란히 들어있다면, 후자에는 일반적인 안부를 묻고 있기 때문이다. 그런데, 후대에 오면 내용보다도 편지의 형식이 고정되면서 편지의 시작 부분이 상투적인 문구로 나타나는 편지가 일반적으로 확인된다.

　　문안 알외옵고 일긔 칩스온디 긔후 안녕ᄒ옵신 문안 아옵고져 ᄇ라오며 이
동안 톄후 강녕ᄒ옵시며 히소 긔후 엇더ᄒ옵신지 하졍의 굼굼 근졀ᄒ옵기 측
냥업스오며 고을 문안 듯ᄌ옵고 아바님겨옵셔 안녕ᄒ옵시다 ᄒ시나잇가 굼굼
ᄒᄂ이다
　　〈송병필가-40,_1893년,_은진송씨(첫째_딸)→전주이씨(어머니)〉
　　[문안 아룁니다. 날씨가 추운데 안녕하신지 문안 알고자 합니다. 그동안 몸
은 건강하시며 기침은 어떠하신지 궁금하기 측량할 수 없습니다. 고을 문안도
들으셔서 아버님께서도 안녕하시다고 하시는지 궁금합니다.]

　이 편지는 19세기 후기에 쓰인 것으로, 딸이 어머니에게 보인 편지이다.
그런데 편지의 시작 부분에서 상투적인 문구 '문안 알외옵고'로 시작되고
있음을 볼 수 있다. 즉 며느리가 시아버지에게 보낸 편지가 소원한 관계로
인한 것이 아니라, 한글 편지가 점차 규식화되고 있다는 것을 알려 준다.
　이처럼 조선시대 한글 편지가 후기로 올수록 한글 편지가 점차 규식화되
고 있다는 것에는 여러 학자가 동일한 목소리를 내고 있다(전병용 2009; 김정
경 2011; 배영환 2017 등). 그리고 한글 편지에 나타나는 규식에 대한 논의가
이광호(1996), 홍은진(1999), 허재영(2006), 전병용(2009), 김정경(2011) 등에서 이
루어지는데, 기본적으로 서두 · 사연 · 결미로 나누고 있으나 연구자에 따라
서 조금씩 차이가 난다. 가장 빠른 논의인 이광호(1996:99-100)에서는 '싀아
비니 싱신편지'를 대상으로 한글 편지의 형식을 (가) 편지를 받는 사람, (나)
의례적인 안부, (다) 주요한 사연(내용), (라) 편지를 끝맺는 말, (마) 편지를
쓴 날짜, (바) 편지 쓴 사람 등처럼 여섯 부분으로 구분한다. 홍은진(1999:137)

에서는 투식의 원문을 '서두, 알리는 부분(본론), 마무리'의 3단계 방식으로 구분하는데, 이광호(1996)에서 세분한 형식인 (가)(나)는 서두에 해당하며, (다)는 알리는 부분(본론)에, (라)(마)(바)는 마무리에 해당하므로, 셋으로 나뉘는 것이 공통적임을 알 수 있다.

그러나 "안부가 곧 사연이 되는 경우가 매우 많고 대체로 서두와 사연이 명확히 변별되지 않아 편지글의 일반적인 형식, 즉 서두·사연·결미의 세 부분으로 이를 뚜렷하게 구분하기 어렵다."(김정경 2011:176)고 하여, 각 형식적 특징을 그대로 드러낸, 전어, 추신 등의 항목 등을 덧붙여 ① 호칭 ② 시후 ③ 수신자 안부 ④ 발신자 안부 ⑤ 용건 ⑥ 결말인사 ⑦ 전언 ⑧ 결구 ⑨ 축원 ⑩ 날짜 ⑪ 서명 ⑫ 추신 등으로 구분하고 있다(김정경 2011:177). 그러나 이렇게 12개로 세분한 구분도 서로 관련된 내용과 형식으로 본다면, ①~③, ④~⑤, ⑥~⑫로 셋으로 나눌 수 있으며, 기존의 논의와 크게 다르지 않다.

또한 언간 규식서에 나타난 상투적 또는 투식적 표현(이하 투시적 표현)에 연구는 전병용(2009)와 배영환(2017)에서 이루어진다. 여기서의 '투시적 표현'을 '두 단어 이상의 어구가 반복적으로 사용되어 일정한 형식으로 굳어진 표현'으로 개념을 정리하고자 한다(배영환 2017:43).

한글 편지에서 투식적 표현은 '서두'와 '결미'에서 중점적으로 나타난다. 16세기의 『순천김씨묘 출토 언간』에서 투식적 표현으로 자리를 잡아 가는 과정이 나타나고, 17세기의 『진주하씨묘 출토 언간』에서는 고유어 중심으로 상투적 또는 투식적 표현이 하나의 정형을 이룬 것으로 설명한다(정병용 2009:280). 그런데, 전병용(2009)과 배영환(2017)에서는 투식적 표현이 쓰이는 상황에 대한 논의는 보이지 않는다. 두 논의에 투시적 표현이 나타나는 한글 편지에 대한 세부적 논의가 진행되지 않는 것은, 이 두 논의 모두 유형화에 따른 검증을 중점적으로 논의하였기 때문이다.

　투시적 표현에 대한 뜻풀이에서는 '하나의 정형화'(전병용 2009) 또는 '일정한 형식'(배영환 2017)이라는 일치된 부분이 나타나는데, 바로 "정형화"가 투식적 표현의 판단 기준이 될 것이다. 투시적 표현이 편지 유형에 따라 잘 사용되거나, 사용되지 않을 경우로 나눌 수 있을 것인데, 서로 격식을 지키면서 편지를 보내야 할 경우에는 투시적 표현의 두드러진 사용이 증가할 것으로 예측된다. 조선시대 한글 편지에서 어느 편지 유형에 투시적 표현이 잘 나타나는지 서두 부분을 중점적으로 살펴보면서 그 의미를 찾아본다.

2. 문제 제기

　정병용(2009)에서는 16세기의 『순천김씨묘 출토 언간』에서 투식적 표현으로 자리를 잡아 가는 과정이 보이며, 17세기의 『진주하씨묘 출토 언간』에서 고유어 중심으로 투식적 표현이 하나에 이룬 것으로 판단한다. 그러나 두 자료는 동질의 자료가 될 수 없다. 또한 배영환(2017)에서 이들을 따로 구분하지 않고 있는데, 각각 투식적 표현의 해당 용례로 제시된 편지 자료를 살펴보면 『순천김씨묘 출토 언간』을 출전으로 하는 용례는 제시되지 않고 있다. 시기적으로 이른 용례가 나타난 자료로는 『진주하씨묘 출토 언간』이라고 설명되는데, 두 자료가 시기적으로 다르다는 것뿐만 아니라 발신자와 수신자의 구성에서 차이가 나기 때문에 이러한 분석 결과가 제시된 듯하다.

　먼저, 『순천김씨묘 출토 언간』에서는 어머니인 신천강씨가 딸인 순천김씨에게 보낸 편지가 전체 편지의 62.8%를 차지하고 있으며 이중 15.3%에서 남편의 축첩에 대한 울분을 토로한 것이다. 이러한 편지 내용으로 짐작

컨대 어떠한 격식을 차리면서 편지를 작성할 상황으로 보기 어렵다. 또한 대부분 집안의 윗사람이 아랫사람에 보낸 편지들로 구성되어 있어서 상투적 또는 투식적 표현이 사용될 가능성이 낮아 보인다. 특히, 어머니가 아들, 아버지가 딸에게 보낸 것 등이 120여 건이나 되는데, 이들에게서 그러한 표현이 사용될 여지는 적어 보이며, 실제로도 그러한 양상이 나타난다. 또한 아랫사람이 윗사람에게 보낸 것으로 분류하기보다는 동등한 입장에서, 즉 남편이 아내에게 작성된 것이 41편, 동기 사이에서, 즉 남동생에 누나(들)에게 보낸 2건이 해당되는데, 이들에게도 그러한 양상은 찾아보기 어렵다. 한편 『진주하씨묘 출토 언간』에서 상투적 또는 투시적 표현을 찾아볼 수 있는 것은 남편이 아내에게 보낸 편지가 96건으로 60%를 차지하지만, 아들이 어머니에게 보낸 5건과 손자가 할머니에게 보낸 1건, 딸이 어머니에게 보낸 42건 등 총 46건, 전체 편지에서 30%가 아랫사람이 윗사람에게 보낸 편지인 것이다. 가족 관계라 할지라도 격식을 차려야 하는 경우가 있을 것이다. 그러므로 『순천김씨묘 출토 언간』과 『진주하씨묘 출토 언간』의 발신자와 수신자의 관계가 상이하기 때문에 투식적 표현 연구에서 이들을 동질의 자료로 취급해서는 안 될 것이다.

한편, 배영환(2017)에서는 『징보언간독』에 나타난 투식적 표현을 정리하고 이러한 투식적 표현을 조선시대 한글 편지에서 사용된 실태를 조사하였다. 그런데 각각의 투식적 표현에 해당 용례로 제시한 조선시대 한글 편지의 수수 관계를 살펴보면 투식적 표현이 사용될 가족 관계가 어느 정도 확인된다. 주로, 며느리가 시아버지에게, 딸이나 아들이 어머니에게, 손자가 할머니에게, 외손부가 외조부에게 보낸 편지에서 나타난다. 배영환(2017:64)에서는 『징보언간독』의 투식적 표현은 조선시대 한글 편지에서 실제로 확인되는 시기는 17세기이며, 18세기 중엽 이후부터 확산되기 시작하여, 19세기 중엽 이후에 널리 퍼진 것으로 설명하고 있다. 이 논의에서 16세기 자료가 빠진 것은 『순천김씨묘 출토 언간』 이외에도 대부분 격식이 그렇게 필요하지 않은 가족 관계에서, 예를 들어 〈신창맹씨 언간〉, 〈정철 언간〉이나 〈죽산안씨 언간〉처럼 남편이 아내, 어머니가 아들에게 보낸 편지이기 때문으로 판단된다.[7]

그러므로 조선시대 한글 편지의 투식적 표현을 논의할 때, 편지의 발신자와 수신자를 고려하지 않는다면 올바른 분석을 하기가 쉽지 않다. 연구 대상의 양이 많다고 하여 무조건 좋은 것은 아니다. 어떤 자료는 연구 방법론에 적합하지 않을 수도 있으므로 투시적 표현이 어느 자료에서 주로 나타나는지를 확인하고, 그 자료의 성격을 규명해야 할 것이다. 그 이후에 해당하는 자료를 중심으로 세밀한 분석과 논의를 진행하여야 할 것인데, 이러한 작업이 선행되지 않는다면 불분명한 경향 확인과 모호한 결론을 이끌어낼 것이다.

3. 조선시대 한글 편지와 문안 편지

3.1. 문안 편지─사대부가 여성의 필수 교양

조선시대 사대부가 여성은 빠르면 4,5세부터 언문을 배우게 되며, 출가 전에 익혀 두어야 할 것 중의 하나가 문안 편지 쓰는 법과 글씨 연습이었다.

---

7   배영환(2017)에 제시된 한글 편지의 가족 관계를 중심으로 살펴보아야 할 것이다. 격식을 차려야 하는 수수 관계, 즉 며느리가 시아버지에게, 딸이나 아들이 어머니에게, 손자가 할머니에게, 외손부가 외조부에게 보낸 16세기의 한글 편지가 발견되어야 16세기의 투식적 표현에 대한 정확한 분석이 가능할 것이다.

이러한 문안 편지를 쓰는 것은 조선시대에서 강조된 '백행지원(百行之源)'인 '효(孝)'를 실천하는 관행적 행위의 하나로 사대부가 여성에게는 바느질 못지않은 필수 교양으로 알려져 있다. 즉 문안 편지야말로 관행적 행위로 이루어진 것은 아랫사람으로서 윗사람에게 작성하여 보내야 하는 것으로 반복적으로 수행되었기 때문이다. 그러므로 문안 편지는 다른 유형의 조선시대 한글 편지와 달리 격식을 차려야 할 때 작성되는 대표적인 편지 유형인 것이다.

지금까지 알려진 조선시대 한글 편지들에서 문안 편지로 판단되는 것들은 16,7세기부터 18,9세기까지 고르게 나타나는 편이다. 그런데 후기로 갈수록 일정한 어투로 시작되는 문안 편지가 대다수를 차지하며, 이러한 형식을 벗어난 편지를 찾아보기가 쉽지 않다. 16,7세기의 한글 편지에서 일정한 어투, 즉 투식적 어구로 시작되는 문안 편지와 그렇지 않은 편지가 거의 반반씩 나뉘는 상황과는 다른 경향을 보인다.

조선시대 한글 편지에서 발견되는 사대부가 문안 편지는 딸이나 며느리 등이 주로 작성하는데, 16,7세기의 한글 편지에서는 며느리가 발신자인 경우가 아직 나타나지 않고 있다. 시대별로 골고루 분포한, 그리고 딸이 발신자인 한글 편지를 연구 대상으로 삼아 며느리의 편지와 함께 살펴본다. 딸이 보낸 문안 편지의 수신자 대다수가 어머니이기는 하지만, 가문이나 사연에 따라서는 아버지에게 보낸 경우도 존재한다.

문안 편지 쓰는 것이 사대부가 여성이 배워야 할 필수 교양이었다면 그 증거가 있을까? 딸과 며느리가 보낸 편지에서 그러한 모습을 찾아보고자 한다.

3.2. 딸이 보내는 문안 편지

사대부가 한글 편지 중에서 문안 편지의 발신자는 대부분 딸과 며느리이다. 딸은 출가한 이후에 보내온 편지이며, 며느리도 함께 한집에 사는 경우가 아닌 따로 떨어져 살 때 작성된 것이다.

먼저, 학계에 널리 알려진 조선시대 한글 편지 중에서 딸이 보낸 문안 편지가 가장 먼저 발견되는 『진주하씨묘 출토 언간』의 시작 부분만 몇 개 인용한다. 매우 자유분방하게 시작한 점이 드러난다.

티보기 오으온 후의 요스이 극한의 긔후 엇더ᄒᆞᆸ시닝ᄶᅡ〈진주하씨묘-084/곽씨-125, 17세기 전기, 현풍곽씨(딸)→진주하씨(어머니)〉

[틱보기가 온 후에 요사이 심한 추위에 건강은 어떠하십니까?]

문안 ᄀᆞ업시 알외ᄋᆞᆸ고 요스이 극치위예 동싱둘 거ᄂᆞ리ᄋᆞᆸ셔 긔운 엇더ᄒᆞᆸ산고〈진주하씨묘-045/곽씨-131, 1623년, 현풍곽씨(딸)→진주하씨(어머니)〉

[문안을 가없이 아뢰옵고, 요사이 심한 추위에 동생들을 거느리옵시어 기운이 어떠하오십니까?]

요스이 심히 긔별 모ᄅᆞ와 일야 분별ᄒᆞ오며 울 ᄲᅮᆫ이ᄋᆞᆸ다니〈진주하씨묘-128/곽씨-139, 17세기 전기, 현풍곽씨(딸)→진주하씨(어머니)〉

[요사이 심히 기별을 몰라서 밤낮 걱정하며 울 뿐이었는데]

문안 알외ᄋᆞᆸ고 요스이 심히 왕뇌 업스오매〈진주하씨묘-130/곽씨-135, 1624년, 현풍곽씨(딸)→진주하씨(어머니)〉

[문안을 아뢰옵고, 요사이 심히 왕래가 없어서]

그런데 이들을 잘 분석해 보면, '문안을 아뢰(옵)고' 등의 일정한 어투로 시작하는 편지도 보이지만, 일전에 주고받은 사연, 일정 기간 소식이 없었다는 내용 등으로 편지의 서두를 이끄는 경우도 존재한다. 일정한 어투로 시작한 것과 그렇지 않은 편지가 10여 개씩으로 거의 반반씩 나타난다. 『진주하씨묘 출토 언간』에서는 어머니에게 보낸 문안 편지만 발견되지만, 18,9세기에 나타난 문안 편지를 살펴보면 아버지에게 보낸 것들도 발견된다. 그러므로 현재까지 알려진 16,7세기의 한글 편지에서는 우연적으로 아버지에게 보낸 문안 편지가 발견되지 않은 것일 뿐이며, 작성되지 않았던 것은 아닌 듯하다.

최소한, 16,7세기의 한글 편지에서는 일정한 어투의 문안 편지만 나타나지 않는다. 각 가문에서 한글 편지 쓰기를 사대부가 여성의 필수 교양으로 가르치기는 하였지만, 전형적인 교재를 사용하여 일정한 어투의 편지를 작성하는 방법이나 글쓰기 교육이 진행된 것은 아니었다.

그러나 19세기의 한글 편지 중에서 문안 편지로 판단되는 대부분에서는 일정한 어투가 확인된다. '문안 아뢰(옵)고'라는 일정한 어투가 서두에 놓이는 문안 편지들이 확인되는데, 이 어투로 시작되지 않는 문안 편지는 찾아보기 어렵다. 18세기 중기의 『의성김씨 학봉 김성일가 언간』이나 19세기 후기의 『은진송씨 송병필가 언간』에서 일정한 어투가 확인된다. 출가한 여러 딸이 보낸 편지임에도 일정한 어투로 시작되는데 이 시기에는 일정한 어투로 시작하는 편지가 전형적인 문안 편지의 작성법으로 굳어진 것을 알 수 있다. 가문이 다르고, 각 자매가 다름에도 불구하고 공통적으로 '문안 아뢰(옵)고'로 시작한다는 것은 전형적인 기본 교재 등이 없다면 나타나기 어려웠을 듯하다.

　　문안 알외옵고 날포 막히오니〈김성일가-099, 1829년, 의성김씨(첫째 딸)→
김진화(아버지)〉
　　[문안 아뢰고 한동안 [소식이] 막히니]

　　문안 알외옵고 틱봉이 도라오기 고디ᄒᆞ올 츠〈김성일가-101, 1832년, 의성
김씨(둘째 딸)→김진화(아버지)〉
　　[문안 아뢰고 태봉이가 돌아오기를 고대하던 겨를에]

　　문안 알외옵고 하인 도라가온 후 다시 아득ᄒᆞ오니〈김성일가-104, 1847년,
의성김씨(넷째 딸)→김진화(아버지)〉
　　[문안 아뢰고 하인이 돌아간 뒤로 다시 [소식이] 아득하오니]

　　문안 알외옵고 일긔 칩ᄉᆞ온더 긔후 안녕ᄒᆞ옵신 문안 아옵고져 ᄇᆞ라오며
〈송병필가-40, 1893년, 은진송씨(첫째 딸)→전주이씨(어머니)〉
　　[문안 아뢰고 날씨가 추운데 안녕하신지 문안 알고자 합니다.]

　　문안 알외옵고 긔후 엇더ᄒᆞ옵신지 달포 문안 못 듯ᄌᆞ와〈송병필가-43, 1906
년, 은진송씨(둘째 딸)→전주이씨(어머니)〉
　　[문안 아뢰고 기후 어떠하신지 달포 문안을 듣지 못하여]

　　출생 순서에 상관없이 딸들은 언제나 '문안 아뢰(옵)고'라는 일정한 어투
로 편지를 시작하고 있음을 알 수 있다. 최소한 이 글의 대상이 된 조선시

대 한글 편지 중에서 19세기에 작성된 사대부가 문안 편지에서는 문안 편지 작성법 교육이 일정한 틀에서, 그리고 어느 전형적인 교재를 중심으로 이루어졌던 듯싶다. 단지, 18세기에 작성된 한글 편지 중에서 '딸'이 발신자인 경우는 발견되지 않으므로, 언제부터 일정한 틀 안에서 문안 편지 작성법에 대한 교육이 이루어졌는지는 알기 어렵다.

3.3. 며느리가 보내는 문안 편지

사대부가 한글 편지 중에서 문안 편지의 발신자는 대부분 출가한 딸과 시부모와 따로 떨어져 사는 며느리가 대부분이다. 며느리가 보낸 문안 편지의 수신자는 시아버지인 경우가 많은데, 집안의 가장으로서 대우한 것으로 보인다. 시어머니에게 수신자가 경우도 있는데, 시아버지가 먼저 세상을 뜬 경우이거나 따로 거주할 때가 대부분이다. 그리고 시아버지와 시어머니에게 각각 따로 보낸 문안 편지는 알려진 것이 없는데, 문안 편지는 주로 그 집안의 가장 웃어른에게 작성하였기 때문으로 보인다.

며느리가 작성한 문안 편지는 16,7세기의 것은 아직까지 나타나고 있지 않지만 18,9세기의 것들은 고르게 분포한다.

며느리가 작성한 18,9세기 문안 편지 중에서 일부를 살펴보면 다음과 같다.

문안 알외읍고 일긔 가지록 극열ᄒ오니〈선세언적-13, 1704년, 안동권씨(며느리)→박성한(시아버지)〉

[문안 아뢰고 일기가 갈수록 극열하오니]

문안 알외읍고 극한의 긔후 안녕ᄒ오신 문안 아옵고져 ᄇ라오며〈송준길가

-69, 1756년, 여흥민씨(며느리)→송요화(시아버지)〉

　[문안을 아뢰고 심한 추위에 몸 건강이 안녕하신 문안을 알기를 바라며]

　문안 알외옵고 셜한의 긔후 안녕ᄒ오신 문안 아옵고져 ᄇ라오며〈선세언적
-18, 1760년, 경주이씨(며느리)→박춘영(시아버지)〉

　[문안을 아뢰고 눈 내리는 추위에 안녕하신 문안 알기를 바라오며]

　문안 알외옵고 문안 듯줍고 하셔 뵈온 후 오래 되오니〈김성일가-145, 1833
년, 진주강씨(조카며느리)→김진화(큰아버지)〉

　[문안을 아뢰고 문안을 듣고 내려 주신 글월을 뵈온 뒤로 오래되오니]

　문안 알외옵고 문안 듯ᄌ온 지 오리 되오니〈김성일가-091, 1847년, 진성이
씨(며느리)→김진화(시아버지)〉

　[문안을 아뢰고 문안을 들은 지가 오래되오니]

　문안 알외옵고 문안 후 날포 되오니〈김성일가-150, 1878년, 선성김씨(조카
며느리)→김진화(큰아버지)〉

　[문안을 아뢰고 문안[을 여쭌] 뒤로 한동안 되오니]

　문안 알외옵고 극념의 연ᄒ오셔 긔후 안녕ᄒ옵신 문안 달이 넘도록 못 듯
ᄌ와〈송병필가-82, 1909년, 광산김씨(며느리)→전주이씨(시어머니)〉

　[문안을 아뢰고 극염에 연하여 기후 안녕하신 문안을 달이 넘도록 듣지 못
하여]

문안 알외옵고 물너오온 후 문안 모로와〈송병필가-78, 1922년, 미상(질부)
→송복헌(큰아버지)〉

[문안(問安)을 아뢰고 물러 나온 뒤로는 문안을 몰라]

며느리가 작성한 18,9세기의 문안 편지는 '문안 아뢰(옵)고'로 시작한다. 즉 일정한 어투로 편지가 시작되는데, 논의 대상 편지 중에서는 이것을 벗어난 것은 하나도 발견되지 않는다. 즉 일정한 어투, 투식적 표현이 사용되고 있음을 알 수 있다. 이러한 경향은 이미 딸이 작성한 18,9세기 편지에서도 확인되었던 것이다. 즉 친족관계 상으로도 시가에서는 며느리지만 친가에서는 딸이기 때문에 며느리와 딸이 보낸 18,9세기의 문안 편지에서 공통적으로 투식적 어구로 시작된다는 것은, 며느리이자 딸인 발신자에게 전형적인 문안 편지의 작성법이 교육되었거나 그 교육에 전형적인 어투로 작성된 교재가 사용되었기 때문이 아닐까?

『징보언간독』에는 '신부 문안 편지'가 모본으로 제시되어 있는데, 그 내용을 인용하면 다음과 같다.

아바님 젼 샹술이(싀어마님게는 어마님이라 ᄒ고 ᄉ연은 ᄒ가지니라)
근봉
문
안 알외옵고
긔후 안녕ᄒ옵신 문 안 아옵고져 ᄇ라오며 알외올 말ᄉᆞᆷ 하감ᄒ옵심 졋ᄉᆞ와 이만 알외오며 내내 긔후만안ᄒ옵심 ᄇ라옵ᄂ이다
　년 월 며츤날 ᄌᆞ부 술이

이 문구에서도 '문안 알외읍고'로 시작하고 있는데, 18세기 중기의 『의성 김씨 학봉 김성일가 언간』이나 19세기 후기의 『은진송씨 송병필가 언간』에서 출가한 딸이나 세간을 따로 사는 며느리가 보낸 편지에서 나타나는 일정한 어투, 즉 투식적 표현으로 시작된다.

4. 마무리

이 글의 논의 대상인 조선시대의 사대부가 한글 편지는 1,070여 편이며, 발신자가 여성인 편지 숫자가 630여 편으로 약 60%를 차지한다. 이중에서 딸이 작성한 편지는 70여 편이며, 며느리가 작성한 편지는 60여 편이다. 딸이 작성한 편지보다 며느리가 작성한 편지의 편수가 약간 적지만 그것은 며느리가 발신자인 16,7세기의 한글 편지가 포함되어 있지 않기 때문으로 보인다. 널리 알려진 조선시대 한글 편지에도 며느리가 발신자인 16,7세기 한글 편지는 아직 알려진 것이 없다.

시가에서는 며느리이지만 친가에서는 딸이라는 친족관계에 놓이며, 한 사람이 며느리이자 딸의 역할을 동시에 수행하므로 편지의 형식을 따지기 위해서라면 이들을 묶어서 함께 살펴보는 것이 좋을 것이다. 조선시대 사대부가 한글 편지 중에서 발신자가 딸이거나 며느리이거나 친가에서 문안 편지를 작성하는 방법에 대한 교육을 받았다면 그 증거가 한글 편지에서 나타날 것으로 기대되기 때문이다. 투식적 표현의 증가와 고착이 조선 후기로 올수록 강화되며, 특히, 한글 편지의 수수 관계에 따라 사용 여부가 결정되는데, 조선시대 한글 편지의 규식화는 발신자의 지위 혹은 신분 그리고 수신자와의 관계가 한글 편지의 내용과 형식을 결정하(김정경 2011:190)기 때문이다.

16,7세기의 한글 편지에서는 일정한 어투로 시작하는, 즉 투식적 표현으로 시작하는 문안 편지만 나타나는 것은 아니다. 논의 대상의 절반씩 구분되는데, 이는 최소한 문안 편지에 대한 교육이 시행되었던 것으로 짐작된다. 그러나 18,9세기의 한글 편지에서는 며느리나 딸의 문안 편지에서 시작 부분의 투시적 표현이 일상적으로 나타나기 때문에, 최소한 이 시기에는 문안 편지를 작성법에 대한 교육이 널리 이루어진 것으로 이해되며, 이전의 편지 자료를 모아 놓거나 필사하여 만들어놓은 일정한 형태의 교재가 존재했을 것으로 추정된다. 단지, 그 교재가 현전의 『증보언간독』과 같은 한글 편지의 본보기를 보인 언간 규식집이었는 명확히 알기는 어렵다. 그러나 다양한 가문에서 출가한 사대부가 여성이 문안 편지에서 일정한 어투인 투식적 표현으로 문안 편지를 작성하였다는 점은 공통적인 요소를 담고 있는 교재 또는 본보기가 이용되었을 개연성을 높이는 것으로 이해된다.

아무것도 정을 알릴 것이 없어서 좋지 않은 것 보냅니다
정이나 아십시오

(한글 편지를 통해 본 딸과 며느리의 역할 일부
―부모, 남편, 시부모 섬기기)

1. 머리말

조선시대 한글 편지에 나타난 여성은 당대의 정치적, 윤리적 규범인 유학, 즉 성리학의 영향에서 벗어난 삶을 살기 어려웠다. 아니, 그러한 삶을 살아가는 것을 '부덕(婦德)', 즉 부녀자의 아름다운 덕행으로 칭송한다. 비슷한 말로 '여덕(女德)'이 있어 '여자로서 마땅히 해야 할 도리'를 이야기하기도 한다. 그런데, 이러한 '부덕'과 '여덕'은 조선시대에서는 매우 강력한 유교적인 규범 안에서의 것으로 여성이 한 집안의 며느리와 어머니 등으로서의 역할에 집중된다. 정확히 표현하자면, 여성으로서 몰개성이 권장되고 한 가족에서의 며느리와 어머니로서 역할이 강조되었던 것이다. 성리학적 규범에서 딸로서 며느리로서의 역할을 중요시하였던 것은 아버지가 딸을 위해 쓴 제문에서도 그대로 드러난다고 한다.

딸에 대해 서술한 조선 후기 아버지의 글은 그것이 유통되는 사대부 명문

가들의 사회의 가치와 허용치 안에서 저술된 것이다. 사대부 집안에서 가문의 딸과 며느리에 대해 서술하는 일은 부덕이라는 규범을 설정하고, 재확인하며, 후대로 전하는 작업으로, 규범을 재생산하는 매개였다. 그들이 딸의 삶을 평가할 때 사용하는 문구는 계녀서 속에 등장하는 부녀의 덕목에 대한 서술에서 가져온 것들이었다.(정지영 2019:210)

아버지가 딸을 위해 쓴 제문에서 나온 내용에 대한 평가의 일부이다. 그런데 제문은 장례의 과정에서 낭독되는, 즉 시가와 친가의 모두에게 공유되는 공적인 글이기 때문에 아버지는 딸에게 마지막 순간에서도 '부덕', '여덕'으로 정당화한 것이다. 그런데, "때로는 규범과 적절히 거리를 두고, 때로는 그 경계를 무너뜨리며 부질없는 인생사를 허망해 하기도 하"(정지영 2019:210)는 모습을 보여 주는데, 이때는 순수하게 사회가 요구하는 여성이 아닌 한 개인으로서 또는 자식으로서의 관점에서 평가된 것으로 보인다.

조선시대 한글 편지 중에서 어머니이지만 여성으로서의 역할에 관련된 논의 중심은 『순천김씨묘 출토 언간』의 '신천강씨'일 것이다(최윤희 2002; 홍인숙 2014; 서신혜 2015). 현대 여성의 가치관을 투사한 논의가 최윤희(2002)라면, 홍인숙(2014)은 보편적인 존재로서의 대표성을 부여할 수 없다고 보았으며, 서신혜(2015)는 '신청강씨'의 전체적인 삶을 조망하기 위해서는 전체 가족의 구체적인 모습을 먼저 밝혀야 한다고 주장하는데, 그 중심에는 어머니로서의 '신천강씨'가 놓여 있다. 즉, 한 여성을 그대로 인정하는 논의, 또는 보편인 여성을 찾아야 한다는 논의, 가족, 환경 등의 전체적인 틀 속이 여성을 평가해야 한다는 논의로 정리된다. 아내로서의 역할에 대한 논의는 서신혜(2015)라 할 것이지만, 며느리나 어머니로서의 역할을 중심으로 조선시대 한글 편지가 다루어진 논의는 찾을 수 없었다. 단지, 일찍이 양인실(1985)에서 조선시대 한글 편지에 나타난 조선 여성의 실상을 살펴보면서, 한글 편지에 나타난 공통적인 여인상으로 '삼종(三從)'에 근거한 철저한 실천과 인종(忍從)이 요구되었으며 특히, 일부종사와 모성애는 조선시대 여인들에게 인간으로서 근본적으로 갖춘 본능적 헌신이었다고 설명한다(양인실 1985:268).

조선시대 한글 편지 중에서 여성의 편지를 중심으로 현대적 관점에 다루어 보는 것도 의미가 있을 것이다. 특히, 조선시대 한글 편지 중에서 여성의 편지에 나타난, 조선시대의 사대부가 여성에게 드리워진 여성상과 비교해 보고자 한다. 조선시대 한글 편지에 나타난 여성 관련 연구를 위해서는 여성을 둘러싼 당시의 윤리적, 사회적 분위기, 즉 '부덕', '여덕' 관련 내용의 확인이 필요하기 때문이다.

2. 조선시대 여성의 역할

2.1. 가족과 사대부 여성의 한글 편지

가족이란, 『표준국어대사전』에서는 '주로 부부를 중심으로 한, 친족 관계에 있는 사람들의 집단. 또는 그 구성원. 혼인, 혈연, 입양 등으로 이루어진다.'로 되어 있다. 일반적으로, 가족이라 하면 '부모와 자녀'의 구성을 기본 단위로 인식할 것이다. 3대로 구성된 경우라면, 조부모 또는 외조부모와 부모, 그리고 자녀로 구성될 것이다.

오늘날에도 일반적으로 '편지'는 서로 떨어져 살고 있는 경우에 사용된다. 조선시대 한글 편지도 함께 사는 가족 사이에 주고받는 경우는 드물다. 한 집안에 함께 사는 경우에 작성된 편지는 확인되지 않고 있으며, 같은 동네에 살 때에 작성된 것도 잘 나타나지 않는다.[8] 지리적으로 떨어져 있어 만나기 어려운 경우에 주로 작성되는데, 사대부가 여성이 작성한 편지의 대부분은 벼슬살이, 관혼상제, 혼인, 공부 등의 이유로 시부모나 시가 친척, 남편, 자녀 그리고 친부모나 형제자매, 조카 등과 떨어져 사는 동안에 안부 인사 등을 위하여 작성되었다.

조선시대 한글 편지 중에서 사대부가 여성이 작성한 편수를 가족 내에서의 지위별로 살펴보면 어머니로서 작성한 비중이 가장 높다. 논의 대상인 사대부가 여성의 전체 편수에서 거의 절반을 차지하며, 대부분 혼인한 딸이나 공부나 과거, 벼슬살이 등을 위해 집을 떠난 아들에게 보낸 것들로, 자식에 대한 자애와 근심, 걱정이 구절마다 배어 있다. 아내와 딸, 며느리로서 작성된 것들이 제법 되지만, 이들을 모두 합쳐도 어머니로서 쓴 편수에는 미치지 못한다. 시어머니와 시할머니 또는 제수, 올케 등의 가족적 역할에서 작성된 편수는 10여 개 전후로 발견되며, 장모와 안사돈으로서 작성된 편수도 그 정도에 머문다.

2.2. 『계녀서』와 부덕, 여덕

우암의 『계녀서』는 말 그대로 우암 송시열이 지은 것으로 소개되어 있다. 우암(尤庵) 송시열(宋時烈, 1607~1689)은 일찍 어머니를 여읜 채 자란 맏딸이 혼인을 할 때 국문으로 작성하여 준 지침서 또는 훈계서가 바로 이 『계녀서』이다. "일속에서 자기의 이익만을 추구하려는 사람이 되지는 마라." 등 부녀자로서 가슴에 새기고 살아가야 할 도리를 20개 항목으로 정리한

---

8 질병 등으로 교류가 어려운 경우와 결혼을 갓 한 신부가 작성한 '안부 편지'는 제외된다.

것으로, 딸에 대한 아버지의 정이 곳곳에 묻어 있는 글로 소개된다.

현대적 가치관에서 보면 그 내용에서는 여성의 몰개성 또는 희생과 관련된 부정적인 부분이 다소 존재하지만, 우암의 『계녀서』와 관련된 논의의 대부분에서는 긍정적인 면들을 내세운다. 특히, 송시열의 사상과 관련된 논의에서는 더 그러한 면이 확인된다(김문준 2004; 이을환 1990; 윤태후 2017; 장재천 2018). 예를 들어 "그의 여성 교육론은 『계녀서』를 통해 직접 파악할 수 있지만 현대인들에게도 일부는 꼭 필요한 인간적인 성품 수양이나 언어생활, 행동 예절, 교양 생활 등으로 지극히 윤리·도덕적인 것이었다(장재천 2018: 286)." 등과 같은 긍정적인 평가가 내려진다.

이 글에서는 우암의 『계녀서』에 나타난 부녀자의 도리, 즉 "부덕, 여덕"에 대한 현대적인 가치를 판단하려는 것을 목적으로 삼지 않는다. 이 자료에 기술된 일부 항목을 중심으로 조선시대 한글 편지에 당시의 "부덕, 여덕"이 반영되어 있는지 분석하면서, "부덕, 여덕"이라는 가치관에 당시 여성들은 얼마나 함몰되어 있는지 그 일면을 살펴볼 것이다.

『계녀서』에 기술된 내용은 수신 생활(성품, 언어), 윤리 생활(사친, 사부, 사구고, 화형제, 화친위, 교자녀, 봉제사, 접빈객, 무노비), 가사 생활(절제, 근면, 구환, 복식, 대차, 매매) 등으로 총 20개 항목으로 나누어져 있다. 오늘날의 여성상과는 부정적인 면들이 다소 존재하지만, 당시의 여성으로서 꼭 갖추어야 할 아름다운 덕행을 바탕으로 마음가짐과 몸가짐을 바로 하여 가족을 잘 이끄는 것에 관한 올바른 도리를 간곡히 훈계한 것이 특색이다.

총 20개의 항목 중에서 가족 간의 사랑과 직접적으로 관련된 부분은 (1) 부모를 섬기는 도리, (2) 남편을 섬기는 도리, (3) 시부모를 섬기는 도리, (4) 형제가 화목하는 도리, (5) 친척이 화목하는 도리, (6) 자녀를 가르치는 도리 등의 6개의 항목이 해당된다.

(1) '부모를 섬기는 도리'에서는 '부모 은덕을 잊거나 질병을 근심치 않거나 형제 친척을 박대하거나 천한 행동을 하여 경멸받는 것' 등이 불효이며, '약간의 음식, 의복을 하여 드리고, 착한 체 말'라고 하였으며, (2) '남편을 섬기는 도리'에서는 '지아비 섬기는 뜻을 어기지 말며, 투기가 제일로 아니한 행동이며, 높은 손 대접하듯 하라.'라고, (3) '시부모를 섬기는 도리'에서는 '시부모 섬기기가 제 부모보다 더 극진히 섬기'는데, 특히, '내 부모가 집에서 보내는 것이 있거든, 봉한 대로 시부모 앞에 풀어드리고, 덜어서 나누어 주시거든 사양하지 말고 받아서 잘 간직해 두었다가, 다시 드리고 내가 쓸 데가 있거든 시부모께 다시 말씀드리고 쓰도록 하여라.'라고 그 구체적인 방법까지 서술된다. (4) '형제가 화목하는 도리'에서는 '분가한 후에도 형제자매가 물질 욕심을 내지 말고 오빠의 아내와 시가의 동생도 친동생같이 여기며 화목하게 지내라.'라고, (5) '친척이 화목하는 도리'에서는 '각별히 경계하여 그릇된 일을 보아도 참고, 그른 말을 들어도 참고, 부귀하거든 반갑게 생각하고, 질병에 조심하고, 혼사 장례와 제사에 힘 있는 대로 도와주라.'라고, (6) '자녀를 가르치는 도리'에서는 '어렸을 때부터 속이지 말고, 글 배울 때도 순서 없이 권하지 말고, 하루 세 번씩 권하여 읽히고, 잡(雜)된 장난을 못하게 하고, 보는 데서 드러눕지 말게 하고, 세수를 일찍 하게 하고, 친구와 언약하였다고 하거든 시행하여 남과 실언치 말게 하고, 그릇된 사람과 사귀지 못하게 하고, 일가 제사에 참여하게 하고, 온갖 행실은 옛사람의 일을 배우게 하라. 대개 남녀를 다부지게 하여 가르치고, 행여나 병이 날까 하여 놀게 하고, 편케 하는 것은 자식을 잘못 가르치는 것이다.'라고 하여 가족 사랑과 관련된 항목 중에서 가장 길게 적고 있다. 효도와 공경, 우애, 화목 등의 행동거지를 알려준 것으로, '자녀 교육'에 있어서는 현대인의 시각에서는 좀 지나치다고 평가할 수 있는 부분도 있지만 '과보호를 하

지 말라.'는 정도로 이해된다.

우암의 『계녀서』에서 가족 간의 사랑과 직접적으로 관련된 부분은 '부모를 섬기는 도리'에서 '자녀를 가르치는 도리'까지 여섯 가지이지만 '딸과 며느리'가 작성한 편지에서 주로 확인되는 것은 '부모 섬기기, 남편 섬기기, 시부모 섬기기'이다. 이들을 중심으로 분석한다.

3. 조선시대 한글 편지와 『계녀서』의 내용 비교

3.1. 부모 섬기기

사대부가 여성이 작성한 조선시대 한글 편지 중에서 '부모 섬기기'의 실태를 엿볼 수 있는 것은 친족 관계 중에서 '딸'로서 보낸 편지들이다. 전체 630편 중에서 딸이 작성한 편지는 66편이다. 그런데 다양한 시기와 가문의 편지에서 모두 발견되지 않으며, 17세기 전기의 『진주하씨묘 출토 언간』, 19세기 전기의 『의성김씨 학봉 김성일가 언간』, 19세기와 20세기 교체기의 『은진송씨 송병필가 언간』에서만 나타난다.

> 아ᄆᆞ것도 졍 알외ᄋᆞ올 것 업ᄉᆞ와 됴치 아닌 시 느즌 조반ᄒᆞᄋᆞᆸ고 약쥬 두 실과ᄒᆞᄋᆞᆸ고 대구 두 마리 조각 죠곰ᄒᆞᄋᆞᆸ고 보션 보내ᄋᆞᆸ노이다 졍이나 아ᄋᆞᆸ시소 술란 ᄉᆞ나희 ᄯᅩᆼ돌이나 머기ᄋᆞᆸ쇼셔 이저야 보내오니 ᄂᆞᆷ 웃ᄌᆞ올가 ᄯᅩᆼ 붓그럽ᄉᆞ와이다 먹 넉 장 가오니 ᄒᆞᆫ 쟝으란 어마님 ᄡᅳᄋᆞᆸ시고 두 쟝으란 두 아기시 주시고 ᄒᆞᆫ 쟈으란 대임이 글 스라 ᄒᆞ쇼셔 대임의내 세희게 안부ᄒᆞᄋᆞᆸ시고 새희예 글 잘ᄒᆞᆯ가 ᄇᆞ라노라 니ᄅᆞᄋᆞᆸ쇼셔 ᄂᆞᆷ은 저의만 몯ᄒᆞᆫ 거시 다 잘 ᄒᆞᆫ다니 브

더 힘써 니르라 ᄒᆞᆸ쇼셔〈진주하씨묘-044/곽씨-132,_17세기_전기(1624년),_
현풍곽씨(딸)→진주하씨(어머니)〉

[아무것도 정을 알릴 것이 없어서 좋지 않은, 때 늦은 조반하고 약주 두
병과 과실하고, 대구 두 마리, 조각 조금하고 버선을 보냅니다. 정이나 아십
시오. 술은 사내 종들이나 먹이십시오 (情 알릴 것들을) 이제야 보내니 남이
웃을까 종에게 부끄럽습니다. 먹 넉 장이 가니 한 장은 어머님께서 쓰시고 두
장은 두 아기씨에게 주고 한 장은 대임이에게 글을 쓰라 하십시오. 대임이와
동생들 셋에게 안부하시고 새해에 글 잘 하기를 바라노라고 이르십시오. 남은
저보다 못한 것이(=예전에는 다른 아이가 대임이 저보다 못했는데 지금은)
다 잘 한다고 하니 부디 힘써 (글) 읽으라 하십시오.]

이 편지는 새해 인사로 보낸 안부 편지이다. 부모 은덕을 잊지 않고 '늦
은 조반, 과일, 대구' 등을 보내고 있으며, '먹'을 형제와 친척에 골고루 나
누게 하여 박대하지 않으며, 동생들에게도 안부를 확인한다. 조선시대 부녀
자의 덕목을 올바르게 지켜지는 상황이 나타난다. 대부분의 안부 편지에서
는 친가에서 살고 있는 모든 가족들의 안부를 하나하나 열거하고 있는 특
징이 있다. 대상과 안부를 묻는 내용으로 짧게 지나가는 경우도 있으나 그
간의 일을 적으며 안부를 확인하는 경우도 있어서, 불효에 벗어나지 않는
이야기를 주로 담고 있다. 안부 편지임에도 소소한 정을 표하지 못하는 경
우에는 '이 사람이 갑자기 와서 아무것도 못 보내어 섭섭하옵니다. 동생들
에게도 다 안부해 주십시오〈진주하씨묘-046/곽씨-129〉', '모두에게 안부하십시
오 〈중략〉 아무것도 보낼 것이 없어서 자반 조금하고 생조기 한 뭇을 보냅
니다. 소소(小小)하거니와 셋은 새댁에게 보내고 둘은 안덕댁에 보내십시
오.'〈진주하씨묘-056/곽씨-154〉 등처럼 한 명씩 언급할 여유가 없으면, 통틀어

안부를 전하기도 하지만, 소소한 정의 분배까지도 적는다.

두 인이 일 듕식을 ᄒ고 아바님 경과 그덧ᄒ오심 ᄎ마ᄎ마 듭듭ᄒ오이다 식은 어마님 □환 고극ᄒᆞᆸ시고 ᄎ돌 무양ᄒ고 아ᄌᆞ바님 긔운 일양ᄒᆞᆸ시니 든든 아ᄌᆞ마님 순샨ᄒ엿ᄉ오나 소망의 ᄀᆞᆺ디 못ᄒ오니 졀통졀통ᄒᆞᆸ 아희들 무양ᄒᆞᄒ니 다ᄒᆡᆼ 오라바님 헌듸 완합지경 되니 다ᄒᆡᆼᄒᆞ오이다 셔산 아ᄌᆞ바님 복직ᄒᆞᆸ시니 든든 아바님과 ᄀᆞᆺ치 가 겨실 일 든든ᄒᆞᆸ 계남은 쳘우들 ᄒ엿ᄂᆞᆫ가 시부나 불샹 가련ᄒᆞᆫ 창연은 무양타 ᄒ오니 다ᄒᆡᆼᄒ오이다〈김성일가-101,_1832년,_의성김씨(둘째_딸)→김진화(아버지)〉

[두 사람이 한 사람의 점심을 드시고, [그러니] 아버님께서 지내시기가 그리 더하시니, 차마 답답하오이다. 저는, 어머님께서 병환으로 매우 괴로워하시고, 차돌이는 아무 병 없고, 아주버님께서도 기운이 한가지시니, 둘째 아주머님께서는 순산하셨으나, 바라던 것과 같지 못했으니 절통하옵. 아이들은 아무 병 없으니 다행[하고], 오라버님은 헌데가 거의 아물게 되었으니 다행하오이다. 서산(西山) 아주버님께서 복직(復職)하시니 든든[하옵]. 아버님과 같이 가서 계실 일, 든든하옵. 계남(溪南)은 우제(虞祭)를 다 마쳤는가 싶으나, 불쌍하고 가련한 창연이는 아무 병 없다고 하오니 다행이오이다.]

일긔 칩ᄉᆞ온듸 희소 도로 디단ᄒᆞ실 듯ᄒ 외오셔 쥬야 답답 밋칠 듯ᄒ□이다 자근아바님 졔졀 만강ᄒᆞᆸ□오며 각 딕 져졀 안녕ᄒᆞᆸ시잇가 동싱들 므탈ᄒ오며 츅녹기ᄂᆞᆫ 호인 졍ᄒ셔습ᄂᆞᆫ니잇가 두루 굼굼ᄒ오이다 민집 잘 잇ᄉᆞᆸ고 ᄯᅩ경이 남민 무탈ᄒ오며 민집은 므엇 낫ᄉᆞᆫᄂᆞᆫ잇가 굼굼ᄒᆞᆸᄂᆞ이다 진ᄉᆞ가 구월 십팔 부친 편□ 보니 든든ᄒ오나 화젹이 드러와더라 ᄒ오니 즉 놀나ᄉᆞ오리잇가 거긔는 슝년니 아니 드르ᄉᆞᆸ 여ᄂᆞᆫ 슝년이 드르셔 살 슈 업ᄉᆞᆯ 듯ᄒᆞ이다 여ᄂᆞᆫ

식은 어린것 다리 잘 잇ᄂᆞ이다 존고계셔 졔졀 안녕ᄒᆞ옵시니 복힝이오며 각
딕 졔졀 안녕ᄒᆞ옵시니 복힝이오며 셔울셔 존구계셔 법부디신 셔을 ᄒᆞ옵셔 날
마당 사진으로 ᄶᅦ치옵시나 보이다 김 참봉은 구월 초이일 와셔 존고 싱신 지
니고 념칠 가ᄉᆞᆸᄂᆞ이다〈송병필가-41,_1901년,_은진송씨(첫째_딸)→전주이씨(어
머니)〉

[날씨가 추운데 기침이 매우 심하실 듯하여 멀리서나마 밤낮으로 답답하여
미칠 듯합니다. 작은아버님 집안도 건강하시며 각댁 온 집안이 안녕하십니까?
동생들도 무탈하며 축녹이는 혼인 정했습니까? 두루 궁금합니다. 민집도 잘
있고 또 경이 남매도 무탈합니까? 민집은 무엇을 낳았습니까? 궁금합니다. 진
사가 구월 십팔 일에 부친 편지 보고 든든하나 화적이 들어왔더라 하니 오죽
놀랐었겠습니까? 거기는 흉년이 안 들었습니까? 여기는 흉년이 들어서 살 수
없을 듯합니다. 여기는 어린것들이 잘 있습니다. 시어머니께서도 두루 안녕하
시니 다행이고 각댁 온 집안이 안녕하시니 다행이며 서울서도 시아버지께서
법부대신 서리를 하시어 날마다 출근하시느라 고생하시나 봅니다. 김 참봉은
구월 초이일에 와서 시어머니 생신 지내고 이십칠 일에 갔습니다.]

전자는『의성김씨 학봉 김성일가 언간』, 후자는『은진송씨 송병필가 언
간』에 나타난 용례이다. '부모의 은덕을 잊거나 질병을 근심치 않거나 형제
친척을 박대하거나 천한 행동을 하여 경멸받는 것 등의 불효'를 불러일으
키지 않고 있다. 부모에게 감사하고, 편찮은 곳이 없이 잘 지내는지, 형제
친척들이 어떻게 지내는지, 이쪽의 근황이 어떠하다 등의 내용으로서 부모
의 근심과 걱정이 없도록 하는 내용으로 구성되어 있음을 볼 수 있다.

3.2. 남편 섬기기

『진주하씨묘 출토 언간』의 여성이 발신자인 편지에서 남편에 대한 언급이 거의 없다. 사연 속에 간간이 등장할 뿐이며, 남편의 구체적 행동이나 남편과 사람들 사이에서 벌어지는 일 등에 대한 사연은 찾아보기 어렵다. 그러나 '지아비 섬기는 뜻을 어기지 말며, 투기가 제일로 아니한 행동이며, 높은 손 대접하듯 하는' 것으로 생각해 볼 수 있는 부분이 없는 것은 아니다.

밧긔셔는 그믐날 느믜 쇼상의 가 겨시다가 듕히 편치 아녀 일졀 음식을 몯 자시고 밤나줄 몰라 머리를 하 알흐니 민망흐여이다 병 난 저기 업스니 근심 노흔 저기 업고 미일 내 수이 주그로다 흐니 민망흐여이다 누운 치로 이셔 하 알흐니 민망홈 ㄱ업서이다〈진주하씨묘-084/곽씨-125,_17세기_전기,_현풍곽씨(딸)→진주하씨(어머니)〉

[바깥사람(=남편)은 그믐날 남의 소상에 가 머물다가 (병이 나서) 중히 편치 않아 일절 음식을 못 드시고 밤낮을 모르도록 머리를 매우 앓으니 민망합니다. (남편이 평소에는) 병 난 적이 없는데 (이렇게 앓으니) 근심 놓인 적이 없고, 매일 말하기를 "내가 곧 죽을 것 같다"라고 하니 민망합니다. 누운 채로 매우 앓으니 민망함이 가없습니다.]

밧긔셔는 일즉을 ᄯᅥ나지 몯흐고 밤줌 몯 자니 샹흐여 음식도 아니 자시고 조차 병드러 민망흐여 이 유뮈나 흐올 거술 에엿스와 몯흐오니 흐운흐여 흐시노이다 약과 잡스오실 이론 우리 둘히 맛다 흐오이다〈진주하씨묘-116/곽씨-159,_17세기_전기,_현풍곽씨(딸)→진주하씨(어머니)〉

[남편은 잠시도 (아버님 곁을) 떠나지 못하고 밤잠도 못 자니 여위어 음식

도 아니 잡수시고 뒤따라 병들어 민망합니다. 이 편지나 전할 것이나 불쌍히 여겨 못하니 서운해 하십니다. 약과 음식 수발할 일은 우리 둘이 맡아 하옵니다.]

골안 어마님겨셔도 두 ᄯᆞ님 가고 업서 응낭이ᄂᆞᆫ 나올 제 두고 나고 밧ᄭᅴ셔 오명가명 ᄒᆞ더니 아바님겨셔도 젼ᄀᆞᆺ치 오월우터 편치 아니아ᄋᆞᆸ셔 골안 드러가 밤낫 뫼ᄋᆞ와 약도 친히 달혀 잡ᄉᆞ오며 민망ᄒᆞᄋᆞᆸ더니〈진주하씨묘-129/곽씨-142,_17세기_전기,_현풍곽씨(딸)→진주하씨(어머니)〉

[골안의 어머님께서도 두 딸이 가고 없어 응낭이는 나올 때 두고 나오고, 남편이 (골안에) 오며 가며 하더니 아버님께서도 전같이(=전과 같은 증세로) 오월부터 편치 아니하셔서 (남편이) 골 안에 들어가 밤낮 모시고 약도 친히 달여 잡수어 민망하더니]

이들은 남편의 그간 행동이 간략히 소개된다. 그러나 이 안에서 '지아비 섬기는 뜻을 어기지 않고 높은 손 대접하듯 하고' 있음을 어느 정도 짐작할 수 있다. 이외에 남편에 대한 언급은 다음과 같이 다른 사연 속에 잠깐 나타난다.

우리ᄂᆞᆫ ᄋᆡᆨ 업ᄉᆞ온 저기 업ᄉᆞ와 밧ᄭᅴ셔 ᄐᆞᆯᄋᆡᆨ 듕ᄒᆞ와 동섯ᄯᆞᆯ로 ᄂᆞ리 주거 ᄯᅩ ᄌᆞ식 주그로다 ᄒᆞ니 다ᄆᆞᆫ 두 ᄌᆞ식을사 ᄯᅩ 주글라라 ᄒᆞ오니 민망ᄒᆞ여이다 엇더홀고 귀추니ᄃᆞ려 ᄌᆞ시 무러 긔별 ᄌᆞ시 ᄒᆞᄋᆞᆸ쇼셔〈진주하씨묘-047/곽씨-146,_17세기_전기,_현풍곽씨(딸)→진주하씨(어머니)〉

[우리는 액(厄)이 없는 때가 없어서 바깥양반의 탈(頉)과 액이 겹쳐져 동지 섣달에 (식구들이) 내리 죽었는데, 또 자식이 죽을 것이라고 하니 다만 두 자

식뿐인데 또 죽을 것 같아 민망합니다. 어떻게 할꼬(=어떻게 해야 두 자식을 살릴 수 있을지). (편지 심부름을 보낸) 귀추니더러 (저의 사정을) 자세히 물어 기별을 자세히 하옵소서.]

밧끠셔도 귀히 너겨 대 긔별ᄒ니 일가의셔 글 셔 ᄀᆞᆺ치 도려 가며 보노이다 〈진주하씨묘-099/곽씨-136,_17세기_전기,_현풍곽씨(딸)→진주하씨(어머니)〉

[남편도 (대임이의 편지를) 귀히 여겨서 크게 기뻐하며 기별을 하니, 일가에서 대임이가 글을 썼다고 같이 돌려가며 봅니다.]

밧끠셔도 동ᄂᆡ 가시고 업고 수이 통치 몯ᄒᆞ오니 긔별 수이 모ᄅᆞᄋᆞ와 민망ᄒᆞ오이다〈진주하씨묘-155/곽씨-126,_17세기_전기(1620년),_현풍곽씨(딸)→진주하씨(어머니)〉

[남편도 동래에 가시고 없고 빨리 연락하지 못하오니 기별을 빨리 몰라 민망하옵니다.]

『계녀서』에 나타난 '남편 섬기기'에서 제일로 벗어난 한글 편지를 찾으라면, 『순천김씨묘 출토 언간』의 '신천강씨'일 것이다. '신천강씨'는 어머니로서 딸인 '순천김씨'에게 보낸 편지에서 '지아비 섬기는 뜻을 어기고, 투기를 제일로 앞선 행동으로 하고 있으며, 높은 손으로 대접하듯이 하지 않고' 있다. 특히, 딸인 순천김씨에게 보낸 여러 한글 편지에서 남편이 나이 들어 종육품 외직 벼슬인 '찰방'에 나가서 '시앗/첩'을 들이자 갈등이 시작되었는데 이에 대한 자신의 감정을 딸에게 자세히 표현한다. 자신의 아들뿐만 아니라, 일가친척들도 '투기' 또는 '시샘'이라 수군거리는 것을 알고 있음에도 딸에게 자신이 반대하는 이유로, 자식에게 옷 하나라도 더 해줄 수 있다는 경제적인 문제 등 자신이 생각하는 바를 자세히 쓰고 있다.

내 간고ᄒ던 일도 혜ᄃᆞ니먀 유공ᄒ 줄도 혜ᄃᆞ니ᄒ다 ᄌᆞ시기 다 모ᄅᆞ거든 ᄆᆞᄉ미 다ᄅᆞ거니 알랴 샹시 날 ᄃᆞ려 ᄒ던 이리 제 긔신 업서 나ᄅᆞᆯ 의지코 사노라 그리토더라 그리 사라도 모ᄅᆞ도더라 궁ᄒᆞᆫ 이리사 본디 싱각디 아니고 졍승 셰가 니로덧라 찰방이 그더도록 귀코 빋슨 일가 므스 일이 벼슬 쳥히여 곰 내 혜쁘던고 ᄌᆞ시갸 셰셰 갈ᄋᆞ며 몯 살게 되거다〈순천김씨묘-004,_1550~1592년,_신천강씨(어머니)→순천김씨(딸)〉

[나는 간고하던 일도 생각하지 않으며 유공한 것도 생각하지 않는다. 자식이 다 모르면 마음이 다른데 알겠느냐? 평상시에 나를 데리고 하던 일이 "자기 기신 없어 나를 의지하고 산다." 그리 말하더구나. 그렇게 살아도 모르더구나. 궁한 일이야 본디 생각하지 않고 정승 세가 일어났더구나. 찰방이 그토록 귀하고 값이 나가는 일이냐? 무슨 일이 벼슬 청하고는 내내 헤매어 떠돌았는가? 자식이야 세세히 갈라져서 못 살게 되었다.]

지브로 이시니 어니 죵이 내 ᄆᆞᄉᆷ 바다 이룰 히여 주리 심열 이셔 이런 셰원된 거슬 보면 ᄆᆞᄉ미 어슬히여 몯ᄒ니 너희ᄂᆞᆫ 나ᄂᆞᆯ 사ᄅᆞᆫᄂᆞᆫ가 너겨도 이싱애 얼굴만 인노라 자내도 겨지ᄇᆞᆯ 업시 인노라 ᄒᆞ여 역졍ᄒ고 격히 되니 눕ᄀᆞ티 사니 의논도 몯ᄒ노라 내 말이ᄂᆞᆫ 주리 업건마ᄂᆞᆫ 병ᄃᆞ니코 겨지ᄇᆞᆯ 업시 인노라 날 향히여 스스로 노ᄂᆞᆯ 내니 츌히 쳐비 이셔야 자내 ᄆᆞᄉ미나 편ᄒ리언마는 노히여 ᄒᆞᄂᆞᆫ가 내 ᄆᆞᄉ미 더 편티 몯ᄒ니 겨지비란 거시 오래 사롬만 사오나온 이리 업세라 올 ᄀᆞ슬ᄒᆞᆫ 더옥 ᄆᆞᄉ미 일히예라 하 밧비 ᄃᆞᆫᄂᆞᄀᆞ니 아모 것도 몯 보내니 광어 ᄒᆞ나 민 셔방집〈순천김씨묘-029,_1550~1592년,_신천강씨(어머니)→순천김씨_및_그_여동생(딸들)〉

[집에 있으니 어느 종이 내 마음 받들어 일을 하여 주겠느냐? 심열 있어 이런 세원된 것을 보면 마음이 어찔하여 못하니 너희는 나를 살아 있는가 여겨도 이승에 몸만 있다. 당신도 첩 없이 있다 하여 역정을 내고 떨어져 있으니 남처럼 살아 의논도 못한다. 내 말리는 까닭이 없건마는 병들었는데 하고 계집 없이 있다 하여 날 향하여 사사롭게 화를 내니 차라리 첩이 있어야 당신 마음이나 편하겠지마는 화를 내는가 하여 내 마음이 더 편치 못하니 여자란 것이 오래 사는 것만큼 사나운 일이 없구나. 올 가을은 더욱 마음이 잃게 되는구나. 아주 바삐 지나가므로 아무 것도 보내지 못하니 광어 하나 민서방 집]

너ᄒᆡ 하 궁ᄒᆡ여 ᄒᆞ니 ᄒᆞᆫ 솝것 나치나 ᄒᆞ쟈 ᄒᆞ니 아ᄆᆞ려도 몯ᄒᆡ여 보내로다 이번도 네 오라ᄇᆡ 겹것도 인ᄂᆞᆫ 것도 아니 보내니 겹듕치막 바디 고도 혼니블 ᄒᆡ여 주어 보내니 학개 것도 ᄒᆞᆫ ᄇᆞ롤 벗겨셔 안집둘ᄒᆞ고 뵈ᄃᆡᆨ녕도 다 허더니 커니와 주고 겨으릐도 오니 치워 등 슬혀 계오 왓거ᄂᆞᆯ 아바님 겹젹삼 ᄇᆞᆺ라셔 져구리롤 ᄒᆡ여 주어 사라 나고 어머다 털링 어더지라 호ᄃᆡ 업거니와 제 안해 과심ᄒᆡ여 아니 주노라 옷 ᄒᆡ여 준 말 드론 양 마고 잇 아모 일도 ᄆᆞᅀᆞᄆᆡ ᄌᆞ시기 업다 건넌내 형도 ᄇᆡᆫ 하 ᄡᅳ고 가니 그롤 가ᄑᆞ니 몯 사래라 ᄒᆞ고 싱워니 아바님ᄃᆞ려 ᄆᆡ듀긔 일도 ᄡᆞ기 이 손도 그이고 아바니미 이제 ᄃᆞ렷던 녀ᄂᆞᆫ ᄉᆞ랑코 그 쳐비라 어든 거ᄉᆞᆫ ᄉᆞ랑을 아니ᄒᆞ고 그거시 망녕되고 어린 녀이니오 이ᄂᆞᆫ 간사코 괴란코 ᄌᆞ시긔 마리나 죵의 마리나 죄 할오 오로 그 녀ᄂᆡ게 드리와다 자내 거술 맛디고 ᄉᆞ랑ᄒᆞ니 이롤 어ᄂᆡ롤 두어사 ᄒᆞ럴고 식베라 아마도 내 오래 몯 살 거시니 쇽져ᄅᆞᆫ 업다 내 셜운 ᄠᅳ든 ᄉᆞ나ᄒᆡ ᄌᆞ식 모ᄅᆞ고 하 ᄆᆡ양 용시미 나니 사ᄃᆞᆫ 몯ᄒᆞ로다〈순천김씨묘-031,_1550~1592년,_신천강씨(어머니)→순천김씨(딸)〉

[너회 몹시 궁하여 하니 한 속옷 낱이나 하자 하니 아무래도 못하여 보내
겠구나. 이번도 네 오라비의 겹옷 있는 것도 보내지 못하니 겹중 치막 바지
고도 홑이불 하여 주어 보내니 학개 것도 한 겹을 벗겨서 안접들과 베직령도
다 헐었는데 그렇거니와 주고 겨울에도 오니 추워 등이 시려 겨우 왔거늘 아
버님 겹적삼 빨아서 저고리를 하여 주고 살아나고 □□ 다 철릭 얻고 싶다
하되 없거니와 제 아내 괘씸하여 아니 준다. 옷 하여 준 말 들은 체하지 말고
이런 어떤 일도 마음에 자식이 없다. 건너네 형도 빚 많이 쓰고 가므로 그것
을 갚으니 못 살겠다고 하고 생원이 아버님에게 매죽이의 일도 딱히 이 손도
숨기고 아버님이 이제 데리고 있던 년은 생각하고 그 첩이라 어든 것은 생각
을 아니하고 그것이 망령되고 어리석은 여인이고 이는 간사하고 꾀 많고 자
식의 말이나 종의 말이나 모두 헐뜯고 오로지 그년에게 붙어서 당신 것을 맡
기고 생각하니 이것을 누구를 두어야 하리 할까 싶구나. 아마도 나는 오래 살
지 못할 것이니 속절은 없다. 내 서러운 뜻은 남편과 자식이 모르고 늘 몹시
용심이 나니 살지는 못하겠구나.]

각 사연에 담긴 내용은 차례대로, 남편이 '찰방' 벼슬에 나가는 것에 마
뜩잖은 심사를, '첩/시앗'에 대해 말리는 까닭이 없지는 않지만 말하지 않겠
다는 의사를, 마지막은 이에 대한 복잡한 심사를 구체적으로 표현하였다.
그런데 『순천김씨묘 출토 언간』은 16세기 중후기에 작성된 것이고, 우암
의 『계교서』는 17세기 중기에 작성된 것이다. 그런데 주지하듯이 16세기와
17세기에는 여성의 사회적 지위에 큰 변화가 나타난다. 16,7세기 교체기를
기준으로 조선 전기와 조선 후기로 구분했을 때는 조선 전기에는 사회적
관례에 따라 여성이 자신의 재산을 가지는 등 사회적 지위가 비교적 남성
과 동일하였다면, 조선 후기에는 가부장제의 강화 등으로 여성의 사회적 지

위는 낮아진다. 그 대표적인 예로, 조선 전기에는 처가살이의 일종인 '서류부가혼(婿留婦家婚)'을 쉽게 찾아볼 수 있었다면 조선 후기에는 시가살이를 기본으로 하는 '친영제'가 굳건한 자리를 잡게 된다. 전자에서 여성은 딸로서 계속 살아간 것이라면, 후자에서는 딸에서 며느리로 바뀌는 변화가 확실하게 나타난 것이다. 『순천김씨묘 출토 언간』에서는 조선 전기라는 시대적, 사회적 배경 속에서 '신천강씨'의 심사가 딸에게 전달될 수 있었던 것으로 보인다.

언어적 표현에서도 시대적 차이에 따른 남녀의 사회적 지위가 확인된다. 〈이응태묘 출토 언간〉은 조선 전기에 작성된 것으로, 아내가 남편에게 상대 높임법 종결 어미를 사용하는 경우에 중간 등급의 'ᄒᆞ소체'와 높임 등급의 'ᄒᆞ쇼셔체'가 고르게 나타난다. 그러나 17세기 전기의 『진주하씨묘 출토 언간』에서는 'ᄒᆞ쇼셔체'가 대부분이고, 'ᄒᆞ소체'는 비주류로 사용된다. 조선 후기의 한글 편지에서 아내가 남편에게 높임 등급의 'ᄒᆞ쇼셔체'를 주류로 사용하는 양상이 확인되는데, 『진주하씨묘 출토 언간』에서는 그러한 흐름에 포함된 것이다. 그러나 〈이응태묘 출토 언간〉에서는 그러한 양상과 차별성을 가진다. 『순천김씨묘 출토 언간』에서 아내가 남편에게 보낸 편지가 존재한다면 더 확실할 것이지만, 그러한 경우는 하나도 발견되지 않는다. 더구나 널리 알려진 조선시대 한글 편지 중에서 조선 전기의 것 중에서 아내가 남편에게 보낸 편지로는 〈이응태묘 출토 언간〉이 유일하다.

그러므로 『계녀서』에 나타난 '남편 섬기기'는 조선 전기의 사회적 분위기라기보다는 조선 후기에 널리 강조된 '부덕', '여덕'을 그대로 포함한 것이다.

3.3. 시부모 섬기기

'며느리, 조카며느리, 외손부' 등이 보낸 편지가 대상 편지 중에서 총 56편이 해당되는데, 각 가문의 편지에 고르게 분포하지 않으며, 몇몇 가문의 편지에서만 확인된다. 시기적으로 앞선 것은 『고려박씨가 『선세언적』 언간』과 『은진송씨 동춘당 송준길가 언간』이다.

문안 알외옵고 일긔 가지록 극열ᄒᆞ오니 요ᄉᆞ이는 평티 못ᄒᆞ오신 긔휘 엇더ᄒᆞ오시니잇가 일졀 문안도 모ᄅᆞ오니 답답 복모 일시도 부리옵디 못ᄒᆞ와 디내오며 피졉을 나 겨ᄋᆞ오셔 긔휘 엇더ᄒᆞ오시니잇가 문안이나 아옵고 ᄇᆞ라옵ᄂᆞᆫ이다 뎌젹 아현으로셔 사ᄅᆞᆷ 가옵거ᄂᆞᆯ 샹셔 알외와ᄉᆞᆸ더니 감ᄒᆞ오신가 ᄒᆞ옵ᄂᆞᆫ이다 식도 창동의 졔ᄉᆞ 디내오려 드러와ᄉᆞ와 호동 형님도 와 겨오시고 더되 못ᄌᆞ 든든ᄒᆞ오나 졔ᄉᆞᄅᆞᆯ 디내오니 새로이 슬프온 듕 한마님 긔휘 지금 차복디 못ᄒᆞ오시니 민망 졀박ᄒᆞ오믈 어이 다 알외오리잇가 알올 말ᄉᆞᆷ 감ᄒᆞ오심 졋ᄉᆞ와 이만 알외오며 극열의 내내 긔후 안녕ᄒᆞ오심 ᄇᆞ라옵ᄂᆞᆫ이다 갑신 칠월 초삼일 식 샹셔〈선세언적-13,_1704년,_안동권씨(며느리)→박성한(시아버지)〉

[문안 아뢰고 일기가 갈수록 극열하오니 요사이는 평안하지 못하오신 기후가 어떠하십니까? 일절 문안도 모르니 답답하고 복모 일시도 버리지 못하고 지내오며 피접을 나가 계시오니 기후가 어떠하십니까? 문안이나 알고자 바랍니다. 지난번 아형으로 사람 갔을 때 상서 아뢰었는데 살펴보신가 합니다. 며느리도 창동에 제사 지내려 들어왔습니다. 호동 형님도 와 계시고 모두 [못즈] 든든하오나 제사를 지내니 슬픈 가운데 할머님 기후가 지금 회복되지 못하였으니 민망하고 절박함을 어이 다 아뢰겠습니까. 아뢰올 말씀 살펴보심이

두려워 이만 아뢰오며 극열 내내 기후 안녕하시기를 바랍니다. 1704년 7월 3일 며느리 상서.]

'며느리'가 보낸 편지에는 공통점이 있다. 18세기 이후에 작성된 편지에서만 발신자가 '며느리'인 편지가 나타나고 있는데, 편지의 시작이 '문안 알외(옵)고'이다. '며느리, 조카며느리, 외손부' 등에 관계없이 모두 이러한 투시적 표현으로 문안 편지가 시작된다. 앞에 제시된 편지에서도 그 형식은 크게 변하지 않는다. 사연에 따라 내용이 조금씩 달라지기는 하지만, 편지의 맺음말 부분에서도 비슷한 형식을 유지하면 끝나기도 한다.

'시부모 섬기기가 제 부모보다 더 극진히 섬기'라고 하였는데, 며느리가 보낸 편지에서는 아직까지 제 부모처럼 섬기기가 어려웠던 것일까? 그런데 18세기 이후에 딸이 보낸 편지에서도 앞에 보이는 투시적 표현이 보편적으로 사용되고 있는 것을 보면 단순히 형식만으로 비교하기는 어려울 듯하다. 왜냐하면 짧게 작성한 편지에서는 당연히 쓸 수 있는 분량이 없기 때문이다. 비슷한 길이의 편지를 살펴보면 내용 면에서도 큰 차이가 나지 않는다.

문안 알외옵고 극념의 연ᄒ오셔 긔후 안녕ᄒ옵신 문안 달이 넘도록 못 듯ᄌ와 하졍의 복모 부리올 길 업ᄉ올 ᄎ 갑동 모 간다 ᄒ옵기 샹셔 알외옵나이다 아ᄌ바님겨셔도 안녕ᄒ옵시고 싀딕 평ᄒ오며 아가 놈 츙실ᄒ오며 지롱 비샹ᄒ올 듯 ᄎ마 보고 십ᄉ오나이다 금ᄂ긔집 삼 모녀도 평안ᄒ오니잇가 두로 동동 부리올 길 업ᄉ나이다 타국 겨신 셔방님 소식 ᄌ로 못 듯ᄌ오시니 심녀 어나만 ᄒ옵시리잇가 근힝ᄒ 형은 언졔즘 오려 ᄒ오며 소식 드르셔ᄉ나잇가 예는 아모 년고는 업ᄉ오나 사랑의셔 싹근 손의게 늑삭을 당ᄒ오니 윗ᄌ 셰상이 그려온지 훈심ᄒ온 중 어마님겨옵셔 이런 물솜을 드르시면 심녀 되오실

일 죄송죄송 뵈옵는 듯ㅎ옵나이다 왈범은 더우의 다려 그러온지 모냥 지친 골 볼 슈 업스오니 익식ㅎ오이다 상쥬 덕의셔도 일녕들 ㅎ시옵나이다 초호 문안은 듯ᄌ오니 소딕 졔졀도 일녕들 ㅎ옵시고 형도 아희들 달이고 평안ㅎ온 듯ㅎ옵나이다 초호로 나라 니보너신 명주는 긔골딕 ᄋ희들이 두역의 홍녁 시기려 아모 졍신 업다 ㅎ오나 바데 못 구ㅎ여 걱졍이옵더니 바데 즁사가 초호 왓다 ㅎ옵기 아지미게 말ㅎ여 열엿 시 스 쥬어스오나 언졔 홀넌지 모로게습나이다 알외올 말슴 이만 알외오며 내내 긔톄후 만안ㅎ옵심 문안 듯줍기 ᄇ라옵나이다 긔유 육월 이십 술이 ᄌ부 술이〈송병필가-82,_1909년,_광산김씨(며느리)→전주이씨(시어머니)〉

[문안 아뢰옵고 극염에 연하여 기후 안녕하신 문안 달이 넘도록 듣지 못하여 하정에 복모 부리올 길 없을 차에 갑종의 모가 간다 하기에 상서 아뢰옵나이다. 아주버님께옵서도 안녕하오시고 새댁 평안하오며 아가 놈 충실하오며 재롱이 비상하올 듯 정말 보고 싶습니다. 금리집 삼 모녀도 평안하옵니까? 두루 동동(憧憧)함 부리올 길 업습니다. 타국에 계신 서방님 소식을 자주 못 들으시니 심려가 얼마나 크시옵니까? 근행한 형은 언제쯤 오려 하오며 소식은 들으셨습니까? 여기는 아무 연고는 없으나 사랑에서 머리를 깎는 손에게 늑삭(勒削)을 당하오니 어떤 세상이 그러한지 한심한 중 어머님께옵서 이런 말씀을 들으시면 심려가 되실 일 죄송 죄송하고 (좋지 않은) 모양 뵙는 듯하옵나이다. 왈범은 더위에 다쳐 그러한지 모양이 지친 꼴 볼 수 없사오니 애석하오이다. 상주댁에서도 일영들 하옵나이다. 초호의 문안은 들으나 소댁 제절도 일안들 하시고 형도 아이들 데리고 평안한 듯하옵나이다. 초호로 내려 보내신 명주는 긔골댁 아이들 두 녘(쪽) 홍역 시키려 아무 정신이 없다 하오나 [바데] 못 구하여 걱정을 하더니 [바데] 장사가 초호에 왔다 하기에 아주머니에게 말하여 열엿 새를 사 주었사오나 언제 할지 모르겠습니다. 아뢰올 말씀 이만 아

뢰오며 내내 기체후 만안하신 문안 듣기 바라옵나이다. 1909년 6월 20일 자부 사리]

논의 대상인 조선시대 한글 편지에서는 '며느리'로서 보낸 16,7세기 편지는 확인되지 않는다. 그러나 18,9세기의 며느리 편지에서 보이는 형식과 내용이 같은 시기에 작성된 딸로서 보낸 편지에서도 비슷하게 경향으로 나타나고 있음이 확인된다. 친족 관계에서는 출가한 부녀자는 친가에는 딸이지만, 시가에서는 며느리라는 두 가지 지위를 갖게 되기 때문인데, 문안 편지를 작성하는 방법을 친가에서 어릴 때부터 배워왔기 때문에 내용을 기술하는 방식이 달리 적용되었다고 하기는 어려울 것이다. 단지, 딸로서 보낸 편지가 내용 면에서 덜 격식적이고, 며느리로서 보낸 편지가 표현이나 내용면에서 격식적인 차이가 존재하는 것은 확실하다. 딸로서 보낸 편지에, 어떤 물품을 구해 달라고 부탁할 때의 표현이 직설적이고 단언적이라면, 며느리로서 물품을 구해 달라고 할 때에는 정중하면서도 그 이유 등을 차분히 서술하는 등의 차이가 보이기 때문이다.

4. 마무리

조선시대 한글 편지에 나타난 여성은 조선시대의 정치적, 윤리적 규범인 유학, 즉 성리학의 영향에서 벗어난 삶을 살기 어려웠다. 그러한 삶을 살아가는 것을 '부덕(婦德)', '여덕(女德)'이라하여 부녀자의 도리로 정당화하였다.

우암의 송시열의 『계녀서』는 장녀가 혼인할 때, 지침서 또는 훈계서로서 『계녀서』를 주었다. 부녀자로서 살아가야 할 도리를 20개 항목으로 정리한 것이다. 당대의 사회적으로 용인되었던, 긍정적으로 받아들이던 '부덕(婦德)', '여덕(女德)'이 잘 나타난다. 이 20개의 항목 중에서 가족 간의 사랑과 직접적으로 관련된 부분은 (1) 부모를 섬기는 도리, (2) 남편을 섬기는 도리, (3) 시부모를 섬기는 도리, (4) 형제가 화목하는 도리, (5) 친척이 화목하는 도리, (6) 자녀를 가르치는 도리 등의 6개의 항목이다.

조선시대 한글 편지 중에서 사대부가 여성이 발신자인 것은 630건이다. 이중에서 어머니가 285건으로 제일 많고, 그다음이 아내 98건, 딸 66건, 며느리 56건의 순서로 가족 역할에 따른 건수가 확인된다. 여기서는『계녀서』의 순서에 따라서 '부모, 남편, 시부모'에 해당하는 사연만을 분석하였다.

조선시대 한글 편지에서는『계녀서』에 나타난 '부덕(婦德)', '여덕(女德)'이 잘 나타나 있지만, 그 표현에서는 상이한 점을 확인하였다. 예를 들어, 딸로서 보낸 편지에, 어떤 물품을 구해 달라고 부탁할 때의 표현이 직설적이고 단언적이라면, 며느리로서 물품을 구해 달라고 할 때에는 정중하면서도 그 이유 등을 차분히 서술하는 등의 차이가 나타난다. 딸과 며느리로서 보낸 한글 편지의 차이는 내용 표현에서도 확인되지만, 편지의 '투시적 표현'에서 명확하게 드러낸다. 우리는 이미 앞 장에서 살펴본 바가 있다.

6장

할머니로서의 이야기

밑에서는 과거들도 보고 하는데
이제 네 나이가 적으냐

(한글 편지를 통해 본 할머니의 내리사랑)

1. 머리말

이 글은 조선시대 한글 편지에서 할머니로서 보낸 편지 내용을 중심으로 오늘날의 가족에서의 할머니의 역할과 대비하여 살펴보고자 한다. 근대 사회에 들어와 가족의 구조가 점차 핵가족으로 바뀌면서 할머니, 할아버지의 영향력이 적어지는 경향을 보였지만, 맞벌이 부부가 늘어가는 현대 사회에서는 다시 조부모의 영향이 가족에 미치는 영향력이 적지 않다. 특히, 맞벌이의 어머니를 대신한 할머니는 그 역할이 영유아나 아동을 돌보는 것에 머물지 않고, 정서적, 교육적 영향을 끼치게 된다.

직계나 방계의 친족으로 이루어진 대가족은 우리의 전통 사회에서 일반적으로 볼 수 있는 가족 형태이며, 조선시대의 사대부가에서도 대가족 제도가 보편적이었다. 삼대 이상이 한 집안에서 사는 것이 일반적이었으며, 아이들이 태어나서 일정한 나이가 될 때까지는 안채에서 생활을 하였기 때문에, 할머니는 어머니를 대신하여 손주들의 양육뿐만 아니라 교육 등에도 많은 부분을 담당한 것으로 알려져 있다. 할머니가 손주에게 정서적, 교육적 영향은 조선시대에서 널리 이루어졌으며, 오늘날에도 핵가족 제도에서도 할머니의 손주에 대한 영향력은 점차 커져 가고 있다. 물론 오늘날에는 다시 대가족 제도로 회구한 것이 아니라, 사회적 인식이 변화하여 맞벌이 부부의 확대로 말미암은 할머니의 대체 양육이라는 것에 차이점을 보인다. 즉 할머니가 손주에 끼치는 정서적, 교육적 영향 부분은 공통적이지만 가족 제도는 전혀 동일하지 않다.

현대에서 할머니가 손주를 대체 양육하면서 발생하는 정서적, 교육적 영향 관계 등에 대해서 많은 연구가 이루어진다. 김원경·전제아(2010)에서는 1991년부터 2010년까지 국내 학술지에 게제된 조부모와 손주가 관련된 논문의 연구 동향을 분석하였는데, 1991년부터 2000년까지는 5편, 2001년부터 2010년까지 80건으로 조부모와 손주가 관련된 논문은 후기로 올수록 더 활발해진다. 조부모와 손주가 관련된 연구에서 다루어진 분야로는 전반적으로 조부모 관련 연구가 많으며, 특히 할머니가 관련된 연구에 대부분 편중되고, 그 중에서도 손주의 양육과 관련된 문제를 큰 비중으로 다룬다(김원경·전제아 2010:653)고 분석한다. 남현우·김용미(2019)에서 2008년에서 2018년까지의 232편을 대상으로 연구 동향을 분석하였는데, 연구 주제에서는 건강 관련 영역, 약육 관련 영역 순으로 높은 빈도를 보이고 있어, 손주의 양육과 관련된 비중이 적지 않음을 알 수 있다. 2016년 이후의 간행된 관련 학위논문은 16편인데, 할머니와 관련된 연구에서 할머니를 연구 대상으로 삼은 논의는 김지영(2017) 등 소수에 불과하고, 대부분은 김주련(2020), 이은희(2020), 고은경(2020)와 같이 손주 등의 육아와 관련된 연구들이다.

오늘날의 할머니와 손주의 관련 논의는 우리의 주위에서 발생한 현상이므로 접근이 매우 용이하여 그 편수가 많은 것으로 보이지만, 조선시대의 할머니와 손주가 관련된 논의는 매우 찾기 어렵다. 조선시대의 아동 양육과 방법에 관련된 대부분의 연구는 아동을 대상으로 쓰인 문헌 자료의 내용을 분석하고 있으며, 할머니와 손주와 관련된 소수의 논의마저도 할머니와 손주의 관계 분석을 핵심적인 논의 주제로 삼지는 않는다. 풍속화에 나타난 할머니의 육아 교육(이정미 2000), 할머니의 행장에 나타난 자녀와 손주의 교육(윤경희 2012; 조혜란 2017), 전통 사회에 조부모에게 맡겨진 격대 교육에 대한 설명(김미영 2010), 한글 편지에 나타난 가족 간의 삶의 모습에 나타난 할머니의 손자에 대한 엄격한 교육 당부(문희순 2017) 등이 확인된다. 편수도 매우 적지만, 해당하는 내용은 오늘날의 할머니와 손주 사이의 교육 관련 연구에 치우친 것처럼, 전통 사회 관련 논의에서도 교육과 관련된 부분에 한정된다. 또한 각 연구의 해당 주제를 논의하기 위한 일부분으로 언급된다. 할머니와 손주 사이에 관련된 전체적인 모습을 살펴보기에는 부족함이 존재한다.

이 글에서 대상으로 삼는 조선시대 한글 편지에는 오로지 교육과 관련된 내용만 나타나지 않는다. 가족 안에서 영위하는 일상생활의 소소한 이야기들이 가득히 들어 있기 때문이다. 손주에게 보낸 할머니의 편지의 내용을 분석해 본다면, 할머니와 손주의 관련된 일상생활의 소소한 이야기를 확인할 수 있을 것이고, 기존의 논의에서 보인 것과 같은 교육 관련 분석으로 편중된 논의 경향을 보정할 수 있는 다양한 내용과 주제가 확보될 것이다.

2. 연구 대상 및 방법

2.1. 연구 대상

남성이나 여성은 태어나 죽을 때까지 대부분 가족 구성원으로 지위의 변화를 경험한다. 남성이 가족 구성원으로 겪는 친족 관계를 핵심적인 것만 간추린다면, 아들 또는 손자에서 출발하여 남편, 아버지, 그리고 할아버지의 지위를 갖게 된다. 여성은 딸 또는 손녀에서 아내, 어머니, 할머니로 가족 내에서의 지위가 바뀌게 된다. 오늘날의 '가족'은 '주로 부부를 중심으로 한 친족 관계에 있는 사람들의 집단. 또는 그 구성원.'(『표준국어대사전』)으로 풀이된다.

이 글에서 다루는 사대부가 여성이 작성한 조선시대 한글 편지는 총 630건인데, 이중에서 어머니 285건, 아내 98건, 딸 66건의 순서로 그 비중이 높고, 며느리 56건, 할머니 22건, 장모 15건의 순서로 비중이 낮아진다.

사대부가 여성의 한글 편지 중에서 할머니가 작성한 편지의 비중은 5번째로 그 순위가 그리 낮지 않다. 그 숫자가 그리 많지 않은 것은 가족 사이의 친밀도가 그대로 반영된 것으로 보인다. 부부가 중심인 직계 가족을 대상으로 하여 가족 구성원 사이의 친밀도를 살펴본다면, 부부가 첫 번째일 것이고, 다음으로 부모 자식 사이, 그리고 할머니 세대와 손주 세대의 순으로 나누어질 듯하다. 형제자매 사이의 친밀도도 높게 나타난다. 이 글에서 다루는 사대부가 여성의 한글 편지에서 사촌 등을 포함하여 언니로서 보낸 것이 8건, 여동생으로서 보낸 것이 7건, 누나로서 보낸 것이 7건이므로, 총 22건으로 할머니로서 보낸 것과 비슷한 비중을 보인다.

할머니가 손주에게 보낸 22편 중에는 손자에게 보낸 편지는 증손자, 외손자 각각 1편씩을 포함하여 15편이다. 그러나 손녀에게 보낸 편지는 2편에 불과하다. 시할머니가 손자며느리에게 보낸 편지도 5편이 확인된다. 그 목록을 출전별로 제시하면 다음과 같다.

* 할머니가 보낸 편지: 22편

〈선세언적-02,_1670년,_청송심씨 &(증조모)→박성한 &(증손자)〉

〈선세언적-04,_1681년,_해평윤씨 &(할머니)→박성한 &(손자)〉

〈선세언적-14,_1762~1767년,_안동권씨 &(할머니)→박경규 &(손자)〉

〈선세언적-17,_1783~1790년,_덕수이씨 &(할머니)→박종순 &(손자)〉

〈선찰-9-104,_1684~1701년,_안동김씨 &(할머니)→송필환 &(손자)〉

〈선찰-9-105,_1684~1701년,_안동김씨 &(할머니)→미상 &(손자)〉

〈선찰-9-106,_1684~1701년,_안동김씨 &(할머니)→미상 &(손자)〉

〈선찰-9-107,_1684~1701년,_안동김씨 &(할머니)→송필환 &(손자)〉

〈선찰-9-108,_1699년,_안동김씨 &(할머니)→은진송씨 &(손녀)〉

〈선찰-9-109,_1678~1701년,_안동김씨 &(할머니)→미상 &(손자)〉

〈선찰-9-110,_1690~1701년,_안동김씨 &(할머니)→은진송씨 &(손녀)〉

〈선찰-9-111,_1696년,_안동김씨 &(할머니)→미상 &(손자)〉

〈선세언독-09,_1648~1652년,_초계정씨(시할머니)→은진송씨(손자며느리)〉

〈선세언독-21,_1708~1736년,_안정나씨 &(할머니)→송익흠 &(손자)〉

〈송준길가-08,_1668~1682년,_배천조씨 &(할머니)→송요경 &(손자)〉

〈송준길가-26,_1708~1736년,_안정나씨 &(할머니)→미상 &(손자)〉

〈자손보전-07,_1681~1767년,_성산이씨 &(종조모)→미상 &(손자)〉

〈자손보전-08,_1750년,_달성서씨 &(외할머니)→맹지대 &(외손자)〉

〈추사가-11,_1793년,_해평윤씨(시조모)→신씨(손자며느리)〉

〈추사가-12,_1793년,_해평윤씨(시조모)→신씨(손자며느리)〉

〈송병필가-79,_1891년,_미상(재종조모)→미상(재종손부)〉

〈송병필가-80,_1892년,_미상(시조모)→미상(종손부)〉

　각 가문별 편지에서도 할머니의 편지는 그리 큰 비중을 차지하고 있지 않으며, 〈송병필가 언간〉을 제외하면, 할머니가 보낸 한글 편지는 17,8세기에 작성한 것이 대부분이다. 이와는 달리, 발신자가 손주이고 수신자가 할머니인 한글 편지는 매우 적게 나타난다. 손녀가 보낸 1편, 손자가 보낸 1편씩 나타나는데, 손녀사위가 보낸 1편을 포함해도 3편뿐이다.

　* 손주가 보낸 편지: 3편

　〈진주하씨묘-160/곽씨-111,_1622년,_곽이창(손자)→미상(할머니)〉

　〈추사가-21,_1766~1788년,_김노경(손녀사위)→광산김씨(장조모)〉

　〈송병필가-81,_1920년,_김옥희(손녀)→진주이씨(할머니)〉

　할머니가 보낸 편지는 수신자에 따라, 손자, 손녀, 손자며느리로 세분할 수 있다. 대화 상대가 누구냐에 따라 대화 주제가 차이를 보이는 것처럼, 할머니가 손주에게 보낸 편지에서도 쓰여진 내용이 조금씩 다를 것으로 판단된다. 할머니와 손주의 친밀도나 상황에 따라서 편지 내용이 달라질 수 있는데, 최소한 〈『선찰』 소재 언간〉에서는 안동김씨가 할머니로서 손자와 손녀에게 보낸 편지가 모두 나타나고 있어서, 동일 관점으로 할머니가 보낸 한글 편지의 내용을 비교할 수 있을 듯하다.

2.2. 연구 방법

오늘날의 할머니와 손주 사이의 연구는 주로 정서적, 교육적 영향 관계에 편중되어 있다. 2016년 이후의 학위논문에 나타난 연구 동향을 분석해 보면 할머니와 손주 관련 연구에서 할머니가 중심인 연구가 많다. 그중에서 육아나 놀이, 교육 등과 같이 돌봄의 테두리로 묶일 수 있는 주제가 대부분이었으며, 할머니만을 독립시켜 그 자체를 연구 대상으로 삼은 것은 '여성 고령자의 실제적 학습 생애사에 대한 연구'(김지영 2017) 등처럼 매우 적다. 유아나 아동과 관련된 주제별로 나눈다면, '할머니의 육아 등에서의 역할과 영향 분석 연구(김영은 2016; 길은영 2017; 고은경 2020; 이은화 2017; 김미숙 2016; 이민옥 2016; 노혜진 2019), 유아와의 놀이 및 교육 관련 연구(구혜진 2020; 이선하 2016; 이은희 2020; 하예지 2017), 자녀에 대한 어머니와 할머니의 양육 태도 비교 연구(김두영 2018; 김주련 2020; 주상희 2018) 등으로 구분할 수 있으나 세부적 내용에서 서로 중복되는 논의가 없지도 않다.

전통 사회의 할머니에 대한 연구에서도 양육이나 교육과 밀접한 관계를 보인다. 먼저, 이정미(2000)에서는 풍속화에 나타난 아동 교육의 특성을 분석하면서, 아동 교육의 주체는 어머니이지만 다른 성인들도 함께 행하며 할머니는 어머니를 대신한 양육자로서 아동 교육의 많은 부분을 담당하였다고 분석한다(이정미 2000:14). 윤경희(2012)에서는 서포(西浦) 김만중(金萬重, 1637~1692)의 「선비정경부인행장(先妣貞敬夫人行狀)」을 분석하여 윤씨 부인을 고난과 궁핍을 두려워하지 않고 극복하며 다른 사람의 본보기되는 삶을 살아왔다고 설명하는데, 평소에도 손자, 조카들의 교육에도 열성적이었고, 유언에서도 손자와 증손에게 학업에 힘쓸 것을 당부하는 내용을 제시한다. 또한 조혜란(2017)에서는 집안의 어른인 어머니, 할머니 행장을 대상으로, 조선시대의 유교적 여성상을 나타내는 전형적인 항목과 교양 자질이나 재능, 여가와 연결 가능한 여공(女功)에 대한 서술 등 다양한 내용을 살펴본다. 어머니 행장은 34편과 할머니 행장은 9편, 전체 43편을 대상으로 하여 가족 구성원 중에 어른의 위치라는 동질성으로 묶어서 논의하므로, 할머니만을 온전히 대상으로 하는 것은 아니지만, 비슷한 맥락이 확인된다. 행장에는 유교적 여성상, 즉 부덕을 서술하기 위하여 의로움에 대한 강조가 대부분인데, '부덕'에는 자녀나 손주의 교육을 담당하는 도리도 당연히 포함된 것이다. 문희순(2017)에서는 동춘당 송준길 후손가 소장의 한글 편지에 나타난 가족의 모습을 살피는 것의 하나로 할머니가 보낸 〈선세언독-21〉을 분석한다. 할머니 안정나씨는 손자 손익흠에 보낸 한글 편지의 내용 중에서 "세밑에 과거시험들도 보고 그런다. 이제네 나이도 적지 않은데, 네가 글을 싫어한다는 말이 병 되니, 쓸모없이(老廢) 시간을 보내고 졸연 이게 무슨 짓이냐? 너는 이렇게 생각하나 저렇게 생각하나 남보다 힘써 글공부를 하면 오죽 좋겠느냐? (너의) 언문 글씨를 보니 상스럽게 여기되, 네 마음을 닦아 정하게 하면 이러하겠느냐? 한 가지 일로 백 일을 안다고 하는데, 언문 글씨일망정 전일하게 하면 네 학문 행실을 가다듬고 반성하는 줄로 알겠다. 네 부모의 병이 다 심화(心火)라고 하니 네 힘으로 의약으로 고칠 도리가 없으면 너의 글과 인물을 남보다 더 노력하여라(문희순 2017:253)."의 내용을 검토하면서 단순한 안부 편지를 넘어 손자를 엄격하게 교육하는 할머니의 모습을 볼 수 있다고 분석하였다(문희순 2017:254).

전통 사회, 즉 조선시대의 할머니와 손주에 관련된 연구에서도 오늘날의 할머니와 손주 관계 연구처럼 자손의 교육 부분에 초점에 맞춰져 논의된다. 할머니의 역할과 영향력을 교육이라는 부분으로 한정하는 것은 전통 사회에서부터 가져온 '부덕', '여덕'의 기세가 그대로 반영된 것으로 보인다. 김원경·전제아(2010:665)에서는 오늘날의 할머니와 손주에 대한 연구에서 앞으로는 노년기 여성의 문제라는 시각으로 접근할 필요가 있다고 주장하는데, 즉 할머니 그 자체가 연구 대상이 되어야 한다는 것이다.

조선시대의 한글 편지에서는 내용을 검토할 때, 우리의 일상생활과 밀접한 관련된 '의식주'를 중심으로 살펴볼 수도 있으나, '안부 및 문안, 부모, 자식, 형제, 부부, 혼사, 상사(喪事), 제사, 병환, 가사, 인생사 및 신세 한탄, 과거 및 벼슬, 해산, 가문, 학문, 언문, 굿 및 책력, 실용 목적' 등의 주제별 내용으로 살펴볼 수도 있다(김무림 2009:15).

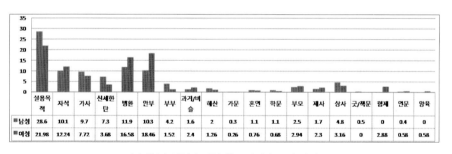

	실용목적	자식	가사	신세한탄	병환	안부	부부	과거/벼슬	해산	가문	혼연	학문	부모	제사	상사	굿/책문	형제	언문	양육
남성	28.6	10.1	9.7	7.3	11.9	10.3	4.2	1.6	2	0.3	1.1	1.1	2.5	1.7	4.8	0.5	0	0.4	0
여성	21.98	12.24	7.72	3.68	16.58	18.46	1.52	2.4	1.26	0.26	0.76	0.68	2.94	2.3	3.16	0	2.88	0.58	0.58

〈사대부가 남성과 여성 한글 편지의 주제 비교〉

이 그래프를 보면 사대부가 여성은 자식, 병환, 안부, 부모, 형제와 관련된 주제에서 남성보다 더 큰 관심을 보인다(이래호 2021). 그래프에서 비율이 10% 전후인 주제만 간추리면, 실용 목적, 자식, 가사, 병환, 안부 등인데, 이들은 69.26%의 비율로 한글 편지에서 자주 나타나는 주제인 것이다. 그리고 '자식'은 '실용 목적, 병환, 안부'에 이어서 네 번째인 12.24%에 해당된다. 자식과 관련된 한글 편지의 내용을 모두 교육과 관련 지을 수는 없겠지만, 그래도 한글 편지의 중요한 주제였음이 파악된다. 그러나 '자식' 이외에 다른 이야깃거리가 더 많은 부분을 차지한다는 것은 부정할 수 없다.

3. 할머니가 보낸 한글 편지의 내용

이 글에서 논의 대상이 된 할머니가 보낸 한글 편지는 모두 22건이다. 증손자, 외손자 각 1편씩 포함하여 손자에게 보낸 15건, 손녀에게 보낸 2건, 엄밀히 할머니가 아니지만 동일 세대 사이에 보낸 동질의 것으로, 시할머니가 손자며느리에게 보낸 5건으로 편성된다. 동일 인물이 손자, 손녀, 손자며느리에게 보낸 경우는 나타나지 않지만, 손자와 손녀에게 보낸 한글 편지로 『은진송씨 제월당 송규렴가『선찰』소재 언간』의 '안동김씨'가 유일하게 나타난다. 안동김씨는 할머니로서 8건을 작성하였는데, 이중에서 손자에게 6건, 손녀에게 2건을 보내었다. 특히 손녀에게 보낸 한글 편지는 안동김씨의 2건만 확인된다.

3.1. 손자에게 보낸 편지

할머니가 보낸 편지에서는 『은진송씨 제월당 송규렴가『선찰』소재 언간』의 안동김씨 편지 8건과 〈『선세언독』소재 언간〉과 〈송준길가 언간〉의 안정나씨 2건을 제외하면 나머지는 한 건씩만 확인된다. 〈『선세언적』소재 언간〉에서는 청송심씨, 해평윤씨, 안동권씨, 덕수이씨, 〈송준길가 언간〉에서 배천조씨 1건, 〈『자선보전』 소재 언간〉에서 성산이씨와 달성서씨가 할머니로서 보낸 한글 편지가 각 1건씩 나타난다.

〈선세언적-02,_1670년,_청송심씨 &(증조모)→박성한 &(증손자)〉

〈선세언적-04,_1681년,_해평윤씨 &(할머니)→박성한 &(손자)〉

〈선세언적-14,_1762~1767년,_안동권씨 &(할머니)→박경규 &(손자)〉

〈선세언적-17,_1783~1790년,_덕수이씨 &(할머니)→박종순 &(손자)〉

〈선찰-9-104,_1684~1701년,_안동김씨 &(할머니)→송필환 &(손자)〉

〈선찰-9-105,_1684~1701년,_안동김씨 &(할머니)→미상 &(손자)〉

〈선찰-9-106,_1684~1701년,_안동김씨 &(할머니)→미상 &(손자)〉

〈선찰-9-107,_1684~1701년,_안동김씨 &(할머니)→송필환 &(손자)〉

〈선찰-9-109,_1678~1701년,_안동김씨 &(할머니)→미상 &(손자)〉

〈선찰-9-111,_1696년,_안동김씨 &(할머니)→미상 &(손자)〉

〈선세언독-21,_1708~1736년,_안정나씨 &(할머니)→송익흠 &(손자)〉

〈송준길가-08,_1668~1682년,_배천조씨 &(할머니)→송요경 &(손자)〉

〈송준길가-26,_1708~1736년,_안정나씨 &(할머니)→미상 &(손자)〉

〈자손보전-07,_1681~1767년,_성산이씨 &(종조모)→미상 &(손자)〉

〈자손보전-08,_1750년,_달성서씨 &(외할머니)→맹지대 &(외손자)〉

할머니 안정나씨가 손자인 송익흠에게 보낸 한글 편지인 〈선세언독-21〉에는 손자의 공부 문제에 크게 관여한 높은 교육열을 엿볼 수 있다(문희순

2017:254).

사룸 오나눌 유무 보고 뫼시고 됴히 잇고 네 어믜 병도 죠곰 낫다 ᄒ니 깃
브다 예눈 돌병환 근심이 년텹ᄒ니 미양 졀박ᄒᆫ 둥 경향이 녁질이 피여 셔울
다히 므셔온 긔별을 하 드르니 듀야 도근도근ᄒ여 녀녁 피우는 미고 굿드시
엄금ᄒ여 피ᄒᆫ는 거시 올ᄒ리 녁질 이러ᄒ니 브듸 어렴프시 말고 어른만 밋
디 말고 너도 회일 양을 도와 잘 어더 피ᄒ여 면녁을 ᄒ면 죽ᄒ랴 밋히 과거
들도 보며 ᄒᄂ니 이제 네 나히 젹으냐 너롤 글 슬ᄒ여 ᄒ다 일이 유망ᄒ니
셜스 노폐 되는 줄 므슴 ᄒ는 쟉시니 너눈 이리 싱각ᄒ나 뎌리 싱각ᄒ나 글
을 놉이예셔 아니 더 힘뼈 ᄒ염죽ᄒ랴 보게 ᄒ니 니지 아들 글이 어른이 되
여시나 긔튝싱 보내라 ᄒ다 언문 글시도 보니 이리 샹되이 녀기되 알노라 네
ᄆ음을 져그나 닷가 졍히 ᄒ면 이러ᄒ랴 ᄒᆫ 일노 빅스롤 안다 ᄒ니 언문 글
실만졍 임견ᄒ면 네 혹문 힝실을 슈렴ᄒ는 줄 알노라 네 부모의 병이 다 심
히라 ᄒ니 네 힘이 의약을 사 고틸 도리가 업스면 네 글과 인믈을 놉이예셔
디나니 갓거니 죽ᄒ니 둥겨 열 산즈 열 편육 조각 곳감 곳 보내니 하 도응ᄒ
고 눈화 먹어라 납월 십뉵일 조모〈선세언독-21,_1708~1736년,_안정나씨(할
머니)→송익흠(손자)〉

[사람이 와서 편지를 보고 (네가 어른들을) 모시고 잘 있고 네 어미의 병도
조금 나았다고 하니 기쁘다. 여기는 돌림병에 대한 근심이 [년 탐탐ᄒ니] 늘
절박한 가운데 정향이가, 역질이 가서(퍼져서) 서울쪽에 무서운 기별을 많이
들으니 밤낮 차근차근히 하여 열병을 피우는 [미고]와 같이 엄격하게 금하
여 (전염병을) 피하는 것이 옳겠느냐? 역질이 이러하니 부디 어렴풋이(희미하
게, 대충대충?) (하지) 말고 [어든 맛]믿지 말고 너도 그믐날(말일)에 [양]을 도
와 잘 이쪽으로 피하여 면역을 하면(역질을 면하게 하면) 오죽하겠느냐(오죽

좋겠느냐?) 밑에서는 과거들도 보고 하는데 이제 네 나이가 적으냐(과거 볼 나이가 되지 않았느냐?) 네가 글을 싫어했느냐? 일이 전망이 있는데 설사 오래되어 쓸모 없어지고 [줄] 무엇을 하는 것이냐 너는 이렇게 생각하나 저렇게 생각하나 글을 다른 사람은 여기보다(지금보다) 어찌 더 힘써 하면 오죽하겠느냐(오죽 좋겠느냐?) [니지 어드이냐] 글이 어른이 되였으나 얻은 글씨를 보니 이렇게 상스럽게 여기되 알겠다. 네 마음을 조금이나마 [깃다]. 평범하게 하면 이러하겠느냐? 한 일 때문에 백가지의 일들이 있다고 하니 [노온 글실]만행을 임의대로 편하게 하면(모든 일을 편할대로 하면) 너의 학문과 행실을 단속하는 것을 알겠다. 네 부모의 병이 매우 걱정하게 하는구나라고 하니 너의 힘이 약을 나서 고칠 도리가 없으면 너의 글과 인물을 남이 [디나니] 가까이 [죡하니] [듕셔열], 산자열, 편육 조각, 곶감을 보내니 [하도옹]과 나누어 먹어라. 12월 16일 조모]

공부에 관련된 부분은 '밑에서는 과거 시험도 보는데, 네 나이도 적지 않으며 네가 글을 싫어하느냐? 글공부를 다른 사람보다 더 힘써 하면 오죽 좋겠느냐?' 등과 같이 열심히 공부하라는 내용으로 시작되는데, 편지의 절반에 해당된다. 그런데 이 편지를 제외한 다른 편지에서는 수신자인 손자에게 공부에 대해 장황한 내용이 발견되지 않는다.

손주에게 보낸 다른 편지에서 '공부'나 '과거' 등에 관련된 내용은 "내내 됴히 디내고 공부나 착실히 흐기룰 브라노라"(내내 잘 지내고 공부나 착실히 하기를 바라노라)〈선세언적-14,_1762~1767년,_안동권씨(할머니)→박경규(손자)〉과 "너도 네 형과 흔가지로 와 과거도 보고"(너도 네 형과 한가지로 와 과거도 보고)〈자손보전-08,_1750년,_달성서씨(외할머니)→맹지대(외손자)〉 정도이며, 그것도 매우 짧은 표현으로 나타난다.

대부분의 편지에서는 일상적인 소소한 이야기를 전한다. 〈선세언독-21〉이 할머니로 보낸 다른 편지에서도 그러한 내용을 적었다.

> 네 형 간 후 긔별도 심히 모르니 답답ᄒ다 네 형은 므스히 가시며 너희 대되 됴히들 잇ᄂ다 넘녀 브리디 못ᄒ여 ᄒ노라 네 형 가시니 든든이 디내다가 오게 되니 혼자셔들 어이 디낼고 ᄯ 넘녀로다 네 아자비 나라 병환으로 날마다 분조ᄒ다가 오늘 낙샹을 듕히 ᄒ니 무이 샹연ᄂ가 굽굽다 너는 언제 어이 볼고 그립기 ᄀ이업다 하 총망ᄒ여 이만 뎍노라 브디브디 조심ᄒ여 됴히 잇거라 오월 망일 한미〈송준길가-26,_1708~1736년,_안정나씨(할머니)→미상(손자)〉
>
> [네 형이 간 후 소식도 매우 모르니 답답하다. 네 형은 무사히 갔으며 너희가 모두 잘들 있는다(고 하고) (내가) 염려를 놓지 못하겠다. 네 형은 갔으니 든든하게 지내다가 온 것이 되니 혼자서들 어찌 지낼까 또 염려스럽구나. 네 [아자비]는 나라 병환으로 날마다 분주하다가 오늘 떨어져서 심하게 다쳤으니 매우 [샹연ᄂ가] 갑갑하다. 너는 언제 어찌 볼까. 그립기가 그지없다. 매우 바빠서 이만 적는다. 부디 부디 조심하여 잘 있거라. 5월 15일 할머니]

이 편지에는 가족들에 대한 소식과 병환, 그리고 손자에 대한 걱정과 그리움이 나타난다. 특별할 것 없는 일상생활의 소소한 이야기가 편지 사연에 포함되어, 〈선세언독-21〉과는 사뭇 다른 분위기다. 〈선세언독-21〉에서도 공부에 관련된 내용을 삭제한다면 편지에 나머지의 부분에 쓰인 사연은 질병과 관련된 내용들로써, 가족들의 일상생활에 밀접한 관련된 이야기인 것이다.

어른으로서 가족 구성원들의 건강과 질환을 걱정하고 식생활, 의생활 등이 근심하는 마음이 주로 표현된 것이다. 예를 들어, 안동김씨가 특정하기 어려운 손자에게 보낸 〈선찰-9-105〉에서는 한 가족의 질병과 일상생활에 필요한 생활비, 식량 등에 대한 걱정이 한가득 담겨 있다.

전성이 돈녀온 후 일절이 긔별 모른니 답답흐기 て이업서 흐더니 구죵 오나눌 뎌그니 보고 서른 본 듯 반갑기 아므라타타 업스며 안질도 흐렷고 무스히 디내 깃브나 졔스도 다돗고 졀박혼 일이 て이업손가 시브니 죽히 굽굽흐여 흐더냐 보는 듯 닛디 못흐여 흐노라 우리는 무스히 디내나 네 어마님 옴이 나은 듯흐더니 요스이는 도로 듕흐여 하 고롭고 못 견뎌여 흐니 보기의 굽굽흐다 됴셕은 계유계유 디내고 보리 막 나야 무상흐여 져년 벼라 て터여 뉴월도 못 먹게 되엿고 시방 굴머는 사룸이 て득흐니 て이업고 집안힉셔도 반찬 살 의스룰 못흐니 됴셕이면 쏙흐고 졀박흐기 て이업다 공셰 가거눌 유무흐더니 못 본가 흐노라 군직 논은 트라 흔다 흐니 탓눈가 흐며 흥졍을 흐나 돈을 사나 내 무옴티로 못흐니 답답흐다 힝혀 탓거든 돈이나 사 두어라 내 무옴의는 녕감 니브실 거시 이졋흔 거시 업고 て을 것도 졀박흐니 흥졍흐여 올 것도 아니 만흐랴마는 다시 긔별흐여든 흐게 흐여라 이제는 녕감 + 뉴월 □□□ 할미〈선찰-9-105,_1684~1701년,_안동김씨(할머니)→미상(손자)〉

[전성이가 다녀 온 후 전혀 (너의) 소식을 모르니 답답하기가 그지없었는데, 구종(驅從)이 와서 (네가) 적은 것을 보고 서로 본 듯이 반갑기가 어떻다고 할 수 없으며(매우 반가우며) 눈병도 나았고 무사히 지내니 기쁘지만 제사도 다다르고 절박한 일이 끝이 없는가 싶으니 오죽 갑갑했느냐? 보는 듯 잊지 못하겠다. 우리는 무사히 지내지만 네 어머님이 옴이 나은 듯 했는데 요사이는 도로 (증세가) 심하여 (네 어머님이) 무척 괴롭고 못 견뎌 하니 보기에 갑갑하다. 아침 저녁은 겨우 겨우 지내고 보리가 막 나와 봐야 일정하지 않아서(평

년작이 안되어서) 지난해 벼와 같아(작년에 흉년이었던 것과 같아서) 6월에도 못 먹게 되었고 지금 굶고 있는 사람이 가득하니 가엾고, 집안에서도 반찬 살 생각을 못하니 아침, 저녁이면(아침, 저녁으로 밥 먹을 때면) (밥 먹기가) 딱하고 절박하기가 그지없다. 나라에 바치는 세금이 가서 (너에게) 편지했는데 보지 못했는가 한다. (나라에서) 군직논을 타라고 한다고 하니 (네가 군직논을) 탔는가 하며 (군직논을 가지고) 흥정을 하는 것이나 돈을 사는 것이나(돈으로 바꾸는 것이나) 내 마음대로 못하니 답답하다. 행여(혹시라도) (군직논을) 탔거든 돈이나 사 두어라(돈으로 바꾸어 두어라). 내 마음에는 (지금) 영감께서 입으실 것이 변변한 것이 없고 가을 것(가을 옷)도 (입을 것이 없어) 절박하니, (군직논으로) 흥정하여 올 것도 많지 않겠느냐마는, 다시 기별하거든 (영감 입을실 것을 장만) 하게 하여라. 이제는 영감 6월 ### 할머니.]

3.2. 손녀에게 보낸 편지

손녀에게 보낸 편지는 단 2건만 확인된다. 할머니 안동김씨의 한글 편지는 손녀에게 보낸 2건뿐만 아니라 손자에게 보낸 8건의 발신자이기도 하다. 〈선세언적-14〉에서 '공부나 착실히 하기를 바란다'는 짧은 표현 외에는 공부에 대한 당부나 걱정거리를 보여 주지 않으며, 〈선찰-9-105〉에서처럼 가족의 질병과 일상생활에 대한 소소한 이야기를 적고 있다. 그러나 '손녀'에게 보낸 편지와 차이점도 보인다.

손자에게 보낸 한글 편지에서는 〈선찰-9-105〉에서와 같은 "군직논"이라는 바깥의 일 그리고 공적인 일에 대한 정보와 이야기를 다루고 있다면, 손녀에게는 집안에 관련된 소소한 정보와 이야기를 전하고 있다. 또한 감정 표현에서도 손자에게는 간략하고 단순한 느낌을 표현하고 있다면, 손녀에게는 겹치고, 이어져 나오는 느낌이 표현된다.

요亽이 오래 긔별 모르니 답답ᄒ기 ᄀ이업亽며 날이 하 치오니 어이 디내ᄂ고 일시도 닛디 못ᄒ며 거변의 쇠셔 가져온 유무 보고 반갑기 ᄀ이업亽며 그ᄣᅢ 묘히 디내니 깃거ᄒ노라 네 아바님은 감亽롤 ᄒ여 오니 든든 귀ᄒ미 측냥티 못ᄒ며 가즉이 오니 셔울 벼슬의셔ᄂ 내 ᄆ음은 든든 다ᄒᆼᄒ나 하 보채ᄂ 고디 만ᄒ고 영도 하 무샹ᄒ여시니 가지가지 고로온 일이 만하 ᄒ니 실로 졀박ᄒ기 ᄀ이업고 집이라 ᄒ고 오니 손은 무수ᄒ고 하 괴로와ᄒ다가 나다홀 무거 가나 말도 죵이 못ᄒ여 가니 그런 심증 난 일이 어이 이시리 가지가지 묘혼 일이 업서 ᄒ노라 너도 그리 와셔 든든이 디내다가 훌터 오니 죽히 셥셥 결연ᄒ랴 닛디 못ᄒ며 쟝의쫄 집의 인ᄒ여 잇다 ᄒ니 혼자셔 어이 디내ᄂ고 닛디 못ᄒ며 아므묘로나 ᄂ려올가 ᄇ라다가 죵시 못 오니 셥셥 ᄆ음이 하 긋브니 이번의 오디 못ᄒ여시니 이제ᄂ 더욱 올 긔약이 업슬 거시니 못 어더 보고 주글 거시니 하 긋브니 아므라타 못ᄒ여 ᄒ노라 나ᄂ 이제도 방 안ᄒ셔도 니러 ᄃ니기롤 못ᄒ여 디내니 실로 고롭고 셟기 ᄀ이업고 네 어마님은 존쟝의 드러 몸이 고롭고 다亽ᄒ기 ᄀ이업고 아ᄒᆡ들은 피졉 나 가ᄅ 뜻더 두고 온가 일의 하 고롭고 못 견디여 ᄒ니 그런 졀박혼 일이 어이 이시리 굡굡 어ᄃ 이시리 보기의 굡굡ᄒ고 나ᄂ 말ᄒᄂ ᄀ샹이 되여시니 집안 형셰 ᄀ이업고 보기의 굡굡ᄒ여 ᄒ노라 호셩이 간다 ᄒ나 글쓰기 어려워 계유 뎍으며 아마도 치위예 몸□□디 아니ᄒ니 조심조심ᄒ여 디내여라 지월 넘칠일 조모〈선찰-9-108,_1699년,_안동김씨(할머니)→은진송씨(손녀)〉

[요사이 오래(동안) 기별을 몰라서 답답하기가 그지없으며 날이 너무 추우니 어떻게 지내는지 한 때도 잊지 못하며 지난번에 쇠셔가 가져 온 편지를 보고 반갑기가 그지없으며 그 때 잘 지내니 기쁘다. 네 아버님은 감사(監司)를

하여 오니 든든하고 귀한 것을 헤아리지 못하며 (네 아버님이 나 있는 쪽으로) 가까이 오니 서울 벼슬보다는 내 마음이 든든하고 다행스러우나 너무 보채는 곳이 많고 감영(監營)도 내세울 만한 공덕이 매우 없었으니 가지가지 괴로운 일이 많으니 참으로 절박하기가 그지없고 (네 아버님이) 집이라 하고 와 보니 손님이 셀 수 없이 많아서 무척 괴로워 하다가 4-5일을 묵고 가지만 말도 끝내 못하고 가니 그런 화가 나는 일이 어이 있겠는가? 가지가지 좋은 일이 없다. 너도 그쪽에 와서 든든하게 지내다가 기운이 빠져 오니 오죽 섭섭하고 서운하겠느냐? 잊지 못하며 장의꼴 집 때문에 있다고 하니 혼자서 어찌 지내는지 잊지 못하며 아무쪼록 내려올까 바라다가 끝내 오지 못하니 섭섭하고 마음이 애가 끊어지는 듯하니 (네가) 이번에 오지 못했는데 이제는 더욱 올 기약이 없을 것이니 (네 얼굴을) 못 얻어 보고(보지도 못하고) 죽을 것이니 무척 애가 끊어지는 듯하여 어떻다고 하지 못하겠다. 나는 지금도 방안에서 일어나 다니는 것은 못하고 지내기가 참으로 괴롭고 서럽기가 그지없고 네 어머님은 시부모가 되어 몸이 괴롭고 일이 많은 것이 그지없고 아이들은 피접(避接) [나가리] (따로) 떼어 두고 왔느냐? 일 때문에 무척 괴롭고 못 견뎌 하니 그런 절박한 일이 어찌 있겠느냐? 갑갑하고 어디 있겠느냐? 보기에 갑갑하고 나는 말하는 [ᄀ상이] 되었으니 집안 형세가 (안타깝기) 그지없고 보기에 갑갑하다. 호생이가 간다고 하지만 (내가) 글쓰기가 어려워 겨우 적으며 아마도 추위에 몸은 ##지 아니하네. 매우 조심하여 지내거라. 11월 27일 조모]

오래 긔별 모ᄅᆞ니 답답ᄒᆞ며 그립기 ᄀᆞ이업서 미양 싱각ᄒᆞ고 궂븐 ᄆᆞ음과 네 디내는 일을 싱각ᄒᆞ고 어ᄂᆞ ᄢᅢ 니즌 적 이시리 가지가지 답답ᄒᆞ고 가는 사ᄅᆞᆷ도 만나기 쉽디 못ᄒᆞ고 듀야 섭섭 궂븐 ᄆᆞ음이 ᄀᆞ이업서 ᄒᆞ더니 튱쥐셔 뎐ᄒᆞ여ᄂᆞᆯ 두 번 ᄒᆞᆫ 유무 보고 ᄯᅩ 오 됴관의 죵 오ᄂᆞᆫ디 ᄒᆞᆫ 것 디 어더 보고 서ᄅᆞ

만나 그립고 탐탐훈 말을 ᄒᄂᆞᆫ 듯 반갑기 측냥이 업스며 깃브나 몸이 그리 셩
티 못ᄒᆞ고 온갓 일을 당ᄒᆞ여 졀박 급급ᄒᆞ여 ᄒᆞᄂᆞᆫ 거동 보는 둣ᄒᆞ여 닛디 못ᄒᆞ
여 ᄒᆞ노라 연장ᄤᅢ 어이ᄒᆞ여 디ᄂᆡᆯ고 미양 일ᄏᆞᆮ더니 네게 당훈 일은 그려도 츌
혀 더딘가 시브니 실로 깃브고 귀ᄒᆞ여 ᄒᆞ노라 보낸 과즐은 ᄌᆞ시 바다 먹고 이
런 거신들 나리 들니 ᄒᆞ고 두기 어려온디 죽훈 졍으로 이롤 싱각ᄒᆞ고 보내여
시랴 졍셩을 두굿겨 ᄒᆞ노라 네 ᄉᆞ연을 보니 하 잔잉ᄒᆞ고 굿브니 눈믈이 나며
어ᄂᆞ 시졀의 어더 보고 주그리 시버 ᄣᆡᄣᆡ 싱각ᄒᆞ고 그리오며 심시 아ᄆᆞ라타
업서 ᄒᆞ노라 네 아바님 싱신도 다ᄃᆞ르니 네 싱각ᄒᆞ고 굿치ᄂᆞᆫ 일이 블샹ᄒᆞ여
ᄒᆞ노라 튱쥐 가 요ᄉᆞᄂᆞᆫ 즈즐훈 듯ᄒᆞ여 더옥 굴과댜 시브기 ᄀᆞ이업서 ᄒᆞ노라
하 잡말이 만ᄒᆞ고 잔잉들이면 원간 이 참혹다 ᄒᆞ고 그런 말이 아니 간 ᄃᆡ
업서 잇다 ᄒᆞ고 셔울도 잡상 ᄀᆞ이 만히 잇다 ᄒᆞ니 그런 구다가 참혹훈 욕을
볼가 ᄒᆞ노라 ᄒᆞ니 ᄆᆞ음이 훈 줌은 ᄒᆞ며 아ᄆᆞ것 귀티 아니ᄒᆞ고 수이 굴면 죽ᄒᆞ
랴 시븐들 권들 쉽더냐 급급 졀박ᄒᆞ다 ᄉᆞ연이 수업ᄉᆞ나 뎡 딕댱 간다 ᄒᆞ고 듯
고 안부나 알가 하 깃거 덕노라 아모거시나 보내고 시브되 짐 브티기 어려워
못ᄒᆞ고 셥셥ᄒᆞ여 무명실 죠곰 가다 아마도 치위예 몸 셩ᄒᆞ여 디내여라 지월
십ᄉᆞ일 할미〈선찰-9-110,_1690~1701년,_안동김씨(할머니)→은진송씨(손녀)〉

[오래(동안) (너의) 소식을 모르니 답답하며 그립기가 그지없어 늘 (너를) 생
각하고 애가 끊어지는 듯한 마음과 네가 지내는 일을 생각하고 어느 때 잊은
적이 있겠는가? 가지가지 답답하고 (그곳으로) 가는 사람도 만나기가 쉽지 못
하고 밤낮으로 섭섭하고 애가 끊어지는 듯한 마음이 그지없었는데, 충주에서
전하여 (네가) 두 번 보낸 편지를 보고 또 오 초관의 종놈이 오는 데에 한 마
디를 얻어 보고 서로 만나 그립고 매우 즐거운 말을 하는 듯 반가운 것을 헤
아릴 수가 없으며, 기쁘지만 몸이 그렇게 성하지 못하고 온갖 일을 당하여 절
박하고 갑갑해 하는 거동을 보는 듯 하니 잊지 못하겠다. [연장] 때 어이 하여

지낼까 늘 말하였는데, 네가 거기서 당한 일은 그렇게 하여도 차려서 더딘가 싶으니 참으로 기쁘고 귀하다. 보낸 과줄은 잘 받아먹고 이런 것인들 [나리 들리] 하고 보관하기 어려운데, 오죽 정(情)으로 이것을 생각하고 보냈겠느냐? (너의) 정성을 매우 기뻐한다. 네 사연을 보니 매우 불쌍하여 차마 볼 수가 없고 애가 끊어지는 듯하니 눈물이 나며 어느 시절에 (너를) 얻어 보고 죽을까 싶어 때때로 생각하고 그리우며 마음이 어떻다고 할 수 없다. 네 아버님 생신도 다다르니 네가 (네 아버님의 생신을) 생각하고 언짢게 하는 일이 불쌍하다. 충주에 가서 요사이는 싫증날 만큼 지루한 듯하여 바꾸었으면 싶은 것이 더욱 끝이 없다. 너무 잡말이 많고 불쌍하여 차마 볼 수 없게 되면 원래 이것이 참혹하다고 하고 그런 말이 가지 않은 데가 없었다고 하고 서울도 잡되고 상스러운 것이 가히 많이 있다고 하니 그렇게 하다가 참혹한 욕을 볼까 하니 마음이 한 줌이 되며 아무 것도 귀하지 않고 (감사를) 빨리 바꾸면 오죽하겠는가 싶은들, 그것인들 쉽더냐? 갑갑하고 절박하다. 사연이 헤아릴 수 없게 많으나 정 직장이 간다고 하고 (그 이야기를) 듣고 (너의) 안부나 알까 (하여) 너무 기뻐 적는다. 무엇이라도 보내고 싶지만 짐 부치기가 어려워 못하고 섭섭하여 무명실 조금 간다(보낸다). 아무쪼록 추위에 몸이 성하여 지내거라. 11월 14일 할머니.]

할머니가 손녀에게 보낸 편지로만 할머니의 역할과 영향력을 따진다면 가족의 어른으로 손주들에게 편안함을 전달하는 정서적인 영향 관계에 놓인 것으로 평가할 수 있을 것이다. 또한 손자에게 보낸 편지에서도 일상생활의 소소한 이야기와 소식을 전달하면서 편안한 정서적인 분위기를 제공하는 역할을 수행한다. 〈선세언독-21〉의 공부 관련 사연은 예외적인 것이다.

3.3. 손자며느리에게 보낸 편지

손자며느리에게 보낸 편지는 모두 5건이 나타난다. 시할머니가 보낸 것이 4건이고, 재종할머니가 보낸 것이 1건이다. 먼저 시할머니가 보낸 한글편지 중에서 시기가 가장 이른 편지와 제종시할머니가 보낸 편지를 함께 살펴본다.

요스이 엇디 이시며 안동집 박 셔방 집 떠나 와 또 네 삼촌 집의 갓다가 막금이 집□ 왓다 ᄒ니 어디 노동이조차 ᄒᆞ가지로 딩기는냐 므스 일 그리 딩기게 ᄒ리 셜마 그 ᄌᆞ셕조차 삼기디 아니랴 ᄒᆞᆫ 고대 둘 거시오 어미 김을 ᄢᅬ예야 됸ᄂᆞ니라 져줄 메오디 말고 ᄃᆞ려거라 너희로 더옥 수이 가고져 ᄒᆞ되 므옴으로 못ᄒ고 ᄒ리 밧바라 도놓이 와 딩□ 가고 스븡이 와시니 져는 어디 가고 아니 오며 아무 오다 내 ᄆᆞ옴의 날 샹ᄒ여 지극ᄒ던 일이야 저 거ᄐ니롤 다시 어더 볼 셩 업고 어느 스이 병 어든 둘을 만난고 챵ᄌᆞ지이 ᄀᆞᆫ는 듯 셜워라 모딘 목숨이 사라셔 또 이날 만나 더옥 간댱이 ᄲᅥ러디는 듯ᄒ여라 네나 병 업셔 ᄌᆞ셕들이나 길우면 죡ᄒ랴 그만 ㅂ되 젼일 뉘오치□는 ᄌᆞ셕들 ᄒᆞᆫ 닙셩도 보븨 죡ᄒ노라 ᄒ니 명디 굿도 븡이는 □브라〈선세언독-09,_1648~ 1652년,_초계정씨(시할머니)→은진송씨(손자며느리)〉

[요사이 어찌 있으며 (네가) 안동집과 박 서방 집을 떠나와 또 네 삼촌 집에 갔다가 막금이 집에 왔다고 하니 어디를 노동이까지 함께 다니느냐? 무슨 일이 (너를) 그렇게 다니게 하겠느냐? 설마 그 자식까지 생기지 아니하겠느냐? (몸을) 한 곳에 둘 것이고 어미가 김을 쐬어야 좋아진다. 젖을 메우지 말고 [ᄃᆞ려거라] 너희 때문에 더욱 쉬이(가까운 시일내에 곧) 가고자 하되 마음 먹기조차 힘들고 하루가 바쁘구나. 도룡이가 와서 다녀 가고 사봉이가 왔으니

자기는 어디 가고 안 오며 아무개가 왔다. 내 마음에 [날샹흐여] 지극하던 일이야 저 같은 이를 다시 얻어 볼 성 없고(싶지 않고) 어느 사이에 병을 얻은 것을 만났는지 창자까지 끊어지는 듯 서럽구나. 모진 목숨이 살아서 또 이날을 만나 더욱 간장이 떨어지는 듯하구나. 너나 병이 없어 자식들이나 기르면 오죽하겠느냐? 그만 [ㅂ되] 전날 뉘우치는 자식들이 [흔 닙셩도](옷도) 보배로 족하다고 하니 명주 비단도 봉이는 입으냐]

어떤 일로 분주하게 다니는 손주며느리와 젖먹이의 건강을 걱정하는 마음과 의생활에 대한 내용 일부가 포함된다. 감정 표현이 여러 곳에서 나타나는데, 감정이 겹치고 이어져 나오는 것이 보인다.

회편의 디강 드라니 극진극진 무흠현렬흔 듯 신통신통 두굿거움 측냥업스며 그 후 아득 막히니 넘 간절홀 추 무망의 글시 바다 든든 탐탐 반갑기 어엿분 옥면을 디흔 듯 가득 반기며 겸흐여 신셰예 시봉 신앙 안길흔 일 깃부며 친절이 디단 못지 아니신가 시부니 힝이며 신원의는 급뎨 딕 밧치고 만복을 누리다니 신긔신긔 긔특흐기 측냥업다 직죵조모는 합니 일안흐시고 슬하 무탈흐니 다힝 각 딕 졔졀 일안들 흐시고 죵딜ㅇ 너외 디탈은 업고 손ㅇ는 이학여증으로 죵죵 셩치 못흐니 익식 탓갑고 직죵조모는 셩일이 드무이 약약 괴롭다 젹을 말 남으나 춍요 이만 그치니 내내 시봉 평길흐기 ㅂ란다 신묘 원월 구일 쇠직죵조모 답〈송병필가-79,_1891년,_미상(재종조모)→미상(재종손부)〉
[회편에 대강 들으니 극진하고 매우 현철한 듯하여 신통하고 기쁘기 측량할 수 없다. 그 후 아득히 소식이 막히니 매우 염려되던 차 뜻밖의 글씨 받아 든든하고 반갑다. 어여쁜 옥면을 대한 듯 가득히 반기며 겸하여 신세에 시봉 신상 편안한 일 기쁘며 친절이 대단히 못하지나 않으신가 싶어 다행이다. 신

원에서는 급제하여 가문을 받치고 만복을 누린다니 신기하고 기특하기 측량할 수 없다. 재종조모는 합내 일안하시고 슬하 무탈하니 다행이다. 각댁 제절 일안들 하시고 종질아 내외도 큰 탈은 없고 손아는 이질과 학질 여증으로 종종 성치 못하니 애석하고 안타깝다. 재종조모는 성한 날이 드무니 괴롭다. 적을 말 남으나 바빠 이만 그치니 내내 시봉 평길하기 바란다. 1891년 1월 9일 시재종조모 답]

재종(再從)은 육촌이 되는 관계를 의미하는 것으로, 시재종조모는 육촌이 되는 시할머니를 가리킨다. 즉 할아버지의 사촌 형제의 아내를 가르킨다. 아버지를 기준으로는 오촌 당숙의 아내가 된다. 분명히 가문 내의 어른이기는 하지만, 직계의 밀접한 관계보다는 덜한 것으로 보이는데, 편지의 내용에서도 그러한 거리감이 확인된다. 편지의 주된 내용도 집안의 소소한 사연과 정보가 대부분을 차지하며, 객관화된 감정이 표현된다.

시할머니와 시재종조모는 할머니 항렬에 놓이기는 하지만, 촌수의 거리만큼 정서적인 거리가 느껴진다. 시할머니의 편지에서는 할머니가 손녀에게 보낸 것처럼 걱정과 근심 등의 감정이 겹쳐지고 이어져 나오는데, 시재종조모의 편지에서는 겹쳐지거나 이어지는 감정을 찾기가 어렵다.

4. 마무리

이 글은 조선시대 한글 편지에서 할머니로서 보낸 편지 내용을 중심으로 오늘날의 가족에서의 할머니의 역할과 대비하여 살펴보고자 하였다. 오늘날에는 할머니의 영향력이 점차 커지고 있다. 현대 사회에서 맞벌이 부부가 늘어가면서 할머니와 손주의 밀접한 교류도 점차 늘어났고, 그로 인한 정서적, 교육적 영향을 주고받는다.

오늘날의 할머니와 손주 사이의 대한 연구가 교육과 관련된 논의로 편중되는 경향이 나타나는데, 전통 사회의 할머니와 손주에 관련된 연구에서도 크게 다르지 않다. 특히, 교육과 관련된 부분에 한정되는데, 이는 할머니와 손주 사이의 매우 작은 일부분일 뿐으로 할머니와 손주에 관련된 전체적인 모습을 살펴기에는 부족함이 있다.

조선시대 한글 편지에는 교육과 관련된 내용이 나타나는지, 그리고 가족 안에서의 일상생활에 대한 소소한 이야기는 어떻게 전달되고 있는지 할머니가 손주에게 보낸 편지를 중심으로 살펴보았다. 왜냐하면 조선시대 한글 편지에는 가족 안에서 영위하는 일상생활의 소소한 이야기들이 가득히 들어 있기 때문이었다. 손주에게 보낸 할머니의 편지의 내용을 분석하였더니, 교육과 관련된 내용은 몇 편에 편중되어 있으며, 대부분의 편지에서는 할머니와 손주에게 관련된 일상생활의 소소한 이야기를 전달하고 있었다.

단지, 손주 중에서 성별에 따라, 즉 손자에게 보낸 편지와 손녀에게 보낸 편지, 그리고 손주며느리에게 보낸 편지에는 내용과 감정 표현의 정도 차이가 확인되었다.

손자에게 보낸 한글 편지에서는 〈선찰-9-105〉에서와 같은 "군직논"이라는 바깥의 일 그리고 공적인 일에 대한 정보와 이야기를 다루었다면, 손녀와 손자며느리에 보낸 편지에서는 집안에 관련된 소소한 정보와 이야기를 전달하였다. 감정 표현에서도 손자에게는 간략하고 단순한 느낌을 표현하고 있었으며, 손녀와 손자며느리에게는 걱정과 근심 등의 감정이 겹쳐지고 이어져 나오는 표현이 확인되었다.

조선시대 한글 편지는 주로 가족 사이에 주고받는다. 가족 내의 구성원이 어떤 모습으로 살았고, 어떤 사연이 중심적이었는지 파악하고자 한다면, 특정의 편지나 특정의 부분에 나타나는 내용을 대표적인 것으로 선정한다면 가족 내의 구성원으로의 역할과 삶을 이어가는 모습과 경향은 확인하기 어려울 것이다.

7장

제수, 아내, 고모로서의 이야기

장이 떨어져서 절박하니 콩 서너 말만 얻으려고 하는데

(『은진송씨 송준길가『선세언독』언간』의 안동김씨
편지를 통해 본 가문의 안주인으로서의 여성 군자

1. 서론

우리는 주변에서 집안일과 직장 일을 모두 잘하는 여자를 비유적으로 슈
퍼우먼(superwoman)이라 한다. 현대 사회로 오면서 맞벌이 부부가 많아진 시
태(時態)를 반영한 것으로, 기혼의 여자들이 직장에 다니면서 집안일까지 해
야 하는 과중한 부담을 감당하는 현실이 그 본질이다. 우리가 전통적 여성
으로 바라보던, 현모양처의 현대판이라 할 듯싶다.

조선의 대표적인 현모양처인 신사임당(申師任堂, 1504~1551)에 대한 평가는
조선의 대학자인 율곡 이이(栗谷 李珥, 1536~1584)의 어머니란 부분이 강화된
것이다. 이러한 신화는 18세기 이후에 대두되어 본격화된 것으로, "율곡의
인물됨은 그 어머니의 태교로 된 것"이라는 18세기 담론이 계승된 것이다
(이숙인 2010:77). 조선 후기에서는 여자의 부덕과 모성 등의 극히 일부분을
제외하면 여자의 명성은 가문의 담장을 넘어서 알려져서는 안 된다는 사회
적 담론이 당시 사람들의 인식에 굳건한 자리를 잡아갔다. 현대 사전에서는

율곡 이이의 어머니라는 것과 시·그림·글씨에 능했던 예술인이라는 설명이 그 선후를 달리하면서 함께 기술되어, 그나마 균형을 맞춘다.

조선 전기의 서화가(1504~1551). 사임당은 호 율곡 이이(李珥)의 어머니로, 자수와 서화에 능하였으며, 현모양처의 귀감으로 숭앙받았다.(『표준국어대사전』)

조선 전기 「자리도」의, 「초충도」의, 「노안도」 등의 작품을 그린 화가. …… 이이(李珥)의 어머니이다. 시·그림·글씨에 능했던 예술가이다.(『한국민족문화대백과사전』)

이숙인(2010:58)에서는 사임당 생존 시나 그녀의 사후 가장 가까운 16세기의 지식인들에게 어머니나 부인이 아니라 화가 '신씨(申氏)였음을 밝히면서, 사후 100여 년 지난 17세기 중엽에 사임당의 여성성과 모성성이 논의되기 시작함을 밝혔다. 그 주도자가 송시열(宋時烈, 1607~1689)이며, 1659년 「사임당의 난초 그림에 대한 발문」에 그러한 담론이 나타난다.

이것은 고 증찬성 이공 부인 신씨의 작품이다. 그 손가락 밑에서 표현된 것으로도 혼연히 자연을 이루어 사람의 힘을 빌려서 된 것은 아닌 것 같은데, 하물며 오행의 정수를 얻고 또 천지의 기운을 모아 참 조화를 이룸에는 어떠하겠는가? 과연 그 율곡 선생을 낳으심이 당연하다.(「사임당화란발(師任堂畵蘭跋)」『송자대전(宋子大全)』)

신사임당을 한 남성의 부인으로 시작된 내용은 율곡 어머니로 끝이 난다. 이러한 평가는 송시열의 문인인 18세기 노론 계열의 인사들에 의해 본격적으로 담론화된다(이숙인 2010:63). 18세기의 사임당 담론은 『초충도』 7폭에 대한 발문에서도 확인된다. 김진규(金鎭圭, 1658~1716)는 송시열의 문인인데, 그의 「사임당초충도발문」은 '이것은 율곡 선생 어머니가 그린 풀벌레 일곱 폭이다'로 시작된다. 16세기의 "안견에 버금가는 화가"라는 높은 평가는 크게 드러나지 않고 '율곡 이이의 어머니'라는 명칭이 강조된 인식의 변화가 반영되었다. 우리가 널리 알고 있는 '신사임당'의 평가는 조선 후기에 형성된 '조선 사대부가 여성의 명성은 가문의 담장을 넘으면 안 된다.'는 굳건한 인식이 바탕에 있다.

송시열의 이러한 인식은 당대의 사대부가 남성에게 보편적이었을까? 송시열과 13촌 숙질 사이인 송준길(宋浚吉, 1606~1672)도 동일한 인식을 가진 듯하다. 어릴 때에는 송준길의 아버지 송이창에게 함께 배웠고, 조선 중기의 문신이자 학자인 김집(金集, 1574~1656)을 스승으로 모시기도 하였으며, 특히 조선시대의 서인이자 노론(老論)에 함께 몸을 담는다. 또한 두 사람의 조부가 다 같이 이윤경(李潤慶, 1498~1562)의 딸을 아내로 맞이하여, 두 사람은 진외가 쪽으로 재종 사이이기도 하였다. 나이가 한 살 위인 송준길을 송시열은 13촌 숙질 사이가 아닌 재종형으로 "춘형"이라 불렀다고 하는데, 그 사이가 매우 긴밀하였다. 송준길은 장녀를 22세에 얻지만 7살의 나이에 병들어 죽는다. 그 묘지(墓誌)를 송준길이 작성하는데, 그 내용에 송준길이 인식한 여성의 도리, 즉 가문의 구성원으로서 인식된 역할이 기술된다.

은진 송준길에게 정일(靜一)이라는 딸이 있었는데, 어려서부터 민첩하게 잘 깨달아 3, 4세 때에 말하는 것이 마치 어른 같았다. 하루는 그 아비가 천자문(千字文)을 펴 놓고서 시험 삼아 "아무 글자는 무슨 뜻이고 아무 글자는 무엇을 이름이냐."라고 물었더니, 말이 떨어지자마자 서슴없이 대답하였는데, 꼭

맞지는 않았지만 이치에 가까웠으므로 그 아비는 기특하게 여겼다. 그러나 문장은 여자가 할 일이 아니므로 다시 더 가르치지 않고, 오직 유순함에 대한 교훈만을 일러주었을 뿐이었다. 〈중략〉 조금 자란 뒤에는 길쌈이나 바느질 등 부녀자의 일 중에 작은 일들은 직접 처리하여 도운 바가 많았다. [동춘당선생 문집 18권 묘지 〈상녀광기〉]

恩津宋浚吉有女曰靜一。幼而警悟。三四歲。出語若成人。一日。其父披千字文試之曰。某字是何義。某字是何謂。輒應口對無疑。或不中不遠。其父奇之。以文非女子業。不復授。惟提耳以婉娩之敎。〈중략〉稍長。執女工之小者。相助爲多。[同春堂先生文集 卷之十八 墓誌 〈殤女壙記〉]

송준길의 나이 29세 때 딸 정일이 죽었으니, 1635년경에 작성한 것으로 보인다. '문장은 여자가 할 일이 아니므로 다시 더 가르치지 않고'와 '길쌈이나 바느질 등 부녀자의 일' 등의 내용에 집중해 보면 송준길이 인지하던 여성성이 확인된다. 이 시대의 여성, 아니 사대부가 여성조차도 한문을 더 깊이 배우는 것은 허용되지 않고, 오로지 부녀의 도리로 여공(女工), 즉 길쌈, 바느질 등을 담당한 가족 구성원으로서의 역할을 밝힌 것이다.

우리가 일찍이 알고 있는 '신사임당'이나 '허난설헌(許蘭雪軒, 1563~1589)' 등보다 낯선 그러나 시를 품으며 여성 예술인의 삶을 살아간 김호연재(金浩然齋, 1681~1722)가 부녀의 도리로 여공을 강조한 송준길의 증손부가 된 것은 참 아이러니하다. 오늘날 김호연재가 17~18세기 여성 문학사를 대표하는 인물로 평가되는 것은 한시 등의 작품을 다수 창작하였고 현전하기 때문이다. 그러나 시대의 분위기에 휩싸인 것인지 그녀의 생전이나 사후인 조선시대 어느 순간에도 담장 밖을 넘지 못하였다(최선혜 2019:215).

오늘날 조선 후기의 여성 문인으로 자리매김한 '김호연재'의 시 세계가 아니라 김호연재가 살아간 조선을 대표하는 문인의 삶과 가문 구성원으로서의 삶을 비교하면서 살펴보자고 한다. 여공(女工), 즉 여성성과 모성성을 여성의 도리로 인식한 송준길 후손가의 증손부가 된 김호연재는 어떠한 삶을 살아갔으며, 또 가문 내에서 어떤 대우를 받았는지 그 흔적들을 찾아보면서 담장 안에서는 널리 공유되었지만, 여성의 명성은 부덕을 제외한 그 어떠한 것도 담장 밖을 넘지 못하였던, 문인이자 제수, 아내, 고모인 김호연재 또는 안동김씨로 송씨 가문에서 살아갔던 일생의 단면을 들여다보고자 한다.

2. 김호연재의 문학 작품 등

오늘날 김호연재에 대해 조선 후기의 대표적인 여성 문인으로서 평가할 수 있었던 배경으로 '여성이 시적 재능을 키울 수 있는 문학적 환경을 제공하였던 친가와 며느리의 유고를 전할 수 있는 보존 능력을 가진 시가'(구지현 2002:39)을 들 수 있다. 여기서는 후자를 중심으로 살펴보고자 한다.

현전하는 김호현재의 작품은 한시 244수, 산문 1편, 한글 편지 3건이 전해진다. 김호연재의 한시는 『浩然齋遺稿(호연재유고)』 등에 141수, 국역본 『호연지유고』에만 실린 103수를 합쳐 총 244수로 알려져 있다(문희순 2013:62, 박은선 2018:16). 산문 1편인 『自警編(자경편)』까지 포함하면 245편의 작품이 된다. 현전하는 허난설헌의 『蘭雪軒集(난설헌집)』에는 한시가 210수와 기타의 1수와 2편을 합쳐서 총 213편이 수록되어 있는데, 이와 비교해도 작품 숫자가 그리 적지 않음을 알 수 있다.

김호연재의 한시가 실린 문헌으로는 『聯珠錄(연주록)』, 『鰲頭追到(오두추도)』, 『浩然齋遺稿(호연재유고)』, 『曾祖姑詩稿(증조고시고) 上(상)·下(하)』 등이 존재한다. 앞의 세 문헌에서는 한문본 한시가 실려 있으며, 『연주록』(1703)은 김호연재의 친가 오빠인 김시택(金時澤, 1660~1713)이 생존한 형제들의 시를 중심으로 엮은 것으로, 호연재의 작품으로는 32수가 실렸으며 다른 문헌에서 나타나지 않은 4수가 확인된다. 『오두추도』는 친가와 관련된 호연재의 작품만 34수가 있으며, 『浩然齋遺稿(호연재유고)』에 93수, 『浩然齋遺稿(호연재유고)』 130수 중에서 이곳에서만 실린 10수 등으로 총 141수가 된다(문희순 2013:70-75). 『曾祖姑詩稿(증조고시고) 上(상)·下(하)』는 『호연지유고』의 표지명으로 김호연재의 증손부가 되는 청송심씨(靑松沈氏, 1747~1814)가 필사한 것이다. 애초에 단권이었으나 후손 중 누군가가 상하권으로 분리하고 『증조고시고 상』, 『증조고시고 하』라고 표제로 쓴 것으로 책 하나에 두 명칭이 있는 것이다.

『자경편』은 현재 한문본으로 소개되었지만 김호연재가 작성했던 원본이 아니다. 서문에서 김호연재가 송요화(宋堯和, 1682~1764)와 결혼한 지 10여 년이 된 시점에 작성하였음을 알 수 있으며, 김호연재의 외손자 김종걸이 쓴 발문에서 '원래 한문으로 이루진 듯하나 현재 언문으로 기록한 것이 전해져 〈중략〉 (한문으로) 번역하고 기록하'였다는 내용이 있기 때문이다.

김호연재의 한글 편지 3건은 송준길 후손가에 전래된 한글 편지첩 『선세언독』에 실려 있다. 이 편지첩에는 송준길 가문과 관련된 18명의 언간 40건을 수록한 것으로, 39건은 김호연재의 며느리인 여흥민씨(驪興閔氏, 1709~1770)가 1764년에서 1770년 사이에 성첩한 것으로 보인다. 마지막에 실린 1건은 후손인 송종오(宋鍾五, 1828~1904)가 누구의 편지인지 확인하여 덧붙인 것이다(박부자 2008:160-165).

송종오가 덧붙인 1건이 1705년 김호연재가 시아주버니인 송요경(宋堯卿,

1668~1748)에게 보낸 것으로, 김호연재의 고손자 송문희(宋文熙, 1773~1839)와 6대 후손 송종오가 고증한 기록이 보인다. 김호연재의 한글 편지 한 건에 대해 세대를 달리한 후손들이 고증한 기록으로, 선대가 남긴 낱장 조각 하나도 소홀히 여기지 않고 소중히 간직한 정신을 알 수 있다(문희순 2013:69). 또한 김호연재의 친가인 안동김씨 가문에서 만들어진 『연주록』과 『자경편』의 필사본이 송준길 후손가에 소장하게 된 과정은 알 수 없으나, 혼인으로 맺어진 사대부 집안에서는 서로 긴밀히 교류되면서 전승되었던 것으로 보인다. 『선세언독』에 실린 김호연재의 편지 중에서는 김호연재가 친가 조카인 김겸행(金謙行, 1696~1770)에게 보낸 편지인 〈선세언독-35, 1708~1722년, 안동김씨(고모)→김겸행(조카)〉도 안동김씨 가문에 있어야 하지만, 송준길 후손가에 보존된 것이 이를 방증한다.

3. 가문 내의 여성, 안동김씨

『曾祖姑詩稿(증조고시고) 上·下』는 김호연재의 증손부가 되는 청송심씨가 필사한 『호연지유고』를 후손 누군가가 두 권으로 나누며 표제로 붙인 것이다. '증조고(曾祖姑)'는 아버지의 할머니를 지칭하는 것으로, 가족 구성원으로서 관계를 중시한 것으로 보인다. 이러한 경향은 세 편의 한글 편지에서도 확인된다. 『선세언독』에 실린 김호연재의 한글 편지에, 김호연재의 며느리인 여흥민씨가 성첩하면서 그 관계를 적은 "존고 김 부인"으로 편지의 발신자를 알렸다. 후대에 덧붙인 1건에서도 고손자인 송문희는 '此高祖姑安東金氏遺札(차고조비안동김씨유찰)', 6대 후손인 김종오는 '六代祖姑安東金氏手札(육대조비안동김씨수찰)'의 고증 기록을 적었는데, 가문 안에서의 친척 관계를 제시하였다.

은진송씨 송준길가의 며느리 '안동김씨'가 송요화와 결합한 것은, 명문 가문 사이의 결합을 의미한다. 특히, 노론의 두 핵심인 안동김씨 가문과 은 진송씨 가문의 결합은 지극히 자연스러운 것으로 보인다.

김호연재는 1699년 10월 16일 19세의 나이에 송요화(宋堯和, 1682~1764)와 결혼하였는데, 두 사람 다 아버지가 세상을 떠난 뒤 학연에 따라 혼인을 맺은 것이다. 신랑인 송요화가 신부 김호연재의 홍주 오두리(현재의 충청도 홍성 군 갈산면 오두리)에 있는 집으로 가서 혼례를 치렀다. 그리고 사흘 만에 김호 연재는 신랑 송요화를 따라 송촌으로 옮겨온다. 이때의 세거지는 법천(현재 의 대전시 대덕구 법동) 지역이며, 송준길의 둘째 손자 송병하가 분가하자 송 시열이 법천정사(法天精舍)라는 편액을 써 준 가옥에서 신혼살림을 차린다. 근래에 널리 알려진 대전시 민속문화재 제2호인 송용억 가옥이라고 불리는 소대헌·호연재 고택은 1714년 송촌으로 당을 옮겨 짓고 '소대헌(小大軒)'이 라 당호를 붙이면서 형성된 것이다. 이때 작은 사랑채 '오숙재'와 안채는 이미 있었는데, 부부가 이사 오면서 안채를 '호연재' 또는 '호연당(浩然堂)'이 라 불렀다고 한다. 허경진(2003:51)에서는 아내의 당호를 따서 안채에 붙인 것이라고 설명한다. 그런데 부부가 이곳에서 함께 산 기간은 그리 많지 않 은 듯하다.

아들 송익흠(宋益欽, 1708~1757)이 기록한 〈遺事(유사)〉에 따르면, 아버지는 대개 맏형인 송요경의 근무지를 따라다니거나 서울에서 어머니를 봉양하였 고, 어머니 혼자서 집안 살림을 관리하였다는 기록이 보이기 때문이다. 두 부부가 함께한 기간은 그리 많지 않은 듯하여 남편과의 사이도 별로 좋지 않았음을 드러낸 표현들도 확인된다. 먼저 외손자인 김종걸의 『자경편』 발 문에 다음과 같은 내용이 있다. "지추부군이 젊어서 호방하여 법도에 절실

하지 않았다. 부인이 고결한 지조를 안고 마음속에 쌓이어 숨은 근심 있으므로 『자경편』 중에 가끔 〈이소경(離騷經)〉의 감개한 뜻이 있다." 여기서의 〈이소경〉은 屈原(굴원, 중국 전국 시대 초나라의 정치가·시인(B.C.343?~B.C.277?))의 작품인 〈離騷(이소)〉를 높인 것으로 '근심을 만나다'의 의미를 지닌다. 즉 굴원이 조정에서 쫓겨난 후의 시름을 노래한 것이 〈離騷(이소)〉인데, 김호연재가 남편으로 인한 시름이 마음 깊은 곳에서 배어 나왔음을 솔직히 표현한 것이다. 더욱이 김호연재가 남긴 수많은 시 중에서 남편에 관련된 시는 단 3편에 불과한 것도 소원한 관계를 보여 준다.

4. 한글 편지에 나타난 가문 내의 여성, 안동김씨

4.1. 제수와 시아주버니는 어려운 사이─콩 서너 말만 얻으려 하니

김호연재와 남편의 관계를 보이는 다른 자료로 김호연재가 시아주버니인 송요경에 보낸 한글 편지를 들기도 한다. 그러나 이 편지가 작성된 1705년에는 어쩌면 큰할아버지 송병문(宋炳文, 1668~1748)의 양자로 들어간 맏형의 근무지에 남편 송요화가 시어머니와 함께 있었을 가능성과 시아버지 송병하(宋炳夏, 1646~1697)가 돌아간 이후임을 고려한다면 집안의 호주격인 송요경에게 답장 편지에 "장이 떨어져서 절박하니 콩 서너 말만 얻으려는" 한글 편지를 보낸 것이 법도에 어긋난 것은 아니다.

문안 알외옵고 송담딕 종 오와눌 하셔 밧즈와 보옵고 든든 반갑스오며 그 째 긔운 평안ᄒ오신 문안 아옵고 더욱 못내 알외오며 인매 그리 만히 싸히옵고 어득 심난ᄒᆞ야 디내오시ᄂᆞᆫ가 시브오니 하졍이 넘녀 ᄀᆞ이업스와 ᄒᆞᆸᄂᆞ이다 보내오신 샹어는 밧즈와 반찬이 쓰읍고 못내 알외오며 알외옵기 극히 어렵스오나 쟝이 ᄲᅥ러디와 졀박ᄒᆞ오니 콩 서너 말만 엇즈와 조장이나 ᄃᆞ마 먹스오랴 ᄒᆞ오디 알외옵기를 젓스와 ᄒᆞᆸᄂᆞ이다 감ᄒᆞ오심 젓스와 이만 알외오며 아마도 내내 긔후 안평ᄒᆞ오심 ᄇᆞ라ᄂᆞ이다 을유 납월 십ᄉᆞ일 초성데 쳐 김 샹셔〈선세언독-40, 1705년, 안동김씨(제수)→송요경(시아주버니)〉

[문안 아뢰고 송담댁의 종이 오거늘 하서를 받아 보고 든든하고 반가우며 그때 기운이 평안하시다는 문안을 알고 (기쁜 마음을) 더욱 말할 수 없이 아뢰오며 인마가 그렇게 많이 쌓였고 어둑하고 심란하여 지내시는가 싶으니 저의 정성스러운 마음에 염려가 그지없습니다. 보내신 상어는 받아서 반찬에 쓰고 (감사한 마음을) 이루 아뢰지 못하오며, 아뢰기 매우 어려우나 장이 떨어져서 절박하니 콩 서너 말만 얻어 조장(?)이나 담아 먹으려고 하는데 아뢰기를 두려워합니다. 살펴보는 것이 걱정스러워 이만 아뢰오며 아무쪼록 내내 몸이 평안하시기를 바랍니다. 을유(乙酉, 1705)년 12월 14일 동생의 처 김이 올립니다.]

이 편지에는 김호연재가 아니라 송요화의 아내이자 송씨 가문의 안주인으로서의 역할을 확인할 수 있다. 보낸 편지를 잘 받았으며, 평안한 안부에 매우 기쁘며 많은 인마로 걱정된다는 안부로 시작하는 내용을 담고 있다. 보내신 상어를 반찬으로 잘 썼으며 말하기 매우 어렵지만 장이 떨어져 절박하니 조장(?)이라도 담아 먹게 콩 서너 말만 얻고 싶다는 사연을 적었다.

박부자(2008:183)에서는 남편과의 소원함보다는 남편인 송요화는 어머니를 모시기 위해서 맏형 송요경의 근무지를 따라다녔기 때문에 김호연재 홀로 법천정사의 살림을 꾸렸으나 장까지 떨어져 고민하다가 결국 시아주버니에게 콩을 보내달라고 부탁하는 편지로 풀이한다. 안동김씨가 가문의 안주인으로서, 즉 부녀자의 역할로서 느끼는 고충이 드러난 것이다.

아들 송익흠(宋益欽, 1708~1757)이 기록한 〈遺事(유사)〉에 '선부인이 항상 홀로 살림살이를 하여 농사를 감독하고 조세에 응하되 그때 마땅하게 하고 법규를 잃지 않도록 하니 비록 사나운 종이라도 능히 위반하고 속이지 못하였다. 가세가 아주 어려우나 일찍이 크게 결핍되지 않으니 일가들이 다 부인이 아니면 능히 하지 못하였다고 하였다.'는 내용을 보면, 김호연재가 살림을 맡았을 때 집안이 그리 풍족하지 않았다. 특히, 외손자 김종최(金鐘㝡, 1737~1767)가 작성한 〈事實記(사실기)〉에서도 "공이 항상 대부인을 백씨 관사에 모셨다. 그때 집이 가난하였다. 부인이 홀로 스스로 경리하여 농사를 감독하고 조세에 응하되 법규를 잃지 않으니 교활한 종들이 감히 속이고 위반하지 못하였다."고 하여 살림을 홀로 꾸리며 농사를 감독하고 세금을 내고 종들을 관리하였지만 가난하였음이 확인된다.

그런데 이 시기에 송씨 집안은 노비를 30여 명을 거느릴 정도로 큰살림이었다(허경진 2003:52, 245; 홍학희 2010:91). 박경하·황기준(2017:170)에서 제시한 송준길 후손가 호적 자료에 나타난 숫자와 비슷하다. 먼저 아버지 송병하가 호주인 1681년과 1696년의 준호구에는 사노비가 각각 12명과 18명이지만, 송요화가 호주로 개재된 1720년 호주 단자와 준호구에는 40명, 1729년의 호주 단자에서는 52명으로 늘어난다. 김호연재가 송요화의 아내가 된 것은 1699년이고 세상을 떠난 것이 1722년이니, 이 집안에서 최소 18명에서 40명 전후 사이의 사노비를 유지하던 적지 않은 살림이었다. 그러나 살림이 어려울 때는 곡식을 빌려야 했으며, 시아주버니 송요경에 보낸 편지에는 비교적 격식을 갖춰 보낸다. 보통 가까운 가족들에게 보내는 일상적인 한글 편지에는 간지까지 적는 경우가 매우 드물며, 대부분은 월일, 또는 일자만을 적거나, '즉일' 등으로 적기도 하며, 날짜를 적지 않는 경우도 있다.

김호연재가 작성한 다른 한글 편지 두 편에 간기 없이 월일만 적고 있는 것과 대조적이다. 콩을 얻으려는 편지에는 '을유'라는 간지를 적고 있는 것으로 보아서는 콩을 빌리려고 격식을 차린 것이 아니라 김호연재에게 시아주버니인 송요경은 격식을 차려야 하는 관계인 것으로 이해된다.

제수에게 시아주버니는 어려운 사이였을까? 그리고 왜 시아주버니인 송요경에게 한시로 곡식을 얻으려 하지 않았을까? 김호연재의 한시에는 쌀을 빌린다는 내용의 작품이 두 편이 존재한다. 중씨(仲氏), 즉 오빠와 삼산 원님에게 ― 삼산은 보은의 별호이다 ― 쌀을 빌리려는 한시가 있다.

〈簡仲氏乞米〉 듕시긔 편지ᄒ여 ᄡᆞᆯ을 비다(중씨에게 편지하여 쌀을 빌다)

日出紗窓輒復憂 ᄒᆡ 사창의 나매 문득 다시 근심ᄒᆞ니(해가 창가에 떠오르면 문득 다시 걱정이 되니)

空拳求飽計無由 빈 주먹으로 비브리기ᄅᆞᆯ 구하니 계괴 업도다(빈손으로 배부르기를 구해도도 별 도리가 없구나)

兩兄莫惜舡頭米 두 형은 ᄇᆡ 우희 ᄡᆞᆯ을 앗기디 말아(두 오라버니께선 뱃머리의 쌀을 아끼지 말고)

送解妹兒爲腹愁 보내여 미ᄋᆞ의 비ᄅᆞᆯ 위ᄒᆞᆫ 근심을 프ᄅᆞ소셔(보내어 누이의 배고픈 시름을 풀게 하소서)

〈乞米三山守〉 ᄡᆞᆯ을 삼산 원의게 비노라(삼산 원님에게 쌀을 빌리노라)

浩然堂上浩然氣 호연당 우희 호연ᄒᆞᆫ 긔운이(호연당 위의 호연한 기운이)

雲水柴門樂浩然 운슈 싀문의 호연을 즐기ᄂᆞᆫ도다(구름과 물, 사립문의 호연함을 즐기는구나)

浩然雖樂生於穀 호연이 비록 즐거우나 곡식의셔 나ᄂᆞ니(호연이 비록 즐거

우나 곡식에서 나오니)

乞米三山亦浩然 뿔을 삼산의 빌미 쏘혼 호연ᄒᆞ미로다(삼산 원님에게 쌀을
빌리는 것 또한 호연한 일이도다)

송씨 가문의 안주인이 된 김호연재가 작성한 한시에 대해 허경진(2003:53)
은 비굴하거나 아쉬운 소리를 하지 않으며 쌀을 빌리려 하였다고, 홍학희
(2010:93)에서는 그 시들에 구차함이나 절박한 내용은 전혀 찾아볼 수 없고
유희적이며 호방까지 하다고 하였다. 오빠와 삼산 원님에게 쌀을 얻으려는
두 편의 한시에 김호연재는 매우 당당하다.

단지, 삼산 원님이 누군인지는 불명확하다. 홍학희(2010:주41)에서는 삼산
원님이 허물없이 가까운 가족은 아닌 것으로 추정하였다. 그런데, 김호연재
의 한시에서 직접적으로 교류하는 대상은 대부분은 일가친척, 특히 친가 가
족들임을 감안한다면 가문의 담장 밖을 벗어난 예외적 시적 교류로 볼 수
있을 듯하다. 그러나 최선혜(2020:190)에 따르면 삼산의 원님을 이곳에 부임
한 (친척) 오라버니로 언급하고 있는데, 그 근거가 제시되어 있지는 않다. 부
인의 몸으로 삼산 원님에게 직접 시를 보내어 쌀을 빌리는데 문제가 없었
다는 것으로 어느 정도의 여성 시작 행위의 담장 밖과의 교류를 용인한 것
(홍학희 2010:93)은 아닐 듯싶다. 김호연재의 한시 창작과 관련된 인물이나 한
시에 등장하는 관련 인물들이 일가친척으로 한정되어 나타나기 때문이다.

김호연재 한시에 작성 시기를 알 수 있는 것은 그리 많지 않다. 간혹 간
지를 부기한 한시들이 있어서 해당 시편의 창작 시기가 알려진 것은 대략
30편 정도일 뿐이며, 대부분은 그러하지 못하다. 〈간중씨걸미(簡仲氏乞米)〉
〈걸미삼산수(乞米三山守)〉도 창작 시기를 알 수 없다. 그런데 한시 내용으로
짐작해 볼 수 있다. 〈걸미삼산수(乞米三山守)〉에는 '浩然堂(호연당)'이라는 당

호가 사용되는데, '浩然堂(또는 浩然齋)'라는 당호는 1714년 현재의 송용억 가옥이라고 불리는 소대헌·호연재 고택으로 당을 옮겨 지은 이후에 안채에 호연재라 붙였다는 기록을 고려한다면 최소한 1714년 이후에 작성한 것으로 그 창작 시기를 가늠할 수 있다.

4.2. 남편에게 한시가 아니라 한글 편지를 보낸 이유—생각하여 답장에 액수를 쓰고 보내면

한시에서는 '마음이 넓고 태연하다'는 당호인 호연(浩然)을 잘 표현하고 있다. 그러나 시아주버니에게 보낸 편지에서는 시인으로서의 호연함보다는 송씨 가문 안의 여성인 안동김씨로서의 역할, 즉 송씨 가문의 안주인으로 역할에 충실한 내용으로 작성한다. 왜, 한시가 아니라 한글 편지를 작성하여 보냈을까? 김호연재가 시가 식구와 한시 교류가 없었던 것은 아니다. 시숙부인 송병익(宋炳翼, 1655~1718)은 호연재의 재능을 알아준 이였고 시당질들은 법천의 비래암에서 함께 시를 짓고 경전의 기초를 가르쳤던 제자들이었기 때문이다(최선혜 2020:186). 송씨 가문에서 마음 편히 교류할 수 있었던 이들은 손아래의 5촌 시당질로, 십대 초반인 시당질들과 함께 호연재는 법천에서 학문을 가르치거나 시를 수창하였는데, 사흠(士欽, 1770~1746), 진흠(晉欽 1703~1770), 명흠(明欽, 1705~1768) 등이 그 대상이었다. 김호연재의 한시 중에서 친가와 관련된 편수들이 가장 많은 비중을 차지하고 있다면, 두 번째로 많은 비중을 차지하는 편수가 바로 시당질과 함께 어울리며 지은 대략 40편 정도의 한시들이다.

열상고전연구회 편(2005:295)에는 시당질과 관련된 한시를 몇 편 인용하고 있는데, 그중에 송사흠과 관련된 시를 살펴보기로 한다.

送思姪書所二首(ᄉ딀의 긂 닑는 고디 보내다 두 슈: 사홈 조카의 글 읽는 곳에 보내다. 두 수)

夕陽炎如火 뎌녁 비치 덥기 불 ᄀ튼니

征節且蹔留 가는 막대롤 잠간 머믈워도다

山中日尙早 뫼 가온디 날이 오히려 일너시니

寧作未歸愁 엇지 도라오지 못홀가 근심을 지으리오

蹔離何足言 잠간 떠난 거슬 엇지 죡히 니르리오마는

猶使我心苦 오히려 내 ᄆ암으로 ᄒ여곰 걸니이는도다

倚檻望歸路 난간의 의지ᄒ야 도라올 길흘 ᄇ라보니

依俙山色暮 의희이 뫼 비치 져므럿도다

서당에 공부하러 가는 조카 사홈을 전송하며 지어 준 것이다. 이처럼 시가 식구와 한시를 바탕으로 한 교류가 없었던 것은 아니지만, 남편 송요화(宋堯和, 1682~1764)나 시백부인 송요경(宋堯卿, 1668~1748) 등과 어울린 한시는 보이지 않는다. 시를 통한 교류가 가능했던 일가친척에게는 한시를 지으면 교류하였으나, 그러지 않은 상대에게는 그러한 교류를 거의 나누지 않았던 것이지 않았을까?

동춘당의 7대손 송정희(宋正熙, 1802~1881)가 편저한 족보인 『德恩家乘(덕은가승)』에 한시를 짓는 송요화와 김호연재의 관련 이야기가 나온다. 송요화가 과거에 응시하면서 작성한 과시(科詩)에 관련된 것이다.

공이 여러 번 과거에 실패했다. 부인 김씨가 시를 잘 지었는데, 공이 과거에 응시했다가 돌아오면 부인이 (아들) 오수재 공에게 명하여 시초(詩草, 시의

초고)를 가져오게 했다. 읽어보고는 잘못된 구절을 가리키며, "이 시가 합격될
는지 나는 알지 못하겠다."고 말했다.

과거에 응시하면 과시(科詩)를 지어야 하는데, 김호연재는 남편 송요화가
과거장에서 지은 한시만 보고도 그 결과를 짐작한 것이다. 결국 송요화는
과거에 합격하지 못하고 조상의 공덕으로 49세인 1730년 12월 음관(蔭官)으
로 사산감역(四山監役, 종9품)의 벼슬길에 오른다. 어쩌면 남편과의 한시 교류
가 좀처럼 보이지 않는 것은 한시 창작에 관련해서는 두 사람 사이에 이러
한 간격이 놓였기 때문이다.

시아주버니인 송요경에게 보낸 한글 편지도 이러한 관계 속에서 주고받
은 것으로 보인다. 이는 남편도 마찬가지인 듯싶다. 남편과 교류한 한시는
전혀 나타나지 않지만, 남편에게 보낸 한글 편지가 한 편이나마 내려오기
때문이다.

김호연재가 남편 송요화가 보낸 한글 편지는 다음과 같다.

> 의외예 덕스오시니 보옵고 뫼오셔 평안ㅎ오시니 깃브오며 나는 졔육을 년
> ㅎ야 브치오니 오늘은 죠곰 낫스오니 점점 아니 낫스오리잇가 어제 예셔 하
> 인 가는디 삼연 아즈바님 편지롤 보내엿다 ㅎ옵더니 미처 못 보와 겨오신가
> 시브오니 답답ㅎ오며 화상ㅎ는 츌믈 말고 쏘 집 지으실 디 보태라 ㅎ야 겨오
> 시다 ㅎ오니 언마나 보낼고 답장이나 써 보내오셔야 아니 보내옵 돈 열 냥을
> 어더 두엇스오디 두 가지로 눈호기는 너모 젹은 듯ㅎ오니 싱각ㅎ오셔 답장의
> 보내시는 수롤 쓰고 보내옵쇼셔 크니와 어이 보낼고 민망ㅎ오이다 화상ㅎ는
> 츌믈이야 보내는 줄 □신끠 아니실 거시니 예셔 보내는디 혼디 보내오려 □
> □ 눈호기 졀□□여 ㅎ옵 먹은 즉시 밧즈왓스오나 이리 약을 브치고 잇습기

예 술이도 못 알외오니 죄 만수오이다 이월 십구일 복인 김〈선세언독-34,_
1700~1714년,_안동김씨(아내)→송요화(남편)〉

　[뜻밖에 적으신 것을 보고 (어른들을) 모시어 평안하시니 기쁘며 나는 돼지
고기를 내내 부쳤는데, 오늘은 조금 나으니 점점 낫지 않겠습니까? 어제 여기
에서 하인이 가는데 삼연(三淵) 아주버님(=김창흡) 편지를 보내었다고 하더니
미처 보지 못하고 계신가 싶으니 답답하며 초상화를 그리는 데에 필요한 물
품 말고 또 집 지으시는 데에 보태라고 하셨다고 하오니 얼마나 보낼지 답장
이나 써서 보내셔야 (돈을) 보내지 않겠습니까? 돈 열 냥을 얻어 두었으되 (초
상화를 그리는 물품과 집 짓는 값) 두 가지로 나누기는 너무 적은 듯하니 '생
각하시어서 답장에 보내시는 액수를 쓰고 보내십시오'(라고) 하였지만, (돈이
너무 적어) 어찌 보내는지 민망합니다. 초화상을 그리는 물품이야 보내는 줄
을 □신께 아니하실 것이니 여기에서 보내는 데에 함께 보내려고 □□(하는
데) (돈이 너무 적어) 나누기가 절박합니다. 먹은 잘 받았으나 이렇게 약을 부
치고 있기에 상사리도 못 아뢰오니 죄가 많습니다. 이월(二月) 십오일(十五日)
복인(服人) 김(金)]

　남편과 자주 소식을 주고받지 않은 듯하다. 편지의 서두가 '뜻밖에 적으
신 것을 보고'로 시작하고 있어, 편지 등으로 보내는 소식 전달이 그리 많
지 않았던 것으로 보인다. 편지 마무리 부분에 상사리를 못 보내는 이유로
몸이 아프기 때문으로 적고 있는데, 김호연재도 남편에게 편지를 보낸 것이
그리 많지 않았던 듯싶다. 또한 어제 여기서 하인이 갈 때 삼연 아주버님
편지를 보냈는데 보내온 편지에 이러한 내용이 없음을 지적하는 것을 보면
하인에게 삼연 아주버님의 편지를 보내는 와중에도 그간의 사연, 소식 등을
별도로 전달하지 않은 듯하다.

편지 내용의 많은 부분은 남편이 편지에 돈이 필요한 이유로 남편이 초상화를 그리는 것과 집을 짓는 것에 돈이 필요하니 보내라는 말만 하고 액수 등의 자세한 내용을 적지 않아 얼마나 보내야 하는지 곤란하다는 내용과 얻어 놓은 돈이 얼마 되지 않는다는 내용으로 채워진다. 집 짓는 데 보통 많은 돈이 드는 것이 아닐 텐데 그 비용을 조달해야 했으나, 얻어 놓은 돈이 그리 많지 않다는 사연에서는 안주인으로의 힘겨움이 확인된다. 송씨 가문의 안주인으로서 역할을 잘 나타낸 것이다.

홍학희(2010:92)에서는 편지에서 언급한 집을 '소대헌'으로 추측하는데 송요화는 1714년에 송촌으로 당을 옮겨 짓고 '소대헌' 이름의 사랑채를 지었기 때문이다. 그렇다면 이 편지의 작성 상한선은 1714년이 되지만, 하한선은 그리 멀지 않은 1710년 이후로 판단된다. 또한 편지 끝에 '복인(服人) 김(金)'이라 적었는데, '일 년이 안 되게 상복(喪服)을 입는 사람『표준국어대사전』'을 '복인(服人)'이라 하는데, 1710년에서 1714년 사이에 김호연재가 상복을 입을 만한 상사가 은진송씨 송준길가에서는 확인되지 않는다. 김호연재의 친가에서 큰오라버니 김시택이 1713년 8월 14일 세상을 떠나는데, 이때의 김호연재가 상중에 있었던 것으로 추정된다. 이 한글 편지의 작성 시기를 1713년에서 1714년 사이로 좁혀 볼 수 있을 듯하다. 한편, 어제 하인에게 보냈는데 남편의 뜻밖의 편지가 어제와 오늘 사이에 도착하여 다시 답장을 쓰고 있으니, 송요화는 법천에서 그리 멀지 않은 곳에 머물고 있었던 것으로 보인다.

시아주버니에게 보낸 편지의 콩을 빌리는 내용이 송씨 가문의 안주인으로서의 역할을 실행한 것이라면, 남편에게 보낸 편지에서 남편이 요구한 초상화를 그리는 비용과 집을 짓는 비용을 준비하는 힘겨운 역할 또한 가문의 안주인으로서 달갑지 않은 역할이었던 것이다. 아들 송익흠이 기록한

〈遺事(유사)〉에는 '가세가 아주 어려우나 일찍이 크게 결핍되지 않으니 일가들이 다 부인이 아니면 능히 하지 못하였다고 하였다.'는 내용이 있어서, 김호연재가 송씨 가문의 큰살림을 맡은 것도 초상화를 그리는 비용, 집을 짓는 비용 등을 마련하는 것도 안주인의 역할로 인식하였던 것이다.

4.3. 일상생활의 이야기는 친가 식구라도 한글 편지—한문으로 하니 밉고 가증스럽다

김호연재의 세 번째 편지는 어머니 안동김씨가 아들인 송익흠에게 보낸 것으로 추정하였으나(박부자 2008:183~184; 한국학중앙연구 편 2009:35 등), 문희순 (2017:255)에서 판독문의 오류와 함께 수신자와 발신자 정보를 수정해 고모인 안동김씨가 친가 조카인 김겸행에게 보낸 것임을 밝혔다. 이 편지에는 김호연재가 한시를 짓고 산문을 지을 정도로 한문에 능통하였지만, 일상적인 이야기를 전할 때는 한글 편지를 주로 사용한 언어생활이 엿보인다.

　겸행 답셔
　요ᄉᆞ이는 뫼옵고 됴히 잇는다 뎌적 글시 보고 됴히 잇는 줄 알고 든든 깃브나 언문 서너 줄 쓰기 므어셔 슬ᄒᆞ여 ᄀᆞ초야 진셔로 ᄒᆞ야시니 뮙고 가증ᄒᆞ다 진힝 병은 요ᄉᆞ이 엇더ᄒᆞ니 ᄉᆞ응이 가셔 모다 든든이 디내는 일 보는 닷ᄒᆞ고 긔특ᄒᆞ다 졈디 아닌 것들이 모다셔 ᄀᆞ래옴 ᄒᆞ디 말고 글이나 보와라 파ᄲᅧ 긔별은 다시 못 드러실 거시니 죡히 념녀롤 ᄒᆞ랴 보는 닷ᄒᆞ다 은집 굿근 일은 하 참혹ᄒᆞ니 므슨 말 ᄒᆞ리 명힝이 일은 졍니([평니]) 하 잔잉 블샹블샹ᄒᆞ오니 ᄎᆞ마 닛디 못ᄒᆞ다 나는 겨유 디내나 녀긔 침식홀 긔약이 업ᄉᆞ니 졀박ᄒᆞ노라 ᄒᆞ기 ᄀᆞ이업ᄉᆞ며 지쳑이라도 사랏다가 만나 볼가 시브디 아냐 ᄆᆞ음이 굿브기

ᄀ이업다 총망□야 다 못 뎍노라 내내 ᄆ스히 잇거라 오월 초오일 □□〈선세언독-35, 1708~1722년, 안동김씨(고모)→김겸행(조카)〉

[겸행(謙行)에게 보낸 답장

요사이는 모시고 잘 있느냐? 지난번에 글씨 보고 잘 있는 줄 알고 든든하고 기쁘지만 언문 서너 줄 쓰기가 무엇이 실어서 갖추어 진서(한문)로 하였으니 밉고 가증스럽다. 진행(晉行)의 병은 요사이 어떠하냐? 사웅(士鷹)이가 가서 모두 든든이 지내는 일을 보고 기쁘고 기특하다. 젊지 않은 것들이 모여서 다른 사람에게 해를 끼치지 말고 글이나 보아라. 파주의 기별은 온갖 종류를 (다) 못 들었을 것이니 오죽 염려를 하겠느냐? 보는 듯하다. 은집의 좋지 않은 일은 매우 참혹하니 무슨 말을 하겠느냐? 명행(明行)의 일은 정리(情理)가 매우 자닝하고 불쌍하고 불쌍하니 차마 잊지 못하겠구나. 나는 겨우 지내니 전염병이 돌 기운이 가라앉아 그칠 기약이 없으니 절박하다고 하기에 (염려가) 끝이 없으며 가까운 곳에라도 살았다가 만나볼까 싶지 아니하여 마음이 안타깝기 끝이 없다. 총망하여 다 못 적는다. 내내 무사히 있거라. 5월 5일]

편지의 내용을 정리하면 다음과 같다. '어른들 모시고 잘 있느냐? 안부를 들으니 기쁘다. 그런데 언문으로 쓰기 싫어 한문으로 쓰니 밉다. 진행의 병은 어떠냐? 사웅도 함께 지내니 기쁘다. 젊지 않은 것들이 모였으니 글을 읽어라. 파주의 기별을 듣지 못하니 염려되고 은집의 좋지 않은 일도 참혹하다. 명행의 일은 매우 자닝하고 불쌍하다. 전염병이 그치지 않으니 염려되며, 가까운 곳에 살다가 만나볼까 싶지 않으니 안타깝다.' 등이다.

먼저, '겸행 답서'를 기존의 논의에서는 '겸행(兼行) 답서(答書)', 즉 가는 편에 함께 보내는 답장으로 보았으나, 김겸행(金謙行, 1696~1770)이 보낸 편지의 답장으로 보는 것이 타당하다. 김겸행은 김호연재의 둘째 오빠 김시윤(金

時潤, 1666~1720)의 아들로, 1711년 김호연재가 친가가 있는 오두리에 다녀올 때 동행하기도 하였다. 김호연재가 김겸행에게 시를 지어서 주고, 돌아가는 길에 몇 편을 더 지어 보낸 기록이 확인된다.

신묘ᄌ오두귀회쳔겸딜빈닉귀후유시고초운인별시심ᄉ(신묘의 오두로브터 회쳔의 도라오니 겸딜이 뫼셔 왓다가 도라간 후 시롤 주엇고 고로 초운ᄒ고 인ᄒ야 니별홀 째 심ᄉ롤 보닉노라)〈증조고시고 下:11b〉

김호연재와 친가 조카인 김겸행이 한시를 함께 즐기는 관계인 것은 확실하지만, 일상적인 이야기까지 한문으로 작성하여 주고받기보다는 언문으로 주고받는 것을 선호한 듯하다. 그리고 글 읽기를 하라는 내용은 한시를 주고받는 관계에서 벗어나 조카들의 공부를 염려하는 마음이 앞섬을 알 수 있다. 또한 이 편지에는 큰오빠와 작은오빠의 아들인 진행(晉行), 명행(明行), 겸행과, 사응(士鷹)이 언급되는데, 사응(士鷹)은 사촌 아우 김시한(金時翰)을 가리킨다. 친가 조카들에 대해서는 이름을 직접 부르고 사촌 아우는 호를 부르고 있는데, 아마도 항렬에 따라 이름을 부르는 것과 호를 사용하는 것을 달리한 듯하다. 특히, 명행은 김시택의 맏아들 김명행(金明行, 1678~1718)을 가리키는데, 1681년에 태어난 김호연재보다 나이가 더 많지만, 친가 조카라는 이유로 이름을 그대로 인용한다.

한편으로, 이 편지의 작성 시기를 짐작할 수 있는 인물이 친가 조카인 명행이기도 하다. '명힝이 일은 졍니 하 잔잉 블샹블샹ᄒ오니 초마 닛디 못홀다(명행(明行)의 일은 정리(情理)가 매우 자닝하고 불쌍하고 불쌍하니 차마 잊지 못하겠구나.)'에서 명행이 세상을 떠난 것을 가리킨다. 이 편지의 작성 시기는 명행이 세상을 떠난 1718년 이후가 될 것이다. 그런데 김호연재의 둘째 오빠 김시윤(金時潤, 1666~1720)이 1720년에 세상을 떠나는데, 이 시기 이후라면 편지에 그러한 내용을 담았을 것이다. 그러나 그 흔적은 편지 어디에서도 찾아볼 수 없다. 상한선은 김호연재가 세상을 떠난 1722년이 아니라 1720년으로 축소된다.

이 편지의 내용은 김호연재가 친가 식구의 갑작스러운 죽음과 병환 걱정, 글 읽기 권유, 자주 만나지 못해 애처로운 마음 등 친가 혈육에 대한 두루두루 오르내리는 감정을 잘 드러낸 것이다(문희순 2017:257). 그런데 이러한 감정을 한시를 지어서 보낼 수 있었겠지만, 여러 사연을 세세히 전달하는 데는 한계를 가질 수밖에 없다. 즉 일상생활의 여러 이야기는 전달할 때는 한시가 아니라 이처럼 한글 편지를 이용하여 구체적인 내용을 전달하는 효과를 얻었던 것이다. 겸행이 이전에 보낸 '뎌젹 글시'는 한시가 아니라 한문 간찰이었던 것이며, 김호연재에게는 일상적인 이야기를 전달할 때는 한문보다는 언문이 한결 편리하였다.

5. 마무리

김호연재가 작성한 한글 편지는 3건이다. 세 편 모두 송준길 후손가에 내려오는 한글 편지첩 『선세언독』에 배첩되었다. 배첩 순서에 따라 편지 번호를 붙여 〈선세언독-34〉, 〈선세언독-35〉, 〈선세언독-40〉으로 분류한다. 〈선세언독-34〉는 남편인 송요화에게, 〈선세언독-35〉는 고모로서 친가 조카인 김겸행에게, 〈선세언독-40〉은 제수로서 시아주버니인 송요경에 보낸 편지이다.

작성 시기를 정확히 알 수 있는 것은 〈선세언독-40〉뿐이다. 편지에 작성한 일시를 '을유 납월 십스일'처럼 간지까지 적고 있어서, 을유(乙酉, 1705)년 12월 14일에 작성된 것임을 알 수 있다. 다른 두 편지에는 월일만 적힌다. 〈선세언독-34〉에는 '이월 십구일', 〈선세언독-35〉에는 '오월 초오일'로 기록되어 정확한 시기를 알기 곤란하다. 다행히 편지 사연 중에서 그 작성 시기를 좁혀 볼 수 있는 부분이 있다. 〈선세언독-34〉에 적힌 집을 짓는다는 사연에서 해당 집이 '소대헌'을 의미하는 것으로, 집을 다 짓고 입주한 1714년이 상한선이 된다. 그리고 편지의 끝이 김호연재 스스로 '복인 김'이라 작성하는데, 시가와 친가의 상사를 모두 고려해 보면 1713년에 세상을 떠난 큰오빠인 김시택이 대응된다. 작성 시기가 1713년에서 1714년 사이로 대폭 축소된다. 〈선세언독-35〉는 1708년에서 1722년 사이에 작성된 것으로 추정하는데, 편지 내용 중에서 친가 조카인 김명행(金明行, 1678~1718)의 사망을 매우 안타까워한다. 김명행은 1718년 세상을 떠나며 둘째 오빠 김시윤(金時潤, 1666~1720)이 1720년에 세상을 떠나지만, 관련 사연을 적지 않은 것을 고려하면, 이 편지의 작성 시기의 하한선은 1718년, 상한선은 1720년으로 줄어든다.

김호연재는 오늘날 조선 후기의 여성 문인으로 자리매김되었다. 그런데 이러한 자리매김은 조선시대에 결코 이루어진 것이 아니다. 송준길 후손가에서 보존된 문헌 자료를 보면, 김호연재는 244편의 한시와 산문이 전래되어 허난설헌의 213편과 비교해도 작품 숫자에서 그리 밀리지 않는다. 단지, 허난설헌과 달리 김호연재의 한시는 가문 밖으로 알려진 것이 아니라 김호연재와 관련된 가문 안에서, 즉 가문의 담장 안에서만 공유되어 읽히고 정리되었다.

김호연재와 김호연재가 창작한 문학 작품의 존재는 조선시대 내내 담장밖을 넘지 못한 채, 사후 250여 년 동안 송준길 후손가 등에서 가전되었을

뿐이다. 담장 밖을 넘어 소개된 것은 1977년 호연재의 9대손 송용억(1914~
2005)에 의해 발간된『호연재시집(浩然齋詩集)』이 처음이었다. 발생 부수가 그
리 많지 않고 한글 번역되지 않아 그 전파력은 극히 낮았다. 김호연재가 학
계에 본격적으로 알려진 것은 1995년 이후의 일이다. 10대손 송봉기(1937~
2012)가『호연재시집(浩然齋詩集)』에『자경편』과 후손들의 여러 기록을 부록
으로 첨가되고, 한글로 번역하여 출간한 이후부터 학계에 본격적으로 알려
지게 된다(송창준 역 1995).

김호연재와 김호연재의 문학 작품이 후손에 의해 세상에 알려지지만, 그
이전 시기에는 김호연재는 가문과 관련된 인물 이외에는 알려지지 않는다.
또한 한시와 관련해서는 가문의 담장 안의 일부분에서 '김호연재'라 불리었
지만, 그녀는 대부분 송요화의 아내 안동김씨로 인식되었으며, 특히, 한시
가 아닌 경우에는 송씨 가문 안에서의 관계에 따른 "존고 김 부인"과 같이
기록될 뿐이다. 즉 가문의 담장 안에서는 '안동김씨'로 기억되고 기록되었
던 것이다. 오늘날 김호연재가 '조선 후기의 여성 문인'으로 그리고 그의
시 세계를 바탕으로 여성 군자로 평가되는 것은 그녀의 문학 작품이 가문
의 담장 밖으로 나왔기 때문이다. 물론, 조상의 전적을 매우 귀중히 여기며
대대로 보존하고 정리한 후손들의 역할도 매우 기여한 바가 크다.

김호연재의 연구는 근래에도 최선혜(2020), 김호연재 산수시의 군자 의식,
김미선(2020), 친정(親庭) 김성달가(金盛達家)의 문학적 전통과 여성시인 김호
연재(金浩然齋)-4차 산업혁명시대 포용적 인문학 가치로서의 호연재 재발견
-등처럼 그 폭을 넓히고 있다. 그럼에도 불구하고 담장 안에서 기억되었던
조선시대의 '안동김씨'도 잊지 말아야 할 것이다.

8장

장모로서의 이야기

그대가 고맙게 하는 일은 내 이생에서 갚지 못할 것이네

(『순천김씨묘 출토 언간』 등을 통해 본
사위는 백년손님, 사위를 받드는 장모)[1]

1. 서론

이 글은 장모와 사위가 주고받은 조선시대 한글 편지를 대상으로 서로의
높임법 관계를 고찰하는 것을 목적으로 한다. 장모와 사위의 사회적 관계에
는 서로의 대우 관계도 포함되는데, 조선시대 한글 편지에는 높임법 표현이
매우 잘 드러난 대표적인 자료이다. 그러므로 조선시대 한글 편지에 표현된
높임법 체계를 분석한다면, 장모와 사위 사이에 맺어진 사회적 관계의 단면
이 확인될 것이다.

우리 사회에 양성평등이 자리를 잡아가면서, 예전부터 일컬어지던 고부
갈등 못지않게 장모와 사위의 갈등도 만만치 않은 사회 문제가 떠오르고
있다. 이는 여성들의 사회 진출이 많아지고, 그만큼 경제력이 확보되면서
예전의 남성 가족들이 요구한 만큼 여성 가족들도 동등한 요구를 하기 때

---

1   이 글은 '조선시대 한글 편지에 나타난 장모와 사위의 높임법 연구'의 제목으로 『탐라
     문학』 제64호(2020.6)에 실린 것임을 밝힌다.

문으로 보이는데, 조선시대의 장모와 사위 관계에서 '장모'에게 '사위'는 우리가 익히 알고 있다고 생각했던 '백년손님'으로 받아들여졌는지 궁금하다.

현대의 우리 사회에서는 장모에게는 아직도 사위를 '백년의 손님'으로 보는 시각은 여전히 존재하는 것 같지만, 육아 등을 위해 친가 부모의 출입이 잦게 되면서 사위에게 부정적인 심리적 긴장 상태가 증가하는 현상도 분명하게 드러난다. 실제로 가정법률상담소 문을 두드린 남성의 4분의 1이 배우자나 그 직계 존속과의 갈등을 호소하는데, "딸의 편의를 위해 친가 부모가 양육과 가사에 도움을 주면서 자연스럽게 왕래가 늘어나고, 그에 따른 장모와 사위 간 갈등의 증가로 인한 결과로 보인다(전세송·유재언 2017:234)."

그런데 장모는 사위를 '백년손님', 즉 한평생을 두고 늘 손님으로 맞이하였다는데, 일반적으로 이러한 관계가 전통적인 관계로 일컬어지고 있다. '백년손님'과 비슷한 어휘로 '백년지객(百年之客), 백년교객(百年驕客), 백년손' 등도 사용되는데, 그 전통이라는 것이 어느 시기부터 시작된 것인지 기준점 설정이 쉽지만은 않다. 구비 문학 자료와 고전 문학 자료 등을 통하여 장모와 사위의 관계를 밝힐 수도 있지만, 해당 자료가 많지 않은 것으로 알려져 있으며, 시대도 19세기 이전으로 거슬러 가기 어려운 점이 없지 않다. 조선시대 한글 편지는 중세국어 시기부터 20세기 전반기까지 분포되어 있어서, 앞선 시기의 장모와 사위 관계를 연구할 수 있다. 또한 한글 편지에는 발수신자의 관계에 따라 높임법 체계에 관련된 종결어미나 어휘 등이 달리 사용된다. 장모와 사위에게 서로 어떤 등급의 높임법을 사용하는지 분석된다면 장모와 사위 사이에 나타난 사회적 관계가 확인될 것이다.

현재 우리 사회에 노출되고 있는 장모와 사위의 갈등 관계를 해소하는 방안을 탐색하기 위하여 조선시대 한글 편지에 나타난 장모와 사위의 관계를 살펴보고자 한다. 장모와 사위가 서로 주고받은 편지에서 각각 어떠한 높임법 표현을 사용하고 있는지 분석해 낸다면, 조선시대의 장모와 사위 사이에 맺어진 사회적 관계가 확인될 것이고, 그 안에서 현재의 우리 사회에 널리 대두되고 있는 장모와 사위의 갈등을 개선할 사회적 실마리를 찾지 않을까 기대한다.

2. 기존 연구 및 연구 대상

2.1. 장모와 사위 관계 연구사

우리 사회에서는 사위의 부정적인 심리적 긴장 상태가 점차 높아지고 있는데, 그 관계에 대한 연구는 양적으로나 질적으로 많은 편이 아닌 듯하다. 장모와 사위의 관계를 중요하게 다룬 논의는 석사 학위 논문에서 다루어지기 시작하는데, 고부 갈등과 함께 다루고 있거나(박정윤 1993; 유연지 2006), 사위가 장인과 장모에 대한 부양 의식과 부담감을 어느 정도 지니고 있는지(우미향 2003) 논의한 것으로 장모와 사위의 갈등에 초점을 맞춘 것은 아니다. 장모와 사위의 관계에 초점을 맞춘 석사 학위 논문의 편수가 점차 늘어나고 있지만, 10여 편에 불과하다(김혜리 2011; 전세송 2011; 오혜정 2011 등). 장모와 사위의 관계 등에 초점을 맞춘 박사 학위 논문에서는 친정어머니와 배우자가 정서적으로 친밀할수록 부부 관계와 장모와 사위 사이의 관계에 부정적인 영향을 미친다고 보거나(김혜선 2011), 장모의 측면에서 장모와 사위 관계의 양상을 살펴보면서 관련 변인을 장모의 개인적 변인(자아존중감, 자아탄력성, 장모의 결혼만족도), 사위 관련 변인(장모-사위 결속도, 공유된 가족 정체감), 딸 관련 변인(모녀분화, 장모가 지각한 딸의 결혼만족도) 등의 변인을 주장한다(전세송 2013). 장모와 사위의 갈등이 둘 사이에 나타나는 것이 아니라 가족 체계라는 관계 속에서 상호 영향을 주고받으며, 장모와 사위 사이의 갈등을 해소하기 위해서는 부부를 포함한 전체 가족 체계 속에서 접근해야 한다는 논의도 보인다(원정은 2016).

장모와 사위의 관계를 다루는 학술 논문은 2000년 이후에 주로 나타난다. 그런데, '가족' 관련 학문 분야가 아닌 고전 문학과 관련된 논문에서 먼저 다루어진 점은 매우 특이하다. 설화에 나타난 장모와 사위의 갈등 양상과 해결 방안을 모색하면서 갈등 해결 방안으로 '첫째, 남편에 대한 아내의 극진한 배려, 둘째, 사위의 능력 신장과 장모의 인정'을 제시하면서 현대의 장모와 사위의 갈등 양상을 해결하는 도구로 사용될 수 있다고 주장한다(서은아 2007). 서사 민요를 대상으로 하거나(서영숙 2009), 구전 설화를 중심으로 처가와 사위의 관계를 살펴보는데(윤승준 2011), 이들은 현전하는 구비 문학을 대상으로 한 것으로 근래에 채록된 자료를 그 연구 대상으로 삼고 있다. 예를 들어 구비 설화집 『한국구비문화대계』 82권과 『한국구전설화: 임석재전집』 12권, 그리고 문헌 설화집 『청구야담』을 대상으로 하고 있는데(서은아 2007), 앞의 두 문헌은 각각 1980년에서 1988년, 1987년에서 1993년 사이에 간행된 것으로, 채록 시기는 아무리 빨라도 20세기 이전의 것은 아니다. 『청구야담』은 19세기 중엽 전후에 이루어진 것으로 추정되는데(『한국민족문화대백과사전』), 단 세 편만 연구에 인용된다. 두 편은 경제적인 능력의 부족으로 처가살이를 하고 있는 사위의 이야기로 천대받고 무시당하는 내용이 서술되며, 나머지 한 편은 성격적인 결함으로 분류한다(서은아 2007:188-190, 194-195). 그러나 이 글도 앞의 두 편과 같이 데릴사위라는, 즉 처가살이를 하고 있는 사위와 관련된 이야기로, 세 편 모두에서 '처가살이'가 공통적인 요소인 것이다. 또한 한 편만이 장모와의 갈등이 묘사되어 있으며, 다른 두 편에서는 처가 식구들과의 갈등이 중심이지만 생활 공간을 공유한 처가 식구와의 갈등으로 묶을 수 있고, 또한 한쪽이 너무나도 열세라는 측면에서 현대의 장모와 사위의 갈등 연구와는 완벽히 부합된다고 하기는 어려워 보인다. 한편, '가족' 관련 학문 분야의 학술 논문은 10여 편이 확인되는데(오혜정·박경란 2011; 전세송·유재언 2017 등), 앞에서 살펴보았던 학위 논문의 저자와 대부분 겹친 것으로 보면 연구자의 폭은 그리 넓지 않은 듯하다. 이러한 까닭인지 일정한 집단을 대상으로 설문 조사를 한 뒤에 그에 대한 통계학적으로 분석하는 연구 방법론을 대부분 사용하고 있으며, 현재를 살아가고 있는 21세기의 인물들을 연구 대상으로 삼고 있다.

구비 문학 자료를 연구 대상으로 삼은 연구도 20세기 이전으로 거슬러 올라가기 어렵다. 『한국구비문화대계』 등의 자료를 중심으로 1980년 이후에 조사된 처가식구-사위 관계 서사민요 11편을 다루고 있거나(서영숙 2009), 『한국구전설화: 임석재전집』에 실린 1930~40년대에 채록된 설화를 중심을 처가와 사위의 관계를 조망하고 있다(윤승준 2011). 사위에 대한 처가의 기대와 실망 및 괄시의 원인으로 문벌과 학식, 경제적 요소, 성품, 외모 등이 등장하며, 이에 대한 처가의 기대에 충족 여부에 따라 사위의 대우가 대폭 달라진 것으로 설명하고 있다(윤승준 2011:94-95). 이들 연구는 구비문학을 대상으로 하여 대부분 20세기를 벗어나지 못하고 있으며, 『청구야담』에 실린 몇 편을 고려하더라도 19세기 중엽 이전의 상태를 확인하기는 쉽지 않다.

장모와 사위의 관계와 관련된 연구 논문들은 이처럼 현대라는 시대적 한계를 벗어나지 못한 상태이다. 그런데 조선시대 한글 편지는 현대라는 시대적 한계를 벗어나 조선시대에 나타나는 장모와 사위 사이에 나타나는 사회적 관계가 확보되는 자료적 가치를 지닐 것으로 예상된다.

2.2. 백년손님은 언제부터

『소재집(穌齋集)』[2]의 〈소재선생문집권지사(穌齋先生文集卷之四)〉에 실린 '중오야음(重午夜吟, 중오일(=단옷날) 밤에 읊다)'이라는 시에 '백년객'이 보인다. 이 시는 1665년에 작성된 것으로, 전체 내용은 울타리 저 편에서 삼형제가 자기 모친에게 잔치를 베풀지만, 자신은 홀로 타지에 있는 외로움을 읊은 것이다. 한시의 원전은 '蒲香汎汎出傍籬。昆弟歌呼獻壽時。不信羈孤百年客。背燈堅坐淚雙垂'이며, 우리말로 옮기면 "창포 향기가 울타리 너머서 물씬물씬 풍겨라. 삼형제가 노래 불러 모친게 헌수하는 때로다. 일생을 타관에 갇혀 있는 이 외로운 나그네가 등불 등지고 앉아 눈물 흘리는 걸 믿지 않겠지."로 풀이된다(노수신 2018:305). 그런데 여기서의 '백년객'을 '일생을 사는 나그네'라고 풀이하고 있는데 이 세상에 태어나서 백 년밖에 살지 못하고 죽는 사람을 뜻하는 것으로 보인다. '백년객(百年客)'이 『소재집(穌齋集)』을 포함하여 '시(詩)'에서만 검색되고 있는데,[3] 현대에서 널리 알려진 '사위'의 의미가 아니라 백 년도 못 살고 손님처럼 이 세상을 떠나가는 사람을 가리키는 것이다.

'사위'를 가리키는 '백년객(百年客)'은 1789년(정조 13)에 만들어진 『고금석림(古今釋林)』[4]에 나타나며, 가장 이른 시기의 것으로 보인다. 〈古今釋林 28, 東韓譯語, 釋親〉에 '百年客. 本朝. 俗謂婿曰百年客.'이라 하였는데, 그 뜻은 '우리나라(조선), 세속에서 사위를 백년객(百年客)이라 부른다.'는 것이며, 18

---

2   조선 시대의 문신이자 학자인 노수신(盧守愼, 1515~1590)의 개인 문집을 일컫는다.

3   '한국고전번역원'의 〈한국고전DB〉(http://db.itkc.or.kr/, 2020.2.10.)

4   이 책은 조선 후기의 문신인 이의봉(李義鳳, 1733~1801)이 역대의 우리말과 중국어·일본어 등 여러 나라의 어휘를 모아 해설한 어휘집으로, 40권 20책의 필사본으로 이루어져 있다.

세기에 '백년객'이 '사위'를 뜻하고 있음을 확인할 수 있다. 이처럼 사위를 가리키는 현대 어휘인 '백년손님, 백년지객(百年之客), 백년교객(百年驕客), 백년손' 중에서 '백년손'의 '손'을 한자 '객(客)'으로 바꾼 어휘가 18세기 말기의 작성된 자료에서 확인이 되며 그 이전 시기는 파악되지 않는다. 그러나 '소재집(穌齋集)' 등에 실린 시를 고려하면, 17세기에 사위를 '백년객(百年客)'이라 불렀을 가능성이 낮을 것으로 추정된다.[5]

2.3. 장모가 사위에게 보낸 편지[6]

이 글에서 다루는 사대부가 여성 언간의 총 편수는 630건이다. 그런데 장모라는 가족 지위로서 보낸 편지는 15건에 불과하다. 비율로는 2.4%에 해당한다. 게다가 사위가 보낸 편지는 이보다 더욱 적다. 사대부가 남성 언간에서는 총 463건 중에서 손녀사위가 보낸 편지 1건까지 포함해서 6건에 불

---

5 단지, 18세기나 19세기에 작성된 각 문집의 '시(詩)'에서도 '백 년도 못 사는 사람'을, 즉 이 세상을 지나치는 손님 또는 나그네라는 의미로 '백년객(百年客)'이 사용되고 있어서, '시(詩)'와 '속위(俗謂)', 즉 세속에서 이르는 의미가 달랐을 가능성도 없지는 않다.

6 왕실 관련 언간에서 '장모'가 '사위'에게 보낸 편지 여러 편이 확인된다. 황문환 외(2013)에서는 셋째 사위 윤의선에게 보낸 〈순원-01〉〈순원-03〉〈순원-04〉이 확인되는데, 앞의 한 편은 'ᄒ라체'를 나머지 두 편은 'ᄒ소체'에 대응되나, 종결어미에는 '-소'와 함께 '-ᄂᆡ'를 혼용한 것으로 보아 'ᄒ오체'와 'ᄒ소체'가 구분되지 않은 채 사용된 것으로 판단된다. 즉 중세국어의 삼 등급 체계를 계승한 것이다 최근에 알려진 한글박물관 소재의 언간인 〈순원한글박-05〉~〈순원한글박-28〉, 개인(석주선) 소유의 〈순원석주선-01〉~〈순원석주선-03〉 등 '사위'에게 보낸 다수의 편지는 둘째 사위인 김병주, 셋째 사위인 윤의선 등에게 1830~40년대에 보낸 편지로 소개된다. 이들 편지에서도 '-소'와 함께 '-ᄂᆡ', '-식'가 혼용되는데, 〈순원-01〉의 'ᄒ라체'는 유일하다. 사대부가 언간에 나타난 높임법 등급 체계와 다른 경향을 보이고 있어서, 왕실 관련된 언간에 대한 높임법 등급이 먼저 정리되어야 할 것으로 보인다. 여기에서는 이들을 제외하고 논의를 진행하고자 한다. 왕실 언간에서 '장모'가 '사위'에게 보낸 것만 확인되며, 그것도 19세기 전반기의 '순원왕후 언간'에서만 나타나는 것도 제외하는 이유 중의 하나이다.

과하다. 1.3%의 비율을 차지한다. 전체 연구 대상 중에서 장모 또는 사위로서 작성된 편지가 이토록 적은 것은 서로 주고받은 기회가 적었음을 방증하는 것으로 이해된다. 그러나 장모로서의 빈도로는 어머니, 아내, 딸, 며느리, 할머니라는 가족 지위 다음의 순위, 사위로서는 남편, 시아버지, 아버지, 아들, 남동생 다음의 순위를 차지하고 있기 때문에, 수치만으로 그 가치를 따지기는 간단하지 않다.

『순천김씨묘 출토 언간』: 4건
〈순천김씨묘-048,_1550~1592년,_신천강씨(장모)→채무이(사위)〉
〈순천김씨묘-152,_1550~1592년,_신천강씨(장모)→채무이(사위)〉
〈순천김씨묘-163,_1550~1592년,_신천강씨(장모)→채무이(사위)〉
〈순천김씨묘-189,_1550~1592년,_신천강씨(장모)→채무이(사위)〉

『은진 송씨가 송준길가 『선세언독』 언간』: 3건
〈선세언독-03,_1633년,_진성이씨(장모)→송준길(사위)〉
〈선세언독-13,_1661~1697년,_안동권씨(장모)→송병하(사위)〉
〈선세언독-14,_1678~1697년,_안동권씨(장모)→송병하(사위)〉

〈안동권씨 언간〉: 1건
〈안동권씨-1,_1830년,_안동권씨(장모)→여명섭(사위)〉

『의성김씨 학봉 김성일가 언간』: 5건
〈김성일가-086,_1846년,_아주신씨(장모)→김흥락(사위)〉
〈김성일가-087,_1847년,_의성김씨(장모)→김진화(사위)〉

〈김성일가-088,_1855년,_아주신씨(장모)→김흥락(사위)〉

〈김성일가-089,_1867년,_선성김씨(장모)→김응모(사위)〉

〈김성일가-090,_1850~1862년,_아주신씨(장모)→김흥락(사위)〉

『은진송씨 송병필가 언간』: 2건

〈송병필가-88,_1869년,_여산송씨(장모)→송병필(사위)〉

〈송병필가-89,_1884년,_여산송씨(장모)→송병필(사위)〉

　『순천김씨묘 출토 언간』은 16세기 후기 자료이며, 『은진 송씨가 송준길가 『선세언독』 언간』은 17세기 중기, 〈안동권씨 언간〉과 『의성김씨 학봉 김성일가 언간』은 19세기 중기, 『은진송씨 송병필가 언간』은 주로 19세기 후반기에 작성된 편지이다. 16세기 자료가 4건, 17세기는 3건이고, 19세기는 8건인데, 18세기에 작성된 자료에서는 장모로서 보낸 편지가 발견되지 않는다.

2.4. 사위가 장모에게 보낸 편지

　이 글에서 다루는 사대부가 남성 언간은 총 463건이다. 이중에서 손녀사위가 보낸 편지 1건까지 포함해서 사위가 장모에게 보낸 편지는 6건에 불과하며, 비율로는 1.3%를 차지한다.

　『진주하씨묘 출토 언간』: 2건

〈진주하씨묘-106/곽씨-1, 17세기 전기(1602년), 곽주(사위)→벽진이씨(장모)〉

〈진주하씨묘-140/곽씨-2, 17세기 전기(1612년), 곽주(사위)→벽진이씨(장모)〉

『은진 송씨가 송준길가 『선세언독』 언간』: 1건

〈선세언독-15, 1660~1696년, 송병하(사위)→안동권씨(장모)〉

『추사가 한글 편지』: 1건

〈추사가-21, 1766~1788년, 김노경(손녀사위)→광산김씨(장조모)〉

『은진송씨 송병필가 언간』: 2건

〈송병필가-68, 1889년, 김병칠(사위)→전주이씨(장모)〉

〈송병필가-69, 20세기 전반, 민영연(사위)→전주이씨(장모)〉

『진주하씨묘 출토 언간』은 17세기 전기 자료이며, 『은진 송씨가 송준길가 『선세언독』 언간』은 17세기 후기, 『추사가 언간』은 18세기 후기, 『은진송씨 송병필가 언간』은 19세기와 20세기 교체기에 해당된다. 편수가 넉넉하지 않지만 17세기부터 19세기와 20세기 교체기까지 고르게 분포한다.

이 글에서는 장모가 보낸 15건과 사위로서 보낸 6건, 총 21건이 연구 대상이 된다. 이들 자료를 작성된 시기로 나누어 각각의 한글 편지에 사용된 상대 높임법과 각 대상에게 사용된 어휘에 나타난 위력 관계, 친소 관계 등을 분석하고자 한다. 높임법 관계가 밝혀진다면 장모로서 사위, 사위로서 장모를 어떻게 배려하며 있었는지 그 단면이 드러날 것이다.

3. 상대 높임법

3.1. 장모의 종결 어미

현대 국어의 상대 높임법은 상대편을 높이거나 낮추기 위하여 일정한 종결 어미가 선택된다. 종결 어미에 따라 '해라체', '하게체', '하오체', '하십시오체', '해체', '해요체'의 여섯 등급의 높임법 체계가 나타나며, 이중에서 '해라체', '하게체', '하오체', '하십시오체'는 아주 낮춤, 예사 낮춤, 예사 높임, 아주 높임 등으로 격식체의 상대 높임을 담당한다. 그런데 16세기의 상대 높임법은 4등급이 아니라 3등급이다. 'ᄒᆞ쇼셔체', 'ᄒᆞ소체', 'ᄒᆞ여라체'로 구분되는데, 현대 국어의 상대 높임법과 대응 관계가 딱 들어맞지는 않지만 'ᄒᆞ쇼셔체'는 '하십시오체'로, 'ᄒᆞ소체'는 '하게체'와 '하오체'로, 'ᄒᆞ여라체'는 '해라체'로 연결된다.

분별ᄒᆞ뇌, 수문 니어 인뇌, 아모거시나 ᄒᆞ로쇠⟨순천김씨묘-048,_1550~1592년,_신천강씨(장모)→채무이(사위)⟩

주글가 ᄒᆞ뇌, 죽고져 ᄇ라뇌, 그리오니 ᄀ이업세⟨순천김씨묘-152,_1550~1592년,_신천강씨(장모님)→채무이(사위)⟩

아ᄆ려나 견듸여 겨소, 두고 견듸소⟨순천김씨묘-163,_1550~1592년,_신천강씨(장모)→채무이(사위)⟩

올려 보내닝다⟨순천김씨묘-189,_1550~1592년,_신천강씨(장모)→채무이(사위)⟩

『순천김씨묘 출토 언간』에서는 '호소체'를 사용한다. 그런데 일반적인 '호소체' 등급에 대응된 것으로 보기 어려운 점들이 있다.

> {셔방님끠} 올 제도 몯 보니〈순천김씨묘-152,_1550~1592년,_신천강씨(장모님)→채무이(사위)〉

> {셔방님끠} 바차 유무 보더 답장 몯 호노라〈순천김씨묘-159,_1550~1592년,_신천강씨(어머니)→순천김씨(딸)〉

〈순천김씨묘-152〉는 장모가 사위에게 보낸 편지이고, 〈순천김씨묘-159〉는 딸에게 보낸 편지이다. 〈순천김씨묘-152〉의 '셔방님끠'는 편지 내용에서 사위를 가리킬 때 사용된 것으로, 높임의 접사 '-님'과 높임의 의미를 가진 격 조사 '끠'가 함께 사용된 것이다. 사위인 당사자를 직접 지칭하는 상황에서 나타난 것으로, '셔방님'을 딸의 남편인 채무이를 딸의 처지에서 높여 지칭한 쓰임새로 해석하기도 한다(조항범 1998:675). 높임의 접사 '-님'이 사용되지 않은 '셔방'에 높임의 격조사 '끠'가 사용된 경우도 보인다. 〈순천김씨묘-48〉〈순천김씨묘-163〉〈순천김씨묘-189〉에서는 편지 뒷면에 '채 셔방끠 답장'으로 수신자(처)를 적고 있는데, 모두 '끠'라는 높임의 격 조사가 사용된다. 세 편 모두 장모가 사위에게 보낸 편지로, 사위를 바로 가리킬 때 사용된다. 딸에게 보낸 편지(〈순천김씨묘-159〉)에서 용법도 사위를 직접 가리킬 때 사용된 것이다. 또한 딸에게 보낸 편지 내용에서도 '셔방님'이 나타나는데, 주로 사위인 당사자를 직접 가리킬 때 사용된다. '{셔방니믄} 올라 간 눈가〈순천김씨묘-013〉, {셔방님} 오늘 아니 완ᄂᆞ냐〈순천김씨묘-121〉' 등이 이에 해당한다.[7]

사위에게 보낸 편지에 '호소체'를 사용하였지만, 딸의 남편을 바로 호칭 또는 지칭할 때에 '셔방끠', '셔방님끠'로 높이는 것으로 본다면, 현대국어의 '하게체'에 해당하기보다는 '하오체'에 근접한 높임 등급으로 판단된다. 현대국어에서는 딸의 남편에게 성을 붙인 '서방'이 사용되지만, 높임의 접사 '-님'이 연결된 '서방님'은 사용하지 않으며, 일반적으로 아내의 남편에게 높임의 '께'를 붙여서 사용하지 않기 때문이다. 그러므로 『순천김씨묘 출토 언간』에 사용된 '호소체'는 '셔방님끠' 등의 적극적인 해석을 바탕으로 본다면 현대국어의 예사 높임인 '하오체' 정도로 해석해야 할 것이다.

특히, 이 자료의 '호소체'를 현대국어에서 장모가 사위에게 일반적으로 구사하는 '하오체'로 해석한다면 17세기의 한글 편지에서 나타나는 '호읍소체'와 '호쇼체'의 자연스러운 연결이 설명된다. 즉, 현대국어의 높임 등급으로 설명하면, '하게체'가 '하십시오체'까지 포함하는, 즉 두 등급이나 높은 높임법 체계에 연결된 것은 자연스럽지 않다. 그러나 16세기의 '하게체'가 17세기에는 '하십시오체'와 '하오체'로 연결된다면, '하게체'가 '하오체'와 공유하는 것은 위력 관계 또는 친소 관계에 따라 사용되는 것이므로 부자연스럽지 않게 된다. 특히, 17세기 초기 편지에서는 '호소체'와 함께 '호쇼 셔체'가 함께 나타나지만, 후기 편지에서는 '호읍소체', '호쇼셔체'가 함께 사용된다.

17세기 문헌인 『은진 송씨가 송준길가 『선세언독』 언간』에서는 높임 등급이 다른 종결어미가 다양하게 나타난다. 주로 '호소체'가 나타나지만, 사위에게 당부하는 내용에서는 '호쇼셔체'도 나타나며, 현대국어의 '하오체'

---

7   그러나 딸에게 보낸 편지에서 사위를 지칭하는 데 항상 '셔방님'이 사용된 것은 아니다. '쏘 채 {셔방이나} 홀가〈순천김씨묘-015〉, 채 {셔방} 되노라〈순천김씨묘-094〉, 채 {셔방} 지비〈순천김씨묘-111〉, 채 {셔방}〈순천김씨묘-112〉'에서처럼 '셔방'도 사용되는데, 이때는 사위를 포함한 그 집안을 가리킬 때 주로 나타난다.

에 연결되는 '호옵소체'도 나타난다.

> 보온 듯 반기니, 무스히 디내니, 민망호실쇠〈선세언독-03,_1633년_진성이
> 씨(장모)→송준길(사위)〉
>
> 힘뻐 호쇼셔, 미양 근심호니이다〈선세언독-03,_1633년_진성이씨(장모)→
> 송준길(사위)〉

> 든든호오이다, 애둘와 호옵, 몰랏습니〈선세언독-13,_1661~1697년,_안동권
> 씨(장모)→송병하(사위)〉
>
> 홀일업스외, 고이호외, 못 뎍습, 보내옵니, 뎍습니, 주옵소〈선세언독-14,_
> 1678~1697년,_안동권씨(장모)→송병하(사위)〉

17세기 후반기에 해당하는 〈선세언독-13〉〈선세언독-14〉에 나타난 '호옵
소체'는 '호소체'보다 높은 등급을 표시하게 되면서 중간 등급이 둘로 나뉘
게 된다(이승희 2007:302). 이러한 '호옵소체'는 18세기에 등장한 '호오체'로
대체되면서 현대국어의 '하오체'와 관련을 맺게 된다.

16세기와 17세기의 한글 편지에서 장모는 사위에게 일반적으로 '호쇼셔
체'를 사용하지는 않고, 중간 높임이 '호소체'를 사용하나 중간 높임에서도
위쪽에 위치한 상대 높임을 지닌 것으로 이해된다. 〈순천김씨묘 언간〉에서
사용된 '셔방님끠'는 '호소체'의 높임 등급으로 높여 표현하면서도 더 높이
려는 의도에서 사용된 것으로 보인다. 특히, 17세기 자료인 〈『선세언독』 소
재 언간〉에서도 장모가 사위에게 보낸 편지에서 '호쇼셔체'가 사용되거나
18세기에 '호오체'로 대체되는 '호옵소체'의 종결어미가 사용되는 것으로
본다면, 장모에서 사위는 중간 등급에서도 더 높여 표현한 대상이었음을 알

수 있다.

18세기 한글 편지에서 장모가 사위에게 보낸 편지는 확인되지 않는다. 그런데 19세기 편지가 초기부터 말기까지 고르게 분포되어 있어서 19세기 전체의 경향을 확인할 수 있다. 1830년에서 작성된 〈안동권씨 언간〉을 비롯하여 〈김성일가 언간〉, 〈송병필가 언간〉에 나타난 종결 어미를 정리하면 다음과 같다.

측냥업습, 오죽 ㅎ 시웁, 짐쟉 ㅎ 시오리잇가, 기다리웁ᄂ이다〈안동권씨-1,_1830년,_안동권씨(장모)→여명섭(사위)〉

뫼웁셔, 수란수란 ㅎ 웁, 디망이웁〈김성일가-086,_1846년,_아주신씨(장모)→김흥락(사위)〉

엇지 ㅎ 웁, 헛부오이다, 그러시리잇가, 일ᄌ 습ᄂ이다, 위름 ㅎ 오니이다〈김성일가-087,_1847년,_의성김씨(장모)→김진화(사위)〉

상긔 ㅎ 웁, 감스감스 ㅎ 웁, 업습ᄂ이다, 기별 ㅎ 웁ᄂ이다, 보내웁ᄂ이다〈김성일가-088,_1855년,_아주신씨(장모)→김흥락(사위)〉

간절 ㅎ 웁, 단녀가시웁, 절박 ㅎ 웁, 성성 ㅎ 더이다, 밋습ᄂ이다〈김성일가-089,_1867년,_선성김씨(장모)→김응모(사위)〉

그만 ㅎ 웁, 보시웁, 만안 ㅎ 웁셔, 여복 ㅎ 웁시리잇가, 츅원이올소이다〈김성일가-090,_1850~1862년,_아주신씨(장모)→김흥락(사위)〉

측냥업습, 젹스오리잇가, 민망 ㅎ 오이다, 쥬시웁소셔, ᄇ라웁ᄂ이다〈송병필가-88,_1869년,_여산송씨(장모)→송병필(사위)〉

긔특 ㅎ 웁, 못 니치웁, 무안 ㅎ 웁, ᄌ미롭ᄉ오시리잇가, 밋ᄉ웁ᄂ이다〈송병필

가-89,_1884년,_여산송씨(장모)→송병필(사위)〉

이들에서는 19세기 편지임에도 16세기의 '호옵소체'가 대체된 '호오체'
가 전혀 나타나지 않고, '호쇼셔체'가 사용되거나 '호옵체'가 사용되고 있
다. 그런데 이때의 '호옵체'는 '호오체'와 다른 등급으로 보기는 어려울 듯
하다. 왜냐하면 17세기의 한글 편지에서 '호옵닉체'와 함께 '호옵체'가 사용
되고 있는데, 19세기의 한글 편지에 보이는 종결 어미의 양상은 '호옵닉체'
만 제외하고 '호쇼셔체'와 '호옵체'가 그대로 이어진 것이기 때문이다.

장모에게 사위는 16세기부터 19세기까지 다른 높임의 대상과 달리, '호
쇼셔체'를 사용할 수도 있으나 일반적으로 그 아래의 높임 등급으로 높여
표현하였으며, 중간 등급이 '호옵소체'와 '호소체'로 나뉜 경우에는 이 중에
서 높임 등급을 표현하는 '호옵소체'를 따른 것이다. 단지, '호옵소체'가 '호
오체'로 대체된 이후에도 장모는 사위에게 '호오체'로 바뀌지 않고, '호옵소
체'와 함께 사용하던 '호옵체'를 그대로 계승하여 '호쇼셔체'와 함께 사용
한 것으로 판단된다.

3.2. 사위의 종결 어미

사위가 장모에게 보낸 편지는 손녀사위가 보낸 1건을 포함하여 모두 6건
이다. 이들 편지에는 상대 높임법을 나타내는 종결 어미가 '호쇼셔체'에 대
응한다. 이는 17세기 초기나 17세기 후기, 18세기 후기, 19세기 후기와 20
세기 전반기 모두에서 동일한 용법이었음이 확인된다.

분별호옵노이다, 가옵노이다, 보내옵느이다, 괴별호옵쇼셔〈진주하씨묘-106

/곽씨-1〉

분별ᄒᆞᆸ노이다, 보내ᄋᆞᆸ쇼셔, 뵈ᄋᆞ오링이다, 알외ᄋᆞᆸ노이다〈진주하씨묘-140

/곽씨-2〉

긔걸ᄒᆞᆸ쇼셔, 답답ᄒᆞ오이다, ᄒᆞᆸ쇼셔, 민망ᄒᆞ오이다, 덕습, 아니ᄒᆞᆸᄂᆞ이

다〈선세언독-15〉

섭섭ᄒᆞ오이다, 밧ᄌᆞ와ᄉᆞᆸᄂᆞ이다〈추사가-21〉

다힝이오이다, ᄒᆞ오리잇가, ᄇᆞ라ᄋᆞᆸᄂᆞ이다〈송병필가-68〉

알외잇가, 못ᄒᆞᆸᄂᆞ니다, 다힝니올시다, 알외겟습ᄂᆞ이다, 바리ᄋᆞᆸ나이다〈송

병필가-60〉

〈진주하씨묘 언간〉은 17세기 초기인 1602년과 1612년에 작성된 편지로,
동일한 발수신자를 지닌다. 『선세언독』은 1660~1696년 사이에 작성된 것
이며, 〈추사가 언간〉은 1889년과 20세기 전반기에 발수신자가 다른 편지에
서 사용된 상대 높임 표현이다. 〈송병필가 언간〉은 18세기 후기에 작성된
것이지만 손녀사위가 장조모에서 보낸 것으로 다른 것과 동일한 상대 높임
표현을 보인다. 모두 'ᄒᆞ쇼셔체'를 보이고 있는데, '뵈ᄋᆞ오링이다'의 '-링이
다'와 '덕습'은 'ᄒᆞ소체'를 보인 듯하다. 그러나 '-링이다'는 'ᄒᆞ소체'의 이
표기로 보기보다는 'ᄒᆞ쇼셔체'로 상정하는 것이 합리적이며, '-습'은 15세
기에 전혀 볼 수 없던 형식이지만 'ᄒᆞ쇼셔체'로 분류된다(황문환 2002:122, 30).

조선시대 한글 편지에서 사위가 장모에게 'ᄒᆞ쇼셔체'를 사용한 것으로
보아, 명백한 위력 관계가 확인된다. 그러나 장모가 사위에게 보낸 것은 16

세기에는 '호소체'가 사용되지만 그 외의 높임 표현을 고려하면 현대국어의 '하오체' 정도로 '호쇼셔체'의 근접한 용법이 적용된 것으로 보인다. 17세기의 '호오체'와 '호쇼셔체'로 이어지며, 19세기에서도 이러한 등급은 변화하지 않으며, 장모의 편지에서는 친소 관계에 따라 두 등급이 함께 나타난 것이다.

4. 어휘에 나타난 높임법

어휘로 나타난 높임 표현은 당사자를 부르는 호칭이나 지칭 등이 여기에 해당된다. 또한 그러한 호칭과 지칭에 붙는 조사에서도 높임 표현이 확인된다.

○ 셔방님

『순천김씨묘 출토 언간』에 나타난 '셔방님'에 대해서는 이미 앞에서 살펴보았다. 여기서는 19세기 한글 편지에 나타난 '셔방님'을 중심으로 살펴보고자 한다. 〈안동권씨 편지〉에서는 장모가 사위에게 '호옵체'와 '호쇼셔체'의 종결 어미를 사용하고 있다. 즉 사위에게는 '호쇼셔체'보다는 그 아래 단계의 높임 등급을 사용하는 것이 일반적이다. 이 편지에서도 '셔방님'이 두 번 쓰이는데, 사위를 높임 등급으로 높여 표현하려는 의도가 반영된 것으로 보인다.

{셔방님} 입던 옷도 〈중략〉 {셔방님이야} 이대도록 혼 경상 엇지 짐쟉호시오리잇가〈안동권씨-1,_1830년,_안동권씨(장모)→여명섭(사위)〉

[서방님께서 입던 옷도 〈중략〉 서방님이야 이다지 한 경상(景狀, 좋지 못한 몰골)을 어찌 짐작하시겠습니까?]

19세기에서도 딸의 남편을 일컬어 '셔방님'이라고 사용하는데, 그 위력 관계가 '장모-사위'의 순서이기는 하지만, 장모가 최대한 사위를 높여 표현한 것으로, 현대국어에서 장인 또는 장모가 사위에게 '하게체'의 상대 높임법이 일반적인 것과는 다른 양상을 보인다. 결국 16세기 한글 편지인 〈순천 김씨 언간〉에서 보이던 장모가 사위를 최대한 높여 표현하려는 양상이 19세기까지도 그래도 존속했으며, '셔방님'도 또한 그러한 일련의 흐름을 함께 한 것이다. 현대국어에서 '서방님'은 일반적으로 장모가 사위에게 쓰지 않는 것이기 때문에, 장모가 사위에게 '하게체'를 사용하는 현대국어와 다른 높임 표현이 사용되듯이, '셔방님'에서도 그러한 변화가 나타난 것이다.

○ 그듸

『순천김씨묘 출토 언간』에서는 장모가 사위를 지칭하는 2인칭 대명사로 '그듸'가 사용된 용례가 보인다(이승희 2007:129; 황문환 2002:36-37). 장모가 사위에게 보낸 편지에서만 보인 것으로, 현대국어의 '그대'는 "듣는 이가 친구나 아랫사람인 경우, 그 사람을 높여 이르는 이인칭 대명사로서 하게할 자리나 하오할 자리에 쓰인다.(『표준국어대사전』)"로 알려져 있으며, 예사높임을 담당하는 인칭 대명사로 분류된다.

{그듸} 날 가디 말라 ᄒᆞ더니〈순천김씨묘-152〉
{그듓} □무룰 보고〈순천김씨묘-163〉
즈시긔 거시나 {그듸} 거시나〈순천김씨묘-183〉

널리 알려진 조선시대 한글 편지 중에서 사위를 '그디'로 지칭하는 편지는 위의 것이 모두이다. 특이하게도 장모가 사위에 보낸 다른 가문, 다른 시기의 편지들에서는 '사위'를 2인칭 대명사로 지칭하는 표현이 나타나지 않는다. 결국 현대국어에서 "듣는 이가 친구나 아랫사람인 경우, 그 사람을 높여 이르는 예사높임의 인칭 대명사"로 사용된 다른 용례는 발견되지 않으며 장모가 사위를 지칭하는 쓰임새만 확인된다.

예외적으로 '녀ᄂᆞ 것ᄃᆞ론 {자내나} 도도니'〈순천김씨묘-45〉처럼 '자내'를 사용하여 장모가 사위를 지칭한 경우가 보인다(황문환 2002:36; 황문환 외 2016:30). '자내'를 '그디'와 같이 2인칭 대명사로 풀이하고 있으며, 현대국어에서 '자네'의 뜻풀이와 용법과 비교해 보면,[8] 장모가 사위를 가리킬 때 사용된 '자내'의 쓰임새는 일견 현대국어와 다르지 않아 보인다. 이를 "사위인 '채서방' 또는 자기 '남편'을 가리키는 것"으로 풀이하여, 2인칭 대명사 내지 3인칭 재귀 대명사로 풀이하여 해석의 폭을 넓히기도 한다(조항범 1998: 254). 조선시대 한글 편지에서 일반적으로 '자내'는 남편이 아내를 지칭하는 2인칭 대명사의 용법으로 사용되는데, 『순천김씨묘 출토 언간』뿐만 아니라 『진주하씨묘 출토 언간』에서도 아내에 해당하는 2인칭 대명사로 나타난다. 그 반대인 경우도 있다. 〈이응태묘 출토 언간〉에서는 아내가 남편을 지칭하는 2인칭 대명사로 사용된다. 16, 17세기에서는 남편과 아내가 서로를 지칭하는 2인칭 대명사로 '자내'를 사용하는데, '녀ᄂᆞ 것ᄃᆞ론 {자내나} 도도니' 〈순천김씨묘-45〉는 장모가 사위를 지칭하는 것으로 해석한다면 이러한 용법의 유일한 용례일 것이다. 그런데 이러한 해석은 적절하지 않다.

---

8 "듣는 이가 친구나 아랫사람인 경우, 그 사람을 대우하여 이르는 이인칭 대명사. 하게 할 자리에 쓴다. 처부모가 사위를 부르거나 이를 때, 또는 결혼한 남자가 처남을 부르거나 이를 때도 쓸 수 있다."(『표준국어대사전』, https://stdict.korean.go.kr/main/main.do, 2020.5.12.)

왜냐하면 『순천김씨묘 출토 언간』에서는 현대국어에서 나타나지 않는 '자내'의 색다른 쓰임새가 하나 더 나타나기 때문이다. 그것은 어머니인 신천강씨가 자기 남편을 자식에게 가리켜 일컫는데 쓰이는 용법으로(조항범 1998:173), 현대국어의 '저'나 '자기(自己)'에 비해 높여 이르는 재귀 대명사적 용법이다(황문환 외 2016:31). 더불어 어머니인 신천강씨가 순천김씨 등의 딸 또는 딸들에게 보낸 편지에서만 나타나는 제약도 가진다. '녀느 것드론 {자내나} 도도니'〈순천김씨묘-45〉는 사위에게 보낸 편지에서 나타난 것이어서, 사위를 지칭하는 것으로 풀이할 여지가 없지는 않지만, 발신자가 딸 또는 딸들에게 보낸 편지에서 나타나는 '자내'의 재귀 대명사적 용법을 고려한다면 '발신자의 남편', 즉 딸이나 딸들의 아버지로 보아야 할 것이다. 그러므로 장모가 사위에게 보낸 편지에서는 사위를 지칭하는 예사높임의 2인칭 대명사는 '그디'만 해당된다. 현대국어에서 '그대'가 주로 '하오체'에 해당되는 높임법 등급에 대응되며, 높임의 뜻을 지닌 접사와 조사를 사용한 '셔방(님)끠'의 높임 표현까지 고려한다면, 여기의 'ᄒᆞ소체'는 현대국어의 예사 높임인 '하오체'에 해당하는 높임 등급에 대응하는 것으로 판단된다.

○ 쳐모

'쳐모'는 '처모(妻母)'를 뜻한다. 현대국어에서는 '처모'를 '아내의 어머니를 이르는 말(『표준국어대사전』)'로 풀이하고 있는데, 장모가 사위에게 보낸 편지에서 사용된 '쳐모'는 장모가 사위에게 자신을 낮추는 어휘로 사용된다.

1633년에 작성된 〈선세언독-03〉에서는 장모가 스스로를 '댱모 니'라고 적으나, 〈선세언독-13〉〈선세언독-14〉에서는 '쳐모'라고 적는다. 19세기 한글 편지에서도 장모가 스스로를 '쳐모'로 적는다. 1830년에 작성된 한글 편지인 〈안동권씨 언간〉에서도 보낸 사람을 '쳐모'로 적으며, 19세기 한글 편지인

〈김성일가 언간〉이나 〈송병필가 언간〉에서도 '쳐모/처모'로 표기한다.

ㄱ) 17세기의 자료

원월 보롬날 {쳐모} 〈선세언독-13,_1661~1697년,_안동권씨(장모)→송병하
(사위)〉

팔월 넘칠일 {쳐모} 〈선세언독-14,_1678~1697년,_안동권씨(장모)→송병하
(사위)〉

ㄴ) 19세기의 자료

경인 지월 넘일일 {쳐모} 권 〈안동권씨-1,_1830년,_안동권씨(장모)→여명
섭(사위)〉

병오 팔월 십일일 {쳐모} 〈김성일가-086,_1846년,_아주신씨(장모)→김흥
락(사위)〉

뎡미 디월 초ᄉ일 {쳐모} 미망 김 〈김성일가-087,_1847년,_의성김씨(장모)
→김진화(사위)〉

졍묘 ᄉ월 십구일 {쳐모} 〈김성일가-089,_1867년,_선성김씨(장모)→김응
모(사위)〉

즉일 {쳐모} 〈김성일가-090,_1850~1862년,_아주신씨(장모)→김흥락(사위)〉

긔ᄉ 원월 넘ᄉ일 {쳐모} 송 〈송병필가-88,_1869년,_여산송씨(장모)→송병
필(사위)〉

갑신 국월 넘ᄉ일 {처모} 〈송병필가-89,_1884년,_여산송씨(장모)→송병필
(사위)〉

ㄷ) 편지글의 자료

{쳐모논} 대단 탈 업스나〈김성일가-086〉

이곳 {쳐모논} 갈스록 죄역 듕ㅎ와〈김성일가-087〉

{쳐모논} 반신블슈 될 모양〈김성일가-088〉

날 갓훈 {쳐모를} 엇디 와 보기 쉬우리마논〈김성일가-089〉

특히, ㄷ)에서 보듯이 1846년에 작성된 〈김성일가-086〉, 1847년의 〈김성일가-087〉, 1855년의 〈김성일가-088〉, 1867년의 〈김성일가-089〉에서도 장모 스스로를 '쳐모'로 부르고 있다. 이 네 편지는 장모인 아주신씨가 사위인 김흥락(〈김성일가-086〉〈김성일가-088〉), 의성김씨가 김진화(〈김성일가-087〉), 선성김씨가 김응모(〈김성일가-089〉)에게 각각 보낸 것으로 발수신자가 모두 다르다.

조선시대 한글 편지 중에서 '쳐모'가 사용된 경우는 장모가 사위에게 보낸 편지에서만 나타나며 다른 곳에서 사용된 경우는 보이지 않는다. 즉 조선시대 한글 편지에 나타난 '쳐모'는 장모 스스로를 가리키거나 자신을 일컬을 때 사용할 수 있는 어휘로, 오로지 '사위'에게만 사용된 것이다. 한편, '댱모/쟝모'는 〈진주하씨묘-012/곽씨-78〉〈진주하씨묘-055/곽씨-51〉〈김성일-1〉〈추사가-24〉 등처럼 남편이 아내에게 보낸 편지에서 대부분 나타나며, 〈선세언독-15〉처럼 사위가 장모에게 보낸 편지에서도 보인다. 그런데 '댱모끠'〈진주하씨묘-012/곽씨-78〉〈진주하씨묘-144/곽씨-73〉, '댱모ᄒᆞᆸ시며'〈진주하씨묘-144/곽씨-73〉, '쟝모겨오셔도'〈선세언독-15〉 등처럼 '댱모/쟝모'에 결합된 조사 등에서는 높임을 확인할 수 있으므로, 현대와 같이 높임의 어휘임이 명확하다. 앞의 '쳐모'에서 확인되는 평이한 용법과는 명백히 대비된다.

장모는 사위를 최대한 높여 표현하려는 의도로 장모와 사위의 일반적인 위력 관계를 유지하기 위하여 아주 높임의 'ㅎ쇼셔체'보다는 바로 인접한 다음 단계의 높임 표현을 최대한 사용한 것으로 보인다. '쳐모'에서도 이러한 노력의 일환으로 사용된 것으로 판단되는데, '사위'를 최대한 높여 표현하기 위한 방편으로 장모 스스로를 '쳐모'로 부르며 자신을 낮춘 것이다.[9]

5. 마무리: 장모와 사위가 서로를 받들다

지금까지 장모와 사위가 주고받은 조선시대 한글 편지를 대상으로 높임법 관련 표현을 살펴보았다. 장모와 사위의 사회적 관계를 드러내기 위하여 조선시대 한글 편지에 표현된 높임법 체계를 분석하였으며, 조선시대의 장모와 사위 사이에는 상대를 존중하고 높이려는, 그리고 자신을 낮춰 표현하려는 상호 존중, 상호 배려라는 사회적 관계가 형성되었음을 파악할 수 있었다.

지금까지 살펴본 논의를 정리하면서 이 글의 마무리로 삼고자 한다.

장모와 사위의 부정적인 심리적 긴장 상태에 관련된 논의는 구비 문한 자료를 대상으로 논의한 고전 문학 연구나 '가족' 관련 학문 분야에서 두루 다루어졌다. 단지, 이러한 일련의 논의에서 연구 대상 자료가 그 시대적 배경을 20세기 이후로 한다는 점에서 조선시대의 장모와 사위 관계를 설명하기 어려운 한계점을 확인하였다. 예를 들어, 설화에 나타난 갈등 해결 방안이 '남편에 대한 아내의 극진한 배려, 사위의 능력 신장과 장모의 인정'이

---

9 판본 자료에서 '쳐모'는 '岳父 쳐부, 岳母 쳐모'〈방언유석 申:14a〉(1778), '쳐부, 쳐모'〈한청문감5:40a〉(1779) 등에서 보이며, '댱모/쟝모'는 '쟝모 長母'〈한불자전 533〉(1880), '쟝모'〈텬로력뎡 119a〉(1894) 등에 나타나는데, 주로, 어휘집류에 해당되어 이들로는 '쳐모'와 '댱모/쟝모' 사이에 나타나는 높임 관계를 파악하기가 쉽지 않다.

며(서은아 2007), 이들이 현대의 장모와 사위의 갈등 양상을 해결하는 도구로 가능하다고 주장한다. 그런데 그 설화 자료가 20세기 이후에 채록된 것으로 조선시대의 영향이 없다고는 할 수 없지만, 대체적으로 채록 시기의 영향이 다분하다.

조선시대 한글 편지는 전혀 그렇지 않다. 순수하게 조선시대에 장모와 사위가 직접 작성한 것으로, 조선시대의 장모와 사위 사이에 형성된 사회적 관계를 잘 반영하고 있는 자료적 가치를 지닌다. 장모가 사위에게 보낸 편지에서는 높임법 표현을 'ᄒᆞ오체'와 'ᄒᆞ쇼셔체'에 해당하는 높임법 등급이 함께 사용된다. 그리고 사위가 장모에게 보낸 편지에서는 'ᄒᆞ쇼셔체'가 사용된다. 현대국어에서도 장모와 사위 사이에서 서로 높여 표현하고 있지만, 일반적으로 장모는 사위에게 '하게체'와 '해체'를 사용하고 있으며, 사위는 장모에서 '하십시오체'와 '해요체'를 사용한다. 조선시대 한글 편지에서는 장모도 사위에게 'ᄒᆞ오체'뿐만 아니라 'ᄒᆞ쇼셔체'로도 높여 표현하고 있는 것을 확인할 수 있는데, 이는 현대국어에서 장모와 사위의 관계에서 사용되는 높임법 체계에 차이를 보인 것이다. 즉 조선시대 한글 편지에서는 '장모'가 '사위'에게 항렬이 앞 세대임을 유지하면서도 높임법 등급을 최대한 높여 표현한 것이다.

16세기에서는 장모가 사위에게 일반적으로 아주 높임의 'ᄒᆞ쇼셔체'가 아닌 중간 등급의 'ᄒᆞ소체'의 종결 어미를 사용하고 있지만, 예사 높임의 어휘 등을 사용하여 'ᄒᆞ소체' 중에서도, 즉 중간 등급에서도 상위의 높임 단계로 표현하였다. 17세기 초기에는 'ᄒᆞ소체'와 함께 'ᄒᆞ쇼셔체' 함께 나타나고 있으며, 17세기 후기에는 'ᄒᆞ소체'가 분화된 예사높임의 'ᄒᆞᆸ닉체'가 사용되어, 16세기에 장모가 사위에게 사용한 'ᄒᆞ소체'가 중간 등급 중에서도 상위 단계로 보아야 한다는 개연성을 보여 준다. 19세기의 한글 편지에서는 일반적인 '호오체'를 사용하지 않으며, '호읍체'와 '호쇼셔체'가 사용되는데, 장모가 사위에게 최대한 높여 표현하려는 경향이 반영된 것으로 판단된다. 현대 국어에서 일반적으로 '장모'가 '사위'에게 '하게체'를 사용하는 것과는 상이한 높임법 등급이 표현된 것이다.

또한 어휘적인 측면에서도 '셔방님'과 '쳐모' 등이 장모의 편지 속에서 사용되는데, 현대 국어에서 '셔방님'은 일반적으로 장모가 딸의 남편을 높여 부르는 어휘로 사용되지 않는다. '쳐모'도 조선시대 한글 편지에서는 오로지 장모가 사위에게 보낸 편지에서만 확인되는데, 이는 사위를 최대한 높이기 위하여, 자신을 낮춰 부르는 용도로 사용된 것이다. 즉, 현대 국어의 '처모'는 '장모'와 동일한 의미로 간주되지만, 조선시대 한글 편지에서의 '쳐모'는 '장모'와 다른 높임으로 그 쓰임새가 달리 나타난 것으로 판단된다.

조선시대 한글 편지에 나타난 장모와 사위는 서로를 높이는 관계이다. 장모는 사위가 자신의 딸과 결혼한 아래 세대라고 하여 낮춰 부르지 않았으며, 사위는 장모에게 부모와 같은 높임 등급으로 존중한다. 사위를 '백년손님'이라 하듯이 조선시대 한글 편지에서는 그에 맞는 대접을 하였음을 알 수 있다. 이는 고전 문학 등에서 확인할 수 없는 장모와 사위의 관계를 드러낸 것으로, 작금에 수면으로 드러난 장모와 사위의 갈등을 풀어갈 수 있는 이정표가 될 것이다. 단지, 편지글은 발수신자가 멀리 떨어진 상태에서 작성된 것이기 때문에 현대 사회에서 보여 주는 잦은 대면에 의한 갈등 상황이 편지의 내용에 반영될 여지는 다소 낮을 것으로 판단된다. 그러나 장모와 사위의 사회적 관계에 관련된 중세 시기와 근대 시기 자료가 부족한 상황에서, 조선시대 한글 편지는 그 공백을 채우는 자료적 가치는 농후하다.

● 참고문헌

강명관(2009), 『열녀의 탄생 가부장제와 조선 여성의 잔혹한 역사』, 돌베개.

고은경(2020), '할마'의 육아경험에 관한 연구, 경성대학교 박사학위논문.

구지현(2002), 김성달 집안의 문학적 공간과 교유, 『열상고전연구』 16, 열상고전연구회.

구지현(2004), 『안동세고(安東世稿) 부연주록(附聯珠錄)』 소재 작품의 작가와 시작시기 및 이를 통해 본 김성달 집안의 시작활동(詩作活動) 양상, 『한국고전여성문학연구』 9, 한국고전여성문학회.

구혜진(2017), 세대별 조부모 이미지와 손자녀 육아에 대한 연구, 고신대학교 박사학위논문.

규장각한국학연구원 엮음(2010), 『조선 여성의 일생』, 글항아리.

길은영(2017), 손녀를 돌보는 어느 조모의 생애사를 통한 모성 연구, 숙명여자대학교 박사학위논문.

김두영(2018), 유아를 양육하는 어머니와 할머니의 양육 교육요구 비교, 경상대학교 석사학위논문.

김무식(2009), 조선조 여성의 문자생활과 한글편지, 『인문학논총』 14-2, 경성대학교 인문과학연구소

김문준(2004), 우암 송시열의 계녀서, 『韓國思想 文化』 23, 한국사상문화학회.

김미선(2020), 친정(親庭) 김성달가(金盛達家)의 문학적 전통과 여성시인 김호연재(金浩然齋)-4차 산업혁명시대 포용적 인문학 가치로서의 호연재 재발견, 『韓國思想과 文化』 102, 한국사상문화학회.

김미숙(2016), 이야기할머니 활동에 대한 경험이 유아의 인성과 노인에 대한 인식에 미치는 효과, 창원대학교 석사학위논문.

김미영(2010), 조손(祖孫) 관계의 전통과 격대(隔代), 『실천민속학연구』 16, 교육실천민속학회.

김서윤(2017), 활자본 고소설 〈이진사전〉에 나타난 첩에 대한 서술시각의 양면성과 그

시대적 의미, 『겨레어문학』 59, 겨레어문학회.

김선경(2007), 공부와 경계 확장의 욕망: 16세기 여성 이숙희 이야기, 『역사연구』 17, 역사학연구소.

김영은(2016), 조모의 손자녀 양육경험에 관한 연구: 부자가정을 중심으로, 숭실대학교 석사학위논문.

김용찬(2005), 사설시조 속의 가족과 그 주변인들: 고부(姑婦), 처첩(妻妾) 관계를 중심으로, 『한국고전여성문학연구』 11, 2005.

김원경·전제아(2010), 국내 학술지에 나타난 조손 관련 연구 동향, 『한국심리학회지 여성』 15-4, 한국심리학회.

김일근(1959), 『解說·校註 李朝御筆諺簡集』, 新興出版社.

김일근(1986), 『增訂 諺簡의 硏究』, 건국대학교 출판부.

김정경(2011), 선세언적과 자손보전에 실린 17-19세기 여성 한글 간찰의 특질 고찰, 『정신문화연구』 34-4, 한국학중앙연구원.

김종택(1979), 諺簡을 通해 본 近代前期語의 斷面, 『語文硏究』 4, 경북대학교.

김주련(2020), 할머니의 정서표현 수용태도가 어머니의 정서표현 수용태도와 유아의 정서조절 및 사회능력에 미치는 영향, 성균관대학교 박사학위논문.

김지영(2017), 학습생애사 사례연구: 세 할머니를 중심으로, 대구대학교 박사학위논문.

김현영(2003), 『고문서를 통해 본 조선시대 사회사』, 신서원.

김혜리(2011), 기혼남성이 지각하는 장모지지와 결혼만족도간의 관계: 장모관계 만족도의 매개효과, 부산대학교 석사학위논문.

김혜선(2011), 옹서관계에서 여성들의 경험에 관한 연구: 친정어머니에게 양육지원을 받는 여성을 중심으로, 숭실대학교 박사학위논문.

남현우·김용미(2019), 조부모의 손자녀 양육참여 관련 국내 학술지 논문의 연구동향 분석: 2008년부터 2018년까지를 중심으로, 『아동교육』 28-4, 한국아동교육학회.

노수신(2018), 한국고전번역원 한국문집번역총서 『소재집 4』, 임정기 옮김, 한국고전번역원.

노혜진(2019), 저소득 조손가족 청소년의 꿈을 찾아가는 과정에 대한 연구, 서울시립대학교 석사학위논문.

문희순(2012), 동춘당 송준길가 소장 한글편지에 반영된 생활문화, 『인문학연구』 89, 충

남대학교 인문과학연구소

문희순(2013), 동춘당(同春堂) 송준길가(宋浚吉家)의 여성문학 전통과 문화사적 의의 - 김호연재와 청송심씨를 중심으로, 『한국시가문화연구』 32, 한국고시가문화학회.

문희순(2017), 17~19세기 동춘당 송준길 후손가 소장 한글편지에 나타난 가족의 모습, 『장서각』 37, 한국학중앙연구원.

문희순(2017), 동춘당 송준길가 300년, 소장 한글편지의 현황과 삶의 모습, 『어문연구』 91, 어문연구학회.

민 찬(2005), 『김호연재의 한시 세계』, 다운샘.

박경하·황기준(2017), 조선 후기 忠淸 懷德縣 宋村里 지역의 私奴婢 존재 양상 - 恩津宋氏 同春堂 後孫家 호적자료를 중심으로, 『역사민속학』 53, 한국역사민속학회.

박무영(2001), 金浩然齋의 생애와 「호연지유고」, 『한국고전여성문학연구』 3, 한국고전여성문학회.

박부자(2007), 은진 송씨 송준길 후손가 언간의 서지, 『돈암어문학』 20, 돈암어문학회.

박부자(2008), 송준길(宋浚吉) 후손가의 언간첩 『선세언독(先世諺牘)』에 대한 고찰, 『한국고전여성문학연구』 17, 한국고전여성문학회.

박은선(2017), 김호연재 시의 주체의식 연구 - 소외, 욕망, 환상을 중심으로, 『한국문예비평연구』 53, 한국현대문예비평학회.

박은선(2018), 김호연재 시 깊이 읽기 그리고 김호연재와 그 형제·자매의 시집 『연주록』 읽기, 국학자료원.

박정윤(1993), 생활감정과 생활교류를 중심으로 한 고부관계와 장모 사위 관계에 관한 연구, 중앙대학교 석사학위논문.

배영환(2015), 언간에 나타난 경어법과 관련된 몇 가지 문제, 『영주어문』 29, 영주어문학회.

배영환(2017), 한글 편지 규식서의 투식적 표현과 한글 편지에의 실현 양상 연구 - 『징보한글 편지독』을 중심으로, 『한국언어문학』 103.

백두현(1998), 〈현풍 곽씨 언간〉에 나타난 17세기의 習俗과 儀禮, 『문헌과 해석』 3호, 태학사.

백두현(2003), 『현풍곽씨언간 주해』, 태학사.

백두현(2005), 옛 한글 편지에 나타난 아기의 출산과 성장 모습, 『선비문화』 7, 남명학연구원.

백두현(2005), 조선시대 여성의 문자생활 연구- 한글 편지와 한글 고문서를 중심으로, 『어문론총』 42.

백두현(2005), 조선시대 한글 편지에 나타난 제례와 상례, 『선비문화』 8, 남명학연구원.

백두현(2006), 한글 편지에 나타난 "날받이"(擇日) 이야기, 『선비문화』 10, 남명학연구원.

백두현(2008), 「현풍곽씨한글 편지」에 나타난 한훤당과 도동서원제 이야기, 『선비문화』 13, 남명학연구원.

백두현(2009), 옛 한글 편지에 나타난 질병과 그 치료(2), 『선비문화』 15, 남명학연구원.

백두현(2010), 옛 한글 편지에 그려진 양반가의 의생활 문화, 『선비문화』 17, 남명학연구원.

백두현(2016), 『한글 편지에 담긴 사대부가 부부의 삶』, 한국학중앙연구원 출판부.

서신혜(2015), 김훈의 아내 '신천강씨'라는 한 여성의 삶 재구, 『동양고전연구』 60.

서영숙(2007), 처첩관계 서사민요의 구조적 특성과 향유의식, 『어문연구』 55.

서영숙(2009), 처가식구-사위 관계 서사민요의 구조적 특징과 의미, 『열상고전연구』 29, 열상고전연구회.

서은아(2007), 현대 '장모와 사위' 사이의 갈등해결을 위한 설화의 문학치료적 가능성 탐색, 『인문학연구』 34-2, 충남대학교 인문과학연구소

성민경(2019), 자기치유적 글쓰기의 관점에서 본 金浩然齋의 『自警編』, 『漢文學論集』 53, 근역한문학회.

성병희(1986), 내간문학연구, 효성여대대학원 박사학위논문.

신성철(2010), 언간 자료와 사전의 표제어, 『언어학연구』 18, 한국중원언어학회.

신성철(2012), '먹다'류 어휘적 대우의 통시적 연구, 『국어학』 63, 국어학회.

신성철(2013), '들다'[食]의 형성 과정과 기능-다의화와 주체 높임을 중심으로, 『국어학』 66, 국어학회.

신성철(2014), 현대국어 '들~'[食]의 대우 기능과 선택 조건, 『언어학연구』 30, 한국중원언어학회.

신성철(2016), 대우법 변천과 삼강오륜, 『영주어문』 32, 영주어문학회.

신성철(2017), 조선시대 언간 자료의 음운론적 특징, 『영주어문』 35, 영주어문학회.

심영택(2018), 한글 언간에 나타난 호칭어 '자내'에 대한 고찰, 『인문언어』 20-2, 국제언어인문학회.

안외순(2005), 오륜과 삼강의 전개과정을 통해서 본 유가정치사상, 『동양철학연구』 44, 동양철학연구회.

양인실(1985), 諺簡에 나타난 鮮朝女人의 實像攷, 『겨레어문학』 9·10, 건국대 국어국문학연구회.

엄국화(2020), "부부유별" 의미의 근대적 전환: 정약용의 추서(推恕)와 관련하여, 『한국기독교문화연구』 13, 숭실대학교 한국기독교문화연구원.

열상고전연구회 편(2005), 『호연재 김씨의 생애와 문학』, 보고사.

오혜정(2011), 장모-사위 관계에서 사위가 지각하는 스트레스, 대처방법과 관계의 질, 인제대학교 석사학위논문.

오혜정·박경란(2011), 장모-사위 관계에서 사위가 지각하는 스트레스, 대처방법과 관계의 질, 『한국생활과학회지』 20-6, 한국생활과학회.

우미향(2003), 사위의 장인·장모 부양부담감 연구: 부모 부양의식 및 상호교류를 중심으로, 성신여자대학교 석사학위논문.

원정은(2016), 장모-사위 갈등에 관련된 제변인 연구, 성신여자대학교 박사학위논문.

유연지(2006), 부부의 원가족 특성과 고부·옹서 갈등이 결혼만족도에 미치는 영향, 고려대학교 석사학위논문.

유점숙(1997), 교훈서를 통해서 본 조선시대의 부부생활교육, 『人文硏究』 19-1, 영남대학교 인문과학연구소

尹景喜(2012), 윤씨부인의 女師的 삶과 그 의미, 『東洋古典硏究』 49, 동양고전학회.

윤세순(2018), 간찰서식집 연구의 현황과 제언, 『인문학연구』 27.

윤승준(2011), 기대와 실망, 괄시와 보복의 서사ー구전설화 속 처가와 사위의 관계, 『한민족문화연구』 37, 한민족문화학회.

윤태후(2017), 『계녀서(戒女書)』에 나타난 우암(尤庵) 송시열(宋時烈)의 효사상, 『효학연구』 25, 한국효학회.

이건창 외(1998), 『나의 어머니, 조선의 어머니』, 현대실학사.

이광호(1996), 諺文簡札의_形式과_表記法, 『정신문화연구』 19-3, 한국학중앙연구원.

이남희(2011), 조선 사회의 유교화(儒敎化)와 여성의 위상: 15·16세기 족보를 중심으로, 『원불교사상과 종교문화』 48, 원광대학교 원불교사상연구원.

이래호(2015), 조선시대 언간 자료의 현황 및 그 특성과 가치, 『국어사연구』 20, 국어사

학회.

이민옥(2016), 이야기할머니의 언어교수효능감과 이야기전달능력이 유아와의 상호작용에 미치는 영향, 가톨릭대학교 석사학위논문.

이병기(1948), 『近朝內簡選』, 國際文化館.

이상규(2014), 『한글 고문서를 통해 본 조선 사람들의 삶』, 경진.

이상호(2003), 국어생활사 관점에서 본 한글 편지의 특성에 대한 연구, 서울대학교대학원 석사학위논문.

이선화(2016), 조손 세대 간 교류 증진을 위한 조부모 독서교육 모형 개발, 숭실대학교 박사학위논문.

이수봉(1971), 규방문학에서 본 이조여인상, 『여성문제연구』 1, 효성여대 여성문제연구소

이순구(2005), 조선시대 가족제도의 변화와 여성, 『한국고전여성문학연구』 10, 한국고전여성문학회.

이순구(2015), 조선 전기 '딸에서 며느리로' 정체성 변화와 재산권 – 경주 양동마을을 중심으로, 『여성과 역사』 23, 한국여성사학회.

이승희(2007), 『국어 청자높임법의 역사적 변화』, 국어학총서 59, 태학사.

이은화(2017), 조부모 보살핌의 의미에 관한 존재론적 탐구, 대구교육대학교 석사학위논문.

이은희(2020), 노인-유아 세대간 공동체놀이프로그램의 구성 및 적용, 동의대학교 박사학위논문.

이을환(1990), 『戒女書』의 言語戒訓 硏究. 『아시아여성연구』 29, 숙명여자대학교 아시아여성연구원.

이정미(2000), 전통사회의 아동교육에 대한 연구: 조선시대의 풍속화를 중심으로, 『論文集』 18-1, 대구미래대학.

이향애(2014), 문헌설화 속 첩(妾) 소재 설화 연구, 『여성문학연구』 32.

장재천(2018), 우암 송시열의 여성교육관, 『韓國思想 文化』 95, 한국사상문화학회.

전병용(2009), 한글 간찰의 상투적 표현 고찰, 『동양고전연구』 37.

전세송(2011), 장모-사위 관계의 긍정적 지각과 부정적 지각에 영향을 미치는 변인: 사위의 지각을 중심으로, 경북대학교 석사학위논문.

전세송(2013), 장모의 개인적·관계적 변인이 장모-사위 관계 만족도에 미치는 영향, 경

북대학교 박사학위논문.

전세송 · 유재언(2017), 장모-사위 쌍 비교를 통한 모녀분화와 장모-사위 결속도 및 관계
만족도 연구,『Family and Environment Research』55-3, 대한가정학회.

정정기 · 옥선화(2011), 조선시대 가족생활교육에서 '부부유별'의 의미,『한국가정관리학
회지』29-6, 가정과삶의질학회.

정준영(1995), 조선후기의 신분변동과 청자존대법 체계의 변화, 서울대학교 박사학위논
문.

정지영(2019), 조선후기, '계녀(戒女)'의 역설: 아버지가 딸을 위해 쓴 제문의 행간 읽기,
『여성학논집』36-2, 이화여자대학교 한국여성연구원.

정창권(2014), 조선시대 부부들의 사랑관,『문명연지』15-2, 한국문명학회, 53-79.

정태식(2005), 조선왕조 초기 성리학적 정사논쟁(正邪論爭)의 정치적 전개과정과 제도화
과정에 대한 역사사회학적 일고찰,『퇴계학과 한국문화』37, 경북대학교 퇴계연구소.

조항범(1998),『註解 순천김씨묘출토간찰』, 태학사, 1998.

조혜란(2017), 행장(行狀)에 재현된 조선시대 어머니상,『한국고전연구』38, 한국고전연
구학회.

주상희(2018), 조부모 양육 가정의 어머니와 할머니의 양육행동 및 영아의 어린이집 초기
적응과 또래관계에 대한 연구, 덕성여자대학교 석사학위논문.

진애라(2015), 호연재 시 세계에 나타난 공간 인식의 변화,『우리文學研究』48, 우리문학
회.

차주희(2018), 할머니와 어머니의 공동양육 가정과의 관계에서 나타난 보육교사의 어려
움, 숙명여자대학교 석사학위논문.

최선혜(2019), 규방(閨房)에 갇힌 호탕한 군자(君子), 호연재 김씨(浩然齋金氏),『이화어문
논집』47, 이화어문학회.

최선혜(2020), 김호연재 산수시의 군자 의식,『한국고전여성문학연구』40, 한국고전여성
문학회.

최윤희(2002), 16세기 한글 편지에 나타난 여성의 자의식: 신천 강씨의 한글편지를 중심
으로,『여성문학연구』8, 한국여성문학학회.

하여주(2017), 17세기 조선 사회의 결혼형태 변화에 따른 젠더 계층화 시도와 갈등 양상
-『현풍곽씨 한글편지』를 중심으로,『여성학연구』27-3, 부산대학교 여성연구소.

하여주(2019), 조선후기 양반여성의 친정가문 일원의식 고찰, 『朝鮮時代史學報』 89, 조선 시대사학회.

하예지(2017), 세대통합 프로그램 확장활동이 유아의 인성에 미치는 영향: 아름다운 이야 기 할머니를 중심으로, 서울교육대학교 석사학위논문.

한국문중문화연구원 편(2019), 『시대를 앞서간 여성시인, 김호연재의 선비적 정신』, 대전 광역시.

한국학중앙연구원 편(2009), 『은진송씨 송준길 가문 한글 간찰』, 태학사.

한희숙(2008), 조선후기 양반여성의 생활과 여성리더십 – 17세기 행장을 중심으로, 『여성 과 역사』 9, 한국여성사학회.

허경진(2002), 호연재 문학의 배경, 『열상고전연구』 16, 洌上古典研究會.

허경진(2003), 『사대부 소대헌 · 호연재 부부의 한평생』, 푸른역사.

홍은진(1999), 근대 한글 편지 규범서 『징보한글 편지독』에 대하여, 『숙명어문논집』 2.

홍인숙(2014), 조선시대 한글 간찰(한글 편지)의 여성주의적 가치에 대한 재고찰 시론, 『이 화어문논집』 33집.

홍학희(2010), 17~18세기 한글 편지에 나타난 송준길(宋浚吉) 가문 여성의 삶, 『한국고전 여성문학연구』 20, 한국고전여성문학회.

황문환(2002), 『16, 17세기 언간의 상대경어법』, 국어학총서 35, 태학사.

황문환(2007), 조선시대 언간 자료의 부부간 호칭과 화계, 『장서각』 17, 한국학중앙연 구원.

황문환(2015), 『조선시대의 한글편지, 언간(諺簡)』, 도서출판 역락.

황문환 · 김주필 · 배영환 · 신성철 · 이래호 · 조정아 · 조항범(2016), 『조선시대 한글편지 어휘사전』 1~6, 도서출판 역락.

황문환 · 임치균 · 전경목 · 조정아 · 황은영 엮음(2013), 『조선시대 한글편지 판독자료집』 1~3, 도서출판 역락.

신성철(申晟澈)

순천대학교 사범대학 국어교육과 조교수
국민대학교 국어국문학과를 졸업하고, 국민대학교 일반대학원에서 석사, 박사학위를 받았다.
2008년「조선시대 한글편지의 수집·정리와 어휘·서체 사전의 편찬 연구」에 참여하면서 언간에 대해 관심을 가지기 시작하였다.
대표 저서로는 공저(2016), 『조선시대 한글편지 어휘사전』 1~6, 역락 등이 있으며, 논문으로는 조선시대 한글 편지에 나타난 장모와 사위의 높임법 연구(2020), 조선 전기 한글 편지에 나타난 'ㄹ' 두음법칙과 'ㄹ' 비음화의 통시적 고찰(2020), 어두와 어중 ㄹ→ㄴ 현상의 통시적 고찰: ㄹ 비음화와 통계적 방법론(2019), 〈정조의 한글편지〉에 대한 국어학적 연구, 공저(2018), 조선시대 언간 자료의 음운론적 특징(2017), 조선시대 한글 편지에 나타난 '싶-' 구문의 사적 변화 일고찰(2016), 발신자의 사회적 성격에 따른 19세기 한글 편지의 표기와 음운(2014) 등이 있다.

조선시대 언간을 통해 본 사대부가 여성의 삶

초판 1쇄 인쇄 2021년 12월 13일
초판 1쇄 발행 2021년 12월 23일

지은이 신성철
펴낸이 이대현
책임편집 강윤경 | 편집 이태곤 권분옥 문선희 임애정
디자인 안혜진 최선주 이경진 | 마케팅 박태훈 안현진
펴낸곳 도서출판 역락 | 등록 1999년 4월 19일 제303-2002-000014호
주소 서울시 서초구 동광로46길 6-6 문창빌딩 2층(우06589)
전화 02-3409-2060(편집부), 2058(영업부) | 팩스 02-3409-2059
전자우편 youkrack@hanmail.net | 홈페이지 www.youkrackbooks.com

ISBN 979-11-6742-265-1 94910
       979-11-6742-262-0 (세트)